LE FOOTBALL À L'ÉPREUVE
DE LA VIOLENCE ET DE L'EXTRÉMISME

EXISTENCES ET SOCIETE
COLLECTION DIRIGEE PAR CLAUDE PAHUD ET JEAN-YVES PIDOUX

Que sont la société et la culture, sinon ces fils impalpables et multiples qui relient et enserrent les êtres humains? Comment se manifestent cette société et cette culture, sinon dans le foisonnement des expériences quotidiennes, des relations interpersonnelles, des biographies individuelles? Où n'apparaissent-elles pas? Elles sont présentes dans les structures et les institutions, qui conditionnent – et parfois broient – les destinées et les trajectoires des individus et des collectifs; mais elles surgissent aussi dans les situations les plus menues, les plus anodines en apparence.

L'objectif de la collection «Existences et Société» est de témoigner de la diversité des vies quotidiennes, des sensations, des sensibilités, tout en les rapportant à l'histoire et à la collectivité.

Ouverte à une pluralité d'approches, «Existences et Société» recueille des textes qui visent à éclairer des pans de la vie sociale, dissimulés sous les voiles de la pensée commune ou des intérêts particuliers.

REMERCIEMENTS
L'édition de cet ouvrage a reçu le soutien du Fonds national suisse de la recherche scientifique et du Centre international d'étude du sport de l'Université de Neuchâtel.

MISE EN PAGE
Claudine Daulte, cl.daulte@bluewin.ch

CORRECTION
Claude Paré, Lausanne

PHOTOGRAPHIE DE COUVERTURE
© Dominique Malatesta

© 2008, Éditions Antipodes
Case postale 100, 1000 Lausanne 7, Suisse
www.antipodes.ch – editions@antipodes.ch
ISBN: 978-2-88901-013-4

LE FOOTBALL À L'ÉPREUVE
DE LA VIOLENCE ET DE L'EXTRÉMISME

Sous la direction de Thomas Busset, Christophe Jaccoud,
Jean-Philippe Dubey et Dominique Malatesta

Éditions Antipodes

VIOLENCE ET EXTRÉMISME DANS LE FOOTBALL: PERSPECTIVES EUROPÉENNES

THOMAS BUSSET ET CHRISTOPHE JACCOUD

Dans un ouvrage écrit il y a quelques années, le sociologue Jean-Yves Lassalle a mis en lumière le caractère ambivalent de l'activité sportive, lié à l'influence contradictoire qu'elle exerce sur le comportement social et individuel[1]. Tantôt elle a une incidence positive, constituant un moyen d'insertion sociale, tantôt elle a une incidence négative, en fournissant l'espace-temps d'actes délictueux. Dans une telle perspective, de nombreux chercheurs et auteurs se sont attachés à analyser dans quelle mesure le supportérisme sportif peut être rattaché à d'autres formes d'expression collective violente et délictuelle.

Relativement à ce point de vue, l'analyse bibliographique révèle une production de connaissances pléthorique, se caractérisant pour l'essentiel par une double prédilection: celle pour le domaine du football, majoritairement investi par les chercheurs, et celle pour le hooliganisme – certains préfèrent l'expression supportérisme violent – désigné comme production de comportements violents dans et à l'extérieur des stades[2], ce dernier étant réputé associé historiquement et culturellement au football, en particulier à son haut niveau[3]. En se focalisant sur les phénomènes de violence collective et organisée, tels qu'ils se sont affirmés dans les stades britanniques au cours des années 60, on peut alors mettre en exergue deux faits. Premièrement, le flux continu d'investigations historiques, sociologiques, psychosociologiques et criminologiques attachées à rendre compte des rapports qui s'établissent entre sport, violence et

---

1. Jean-Yves Lassalle, *Sport et délinquance*, Paris: Economica, 1989.
2. Serge Govaert, Manuel Comeron, *Foot et violence. Politique, stades et hooligans. Heysel 1985*, Bruxelles: De Boeck Université, 1995.
3. Cf. par ex. Peter Marsh et al., *Football Violence and Hooliganism in Europe*, 1996, www.sirc.org

société. Deuxièmement, un balisage en quatre étapes historiques et configurationnelles majeures des études sur le supportérisme extrême des années 60 à nos jours dans la littérature internationale[4].

LES ÉTAPES HISTORIQUES DES ÉTUDES SUR LE SUPPORTÉRISME EXTRÊME (1960-2000)

La première étape, qui couvre la période de 1960 à 1970, marque un changement de référentiel dans la compréhension de la violence des foules sportives et consacre l'apparition de la notion de hooliganisme, entendu comme abandon d'une violence ritualisée et dionysiaque, inhérente au sport, à une violence organisée et préméditée[5], liée tout à la fois à une réaction populaire face à l'embourgeoisement du football et à l'émergence de sous-cultures juvéniles concurrentes[6].

La seconde étape, qui s'étend de 1970 à 1980, est marquée par des travaux, pour l'essentiel britanniques, qui s'attachent à ancrer la réalité du hooliganisme dans le contexte socio-économique de la Grande-Bretagne des années 70, mettant en valeur la déstructuration de la classe ouvrière confrontée à la politique néolibérale du Parti conservateur au pouvoir, la violence accompagnant le football devenant l'expression d'un grave malaise social[7] et d'une forme de résistance symbolique[8].

La troisième étape, qui court de 1980 à 1986, s'articule autour des travaux de Norbert Elias et Eric Dunning[9], qui imposent une lecture anthropologique du phénomène au terme de laquelle, plutôt que l'expression d'un dysfonctionnement ou d'une souffrance

---

4. Dominique Bodin, Stéphane Héas, *Introduction à la sociologie des sports*, Paris: Chiron, 2002.
5. De 1870 à 1988, il n'y eut jamais, dans la chronique du football, de période indemne d'incidents, parfois très graves, causés par des spectateurs; cf. Eric Dunning, Patrick Murphy, John Williams, *The Roots of Football Hooliganism. An Historical and Sociological Study*, Londres; New York: Routledge, 1988.
6. Ian Taylor, «Football Mad: a Speculative Sociology of Football Hooliganism», in Eric Dunning (dir.), *The Sociology of Sport*, Londres: Cass, 1971, pp. 48-73.
7. Patrick Mignon, *La société du samedi: supporters, ultras et hooligans. Étude comparée de la Grande-Bretagne et de la France*, Paris: Institut des hautes études de la sécurité intérieure, 1993.
8. John Clarke, «Football and Working Class Fans», in Roger Ingham (éd.), *Football Hooliganism: The Wider Context*, Londres: Interaction Imprint, 1978, pp. 37-60.
9. Norbert Elias, Eric Dunning, *Quest for Excitement and Leisure in the Civilizing Process*, London: Basil Blackwell, 1986 (*Sport et civilisation. La violence maîtrisée*, Paris: Fayard, 1996).

sociale, la violence des hooligans – sociologiquement le fait des classes défavorisées de la nation anglaise – serait à considérer tout à la fois comme le reliquat irréductible et radicalisé du fonctionnement social de ces groupes – la dimension prégnante d'habitus privilégiant des normes de masculinité agressive – et comme l'expression de liens sociaux segmentaires et communautaires propices aux identifications partisanes microlocales.

La quatrième étape peut être décrite comme celle de l'«après-Heysel»[10], drame brutal et médiatisé, qui va révéler la gravité de la violence périsportive, mais aussi stimuler une recherche émancipée des réalités britanniques[11] et d'une épistémologie réduisant la définition du hooliganisme à son résultat visible, la violence et les dégradations, et à un déterminisme de la désorganisation sociale et de l'anomie. Se déduit de cette nouvelle orientation des travaux un élargissement des explications causales du phénomène: «stratégies du paraître»[12], «théorie du contrôle»[13], «vulnérabilité sociétale»[14], «recherche du risque»[15].

Les travaux, nombreux, entrepris depuis lors, permettent d'opérer une série de constats essentiels quant à une approche renouvelée du phénomène, pointant alors:

– l'étendue du phénomène, européen voire mondial, qui plus est marqué par des spécificités continentales, nationales, régionales voire locales[16];
– sa plasticité sociale, la sociologie des hooligans infirmant la vérité de leur appartenance à la classe ouvrière ou à des catégories

---

10. 39 morts par étouffement et compression consécutivement à une bagarre initiée par les supporters de Liverpool lors de la finale de la Coupe des clubs champions au stade du Heysel de Bruxelles, le 29 mai 1985.
11. À titre d'illustration, le Conseil des ministres belges confie, dès 1985, une recherche scientifique sur la violence dans les stades de football à l'Université de Leuwen.
12. Alain Ehrenberg, «Les hooligans ou la passion d'être égal», *Esprit*, N° 104-105, 1985, pp. 65-81.
13. Travis Hirschi, *A General Theory of crime*, Stanford: Stanford University Press. 1990.
14. Kris van Limbergen, «Le hooliganisme belge: description et essais de compréhension», *Revue interdisciplinaire et Études juridiques*, numéro spécial, 1989, pp. 7-31.
15. Gerard Finn, «Football hooliganism: a socio-psychological perspective», in Richard Giulianotti (éd.), *Football, Violence and Social Identity*, Londres; New York: Routledge, 1994, pp. 79-102.
16. Manfred Zimmermann, «La violence dans les stades de football: le cas de l'Allemagne fédérale», *Revue de droit pénal et de criminologie*, N° 5, 1987, pp. 441-463; Philippe Broussard, *Génération supporter*, Paris: Laffont, 1990; Richard Giulianotti, *Football: a sociology of a global game*, Cambridge: Polity Press, 1990.

délinquantes, pour identifier des individus présentant les signes d'une intégration ordinaire[17];

– la «fonctionnalité» d'appartenance à des groupes tout à la fois violents et diversement structurés, vecteurs d'identités collectives et individuelles, et dont les engagements violents sont différenciés[18];

– la non-pertinence du continuum régulièrement établi – dans la presse notamment – entre supportérisme extrême et hooliganisme; la violence, bien que présente, historique, culturelle et intégrative de tels groupes n'en constituant pas la finalité[19];

– la mise au jour, identifiée dès le début des années 90, de deux grands modèles du supportérisme[20], peu ou prou exclusifs. Un modèle anglais d'abord, d'inspiration traditionnelle, caractérisé par la boisson, les chants et une violence régulière. Un modèle italien ensuite, spectaculaire et théâtralisé, occasionnellement violent aussi, l'un comme l'autre de ces modèles essaimant pour définir un engagement supporter radical.

LA POLITISATION DES TRIBUNES

Autre acquis essentiel, redevable à la multiplication des travaux entrepris au cours des trois dernières décennies: la mise en évidence d'une «politisation des tribunes»[21], progressivement documentée au gré des enquêtes européennes en Angleterre, en Allemagne, en Belgique («Rapport sur la violence dans les stades de football en Belgique», 1986), puis en France dès le début des années 90[22].

---

17. Eugene Trivizas, «Offences and Offenders in Football Crowd Disorders», *British Journal of Criminology*, N° 20, 1980, pp. 11-37; Dominique Bodin, *Hooliganisme, vérités et mensonges*, Paris: ESF, 1990.
18. Christian Bromberger (avec la collaboration d'Alain Hayot et Jean-Marc Mariottini), *Le match de football. Ethnologie d'une passion partisane à Marseille, Naples et Turin*, Paris: Éditions de la Maison des sciences de l'homme, 1995; Nicolas Roumestan, *Les supporters de football*, Paris: Anthropos, 1998; Williams Nuytens, «La violence des supporters autonomes de football: à la recherche de causalités», in Jean-Charles Basson (dir.), *Sport et ordre public*, Paris: La Documentation française, 2001, pp. 127-144.
19. Cf. notamment Alain Ehrenberg, *Le culte de la performance*, Paris: Hachette, 2001 (1991); Gunter A. Pilz, *Jugend, Gewalt und Rechtsextremismus. Möglichkeiten und Notwendigkeiten politischen, polizeilichen und (sozial-)pädagogischen Handelns*, Hanovre: Niedersächsische Landeszentrale für politische Bildung, 1993.
20. Philippe Broussard, *op. cit.*
21. Bodin et Héas, *op. cit.*, p. 177.
22. Nourredine Rouibi, *Colloque sur la sécurité et la violence dans les stades lors de manifestations sportives*, Paris: Ministère de l'intérieur, 1989.

En Grande-Bretagne, le racisme — une des expressions caractéristiques de l'extrémisme de droite — a pris une ampleur certaine sur les gradins dans les années 70 et 80. Le phénomène s'était manifesté sous forme de chants à teneur raciste, d'onomatopées inspirées de bruits d'animaux ou encore de jets de bananes en direction de joueurs de couleur. Des fanzines, mais aussi des tracts avaient mis au jour que des forces politiques extrémistes avaient investi les gradins, où elles cherchaient à faire des émules. Dans la première moitié des années 90, cette présence s'est semble-t-il estompée, sans pour autant disparaître [23].

En Allemagne, des craintes ont été exprimées à partir des années 80 au sujet des tentatives des extrémistes de droite de noyauter les groupes de supporters afin d'y recruter de nouveaux adeptes. Cet espoir fut toutefois déçu. L'organisation rigide des partis extrémistes n'avait visiblement pas l'heur de plaire aux fans [24]. Toutefois, la décennie a aussi été caractérisée par une transformation rapide de la «scène supportérisme». Alors qu'auparavant les groupements étaient relativement bien identifiables (supporters «sans histoire»; supporters arborant les insignes et couleurs de leur équipe favorite, organisés ou non, reconnus ou non par les clubs; les supporters n'affichant plus leur penchant pour un club afin de pouvoir agir plus librement; groupements de rockers, skinheads et hooligans davantage intéressés à se mettre en scène qu'à suivre les matchs), les délimitations se sont progressivement estompées, les passages devenant plus fluides [25].

Le flou qui en est résulté a conduit à l'abandon, par les chercheurs, d'une approche axée sur les organisations au profit d'études sur d'autres manifestations de l'extrémisme de droite, dont l'une est le racisme. L'activisme d'organisations antiracistes a certainement contribué à ce transfert du champ de recherche. S'ils ont confirmé que le racisme et la xénophobie étaient largement répandus dans les gradins, les travaux portant sur le sujet ont aussi

---

23. Peter Marsh et al., *op. cit.*
24. Wilhelm Heitmeyer, Jörg-Ingo Peter, *Jugendliche Fussballfans. Soziale und politische Orientierungen, Gesellungsformen, Gewalt*, Weinhein; Munich: Juventa Verlag, 1992 (1987); Katrin Weber-Klüver, «Neger raus› gegen ‹Zeugen Yeboahs›. Fussball und Rassismus in Deutschland», in *Fussball und Rassismus*, Reinbek bei Hamburg: Rowohlt Taschenbuch Verlag, 1994 (1993), pp. 25-68.
25. Kurt Weis, Christian Alt, Frank Gingeleit, «Probleme der Fanausschreitungen und ihrer Eindämmung», in *Ursachen, Prävention und Kontrolle von Gewalt. Analysen und Vorschläge der Unabhängigen Regierungskommission zur Verhinderung und Bekämpfung von Gewalt (Gewaltkommission). Band III Sondergutachten*, 1990, pp. 575-670

montré que cette présence n'était pas simplement un reflet de tendances observées plus généralement dans la société, dès lors que le phénomène avait développé sa propre dynamique dans les stades. Bon nombre d'auteurs se sont heurtés au problème de la distinction entre un racisme et une xénophobie qui seraient «instrumentaux» («extrémisme fonctionnel») et un racisme et une xénophobie qui seraient l'expression d'une idéologie extrémiste pleinement assumée et propagée («extrémisme idéologique»)[26].

Tenant du premier type d'hypothèse, Christian Bromberger, qui a étudié le cas des ultras de l'Europe méridionale, estime que l'usage d'emblèmes et le recours au vocabulaire fascistes relèvent surtout de la provocation. Selon lui, bien que des extrémistes de droite aient pu contribuer à la création de mouvements ultras et malgré leur présence visible, ils ne représenteraient, au milieu des années 90, qu'une minorité dans les virages des stades de football. Bromberger estime encore que, dans leur grande majorité, les ultras n'ont qu'une faible conscience politique : «Si, par leurs clameurs et leurs banderoles, les militants des stades amplifient, voire anticipent, les crispations politiques, c'est, dans la plupart des cas, davantage pour s'en servir que pour les servir»[27].

À l'inverse, les auteurs d'une étude mandatée par l'Observatoire européen sur le racisme, et dont l'objet était l'analyse comparative des sites internet des associations de supporters, considèrent que la teneur et les paroles émises doivent être appréhendées au premier degré, parvenant alors à la conclusion que l'extrémisme de droite et le racisme sont d'une grande virulence dans le sud de l'Europe, en particulier en Italie et en Espagne[28].

---

26. Udo Merkel, Kurt Sombert, Walter Tokarski, «Football, Racism and Xenophobia in Germany : 50 Years later – here we go again?», in Udo Merkel, Walter Tokarski (dir.), *Racism and Xenophobia in European Football*, Aachen : Meyer und Meyer, 1996, pp. 143-168.
27. Christian Bromberger 1995, *op. cit.*, p. 244. On notera que si Christian Bromberger est l'une des fortes figures de ce courant d'analyses, nombreux sont les sociologues du sport attachés à des postures *compréhensives* qui conduisent à minorer le caractère problématique de comportements et d'expressions qui contreviennent aux valeurs démocratiques et aux fondements de l'État de droit. Nous faisons l'hypothèse qu'il faut voir ici les effets d'une épistémologie captive de deux dépendances théoriques. En premier lieu, l'attachement à une théorie de la catharsis, qui inscrit le supportérisme dans une filière de sens empruntée à Norbert Elias, pour l'appréhender comme une pratique relevant d'une dynamique de libération des affects fortement bridés dans la société moderne. En second lieu, l'attachement à une théorie culturaliste qui fait du football un univers à forte cohérence, fixateur d'identités spécifiques et conservatoire de valeurs et de normes liées à une histoire singulière.
28. Carlo Balestri et al., *Racisme, football et l'Internet*, 2000, www.eumc.eu.int/publications/football/football_fr.htm

Au final, il ressort de la confrontation de ces données que, si de mêmes constats sont opérés relativement à la banalisation de la violence dans et autour des enceintes sportives, ainsi qu'autour du constat de la montée d'extrémismes sportifs affranchis des ritualités compétitives et des conflictualités attachées aux interactions sportives ordinaires, de nombreuses divergences existent quant au sens et à la fonctionnalité à accorder à ces phénomènes. Et ceci tant sous l'angle de l'importance de l'une ou l'autre de ces deux manifestations d'extrémisme (fonctionnel ou idéologique) que sous l'angle de la perméabilité des supporters sportifs à des valeurs et convictions reposant sur l'inégalité et la légitimation de la violence. L'imbroglio qui règne quant aux explications de la violence et de l'extrémisme (*die «neue Unübersichtlichkeit»*[29]) constitue alors une incitation forte à produire des connaissances sur le thème, et cela d'autant que, tant dans le domaine des violences sportives en général que dans le domaine particulier de l'extrémisme politique dans le sport, les milieux universitaires en Suisse en particulier étaient singulièrement absents[30]. Le lancement en 2002, par le Fonds national suisse de la recherche scientifique, du programme national de recherche 40+, « Extrémisme de droite. Causes et contre-mesures», a offert une occasion d'entreprendre une étude approfondie sur la question. Deux articles du présent ouvrage présentent des résultats de ces travaux étalés sur plusieurs années. En chemin, de nombreux contacts ont été noués avec des collègues travaillant dans d'autres pays sur des thèmes proches. Il en est ressorti notamment que le supportérisme avait connu des mutations importantes au cours de la dernière décennie. De là est née l'idée de réaliser un ouvrage collectif présentant les tendances récentes à l'échelle internationale. Les pages qui suivent mettent en exergue quelques éléments saillants des contributions réunies dans ce volume. Un premier volet porte sur les descriptions et les analyses du supportérisme tel qu'il s'exprime dans divers pays, un second sur les réponses apportées aux problèmes qui en découlent.

---

29. Hartmut M. Griese, *Jugend(sub)kultur(en) und Gewalt: Analysen, Materialien, Kritik. Soziologische und pädogogischkritische Beiträge*, Münster, Hamburg et Londres: LIT Verlag, 2000.
30. Voir tout de même Jean-Philippe Dubey et Pascal Chatelain, «La place de la Suisse dans les dispositifs de prévention du hooliganisme», *Revue internationale de criminologie et de police scientifique et technique*, Volume LV, 2002, pp. 301-309; Dominique Malatesta et Christophe Jaccoud, «Crime et sécurité dans le sport», *ibid.*, pp. 259-265.

L'ÉVOLUTION RÉCENTE

Depuis près d'un demi-siècle, les hooligans anglais défrayent les chroniques. Aussi, en Suisse et en Autriche, l'élimination de l'Angleterre lors des poules qualificatives de l'Euro 08 a-t-elle grandement soulagé les organisateurs du tournoi. Si les déplacements à l'étranger de la sélection anglaise donnent encore régulièrement lieu à des affrontements, les rencontres disputées dans les divisions supérieures sont aujourd'hui épargnées par les violences. À tel point que, lors de congrès consacrés à la question, les collègues britanniques en viennent à s'interroger sur la pertinence du thème qu'ils jugent caduc. En revanche, sur le continent, le sujet est toujours d'actualité. Des incidents émaillent régulièrement les compétitions nationales, suscitant l'indignation des autorités, des instances sportives et du public. Comment expliquer ces différences? Pour répondre à cette question, force est d'analyser de plus près les développements du supportérisme dans les pays concernés.

Il ressort des contributions parues dans ce volume que la France, la Belgique et la Suisse montrent aujourd'hui des similitudes. Il en va de même pour l'Allemagne, ou du moins sa partie occidentale[31]. L'évolution récente y est caractérisée par l'essor du modèle italien, de la «mentalité ultra», qui tend à se substituer au «hooliganisme» d'inspiration anglaise. Il existe toutefois des décalages. Alors que des groupes ultras furent fondés au cours des années 80 en France[32], en Suisse italienne et en Suisse romande, le mouvement ne prend véritablement pied en Suisse alémanique que depuis une dizaine d'années, sans doute par le détour de l'Allemagne voisine. En Belgique, la substitution ne concerne (momentanément?) que la partie wallonne du pays.

Comme le rappelle **Nicolas Hourcade** dans sa contribution, les deux modèles se différencient essentiellement par les modes d'organisation, la participation au spectacle, les relations avec le monde du football et la manière d'appréhender la violence. Les groupes ultras sont plus structurés et hiérarchisés, leurs animations sont plus complexes et spectaculaires (banderoles géantes, chorégraphies, etc.), et ils se posent comme des interlocuteurs des dirigeants de clubs ou de fédérations. Le critère du recours à la violence est

---

31. Gunter A. Pilz et al., *Wandlungen des Zuschauerverhaltens im Profifussball*, Schorndorf: Hofmann, 2006 (Schriftenreihe des Bundesinstitutes für Sozialwissenschaft, 114).
32. Voir notamment Patrick Mignon, *La passion du football*, Paris: Odile Jacob, 1998, en particulier pp. 254-256.

quant à lui équivoque. Selon une distinction fréquemment opérée aujourd'hui par les supporters eux-mêmes, les hooligans seraient davantage, voire essentiellement, mus par la volonté d'en découdre avec les supporters extrêmes adverses, alors que la violence ne constituerait que l'ultime moyen d'action des ultras. Or, cela ne signifie pas forcément que les seconds sont moins violents que les premiers, ce que démontre le cas italien dont il sera encore question. Une approche différenciée tenant compte de critères géographiques et historiques est donc nécessaire. En effet, en se diffusant, les modèles se combinent avec des traditions locales ou régionales. S'agissant de la situation au nord des Alpes, par exemple, la tendance ultra est portée surtout par une génération de supporters plus jeunes qui cherchent à se démarquer de groupes plus anciens. Cette substitution intervient alors que la répression est de plus en plus forte (contrôles accrus, interdictions de stade, etc.). Dans ce contexte, l'adhésion à une nouvelle forme de soutien militant à un club peut être interprétée comme une réappropriation des gradins par des supporters qui refusent d'être dégradés au rang de simples consommateurs. Une partie des groupes anciennement constitués a quant à elle déplacé ses actions hors et parfois loin des enceintes sportives. Il arrive alors que les protagonistes conviennent d'un lieu et du nombre de participants pour se bagarrer. Pour l'ordre public, ce type d'affrontement – normalement imputé aux hooligans – représente un danger moindre que les échauffourées pouvant résulter de circonstances particulières à l'occasion de matchs (rencontres fortuites de groupes rivaux, dispositifs policiers inappropriés, déroulement de la partie, etc.). Notons en passant que la question de la pertinence de la distinction entre hooligans et ultras se retrouve en filigrane dans les études consacrées au sujet. En effet, alors que certains auteurs utilisent le terme « hooliganisme » pour désigner globalement le phénomène caractérisé par les violences et les déprédations commises lors de manifestations sportives (voire autres), d'autres recourent à des expressions moins connotées, comme « supportérisme extrême » (**N. Hourcade**) ou « supportérisme militant » ou « supportérisme violent » (**Th. Busset et al.**) pour rendre compte de la diversité historique, géographique, sociale et culturelle de ce que d'aucuns considèrent être un fléau moderne.

S'agissant de la présence extrémiste dans les stades, les auteurs qui participent à cet ouvrage jugent, de manière générale, que le problème a moins d'ampleur que ne le laisseraient entendre les commentaires des médias, des autorités et des instances sportives. Face aux opinions préétablies et aux attentes, les chercheurs éprouvent des difficultés à produire et à communiquer des descriptions et des analyses différenciées du phénomène. Grand est en effet le risque d'être accusé de banaliser le problème ou de l'amplifier, voire d'être instrumentalisé à des fins politiques. Un dilemme résulte également du fait que la multiplication d'études sur les dérives politiques et racistes imputées à des supporters tend à détourner l'attention d'autres milieux et d'autres acteurs sociaux, et donc d'asseoir encore les préjugés. La diversité des approches proposées dans ce volume traduit ces obstacles. Une synthèse se heurterait aussi aux définitions, qui ne sont pas toujours explicites.

S'agissant des stades de football, il est établi – comme nous l'avons vu – que des groupes d'extrême droite ont entrepris et entreprennent sans doute encore des tentatives d'investir les gradins et que certains groupements de supporters adhèrent à des idéologies extrémistes. Toutefois, tout l'éventail politique est représenté, dans des proportions pouvant varier fortement dans le temps et selon le lieu. Aussi, dans leur panorama européen, **Dominique Bodin**, **Luc Robène** et **Gaelle Sempé** font-il apparaître la variété et la gradation des attitudes observables. Une comparaison entre supporters marseillais et parisiens révèle des positions fondamentalement différentes s'agissant de la politique revendiquée. Alors que dans la cité phocéenne elle est, de manière générale, feinte et sert de prétexte à la distinction par rapport à d'autres groupes occupant le même virage, à Paris, la tribune de Boulogne est véritablement instrumentalisée par l'extrême droite. Mais il y a plus inquiétant : en Hongrie, on a vu, en 2006, des supporters acquis à l'extrémisme participer à des émeutes dirigées contre le gouvernement (cf. *infra*).

Dans les monographies consacrées aux pays, les auteurs fournissent plusieurs explications permettant de comprendre pourquoi les supporters n'ont guère donné suite aux efforts de recrutement déployés dans les stades par des groupements extrémistes. Avant d'y venir, il convient de renvoyer à l'article de **Dariuš Zifonun**, qui propose une interprétation plus générale. En référence aux travaux de Gary Armstrong[33], cet auteur comprend le hooliganisme – ou le supportérisme violent – comme un phénomène incluant la

---

33. Voir notamment Gary Armstrong, *Football Hooligans: Knowing the Score*, Oxford: Berg Publishers, 1998.

rivalité, la compétition et la mesure du courage. Contrairement à une idée largement répandue, le but premier n'est pas de commettre des actes de violence, mais plutôt d'humilier les rivaux. La visibilité et la représentation de soi sont deux caractéristiques des démonstrations de virilité. Les hooligans et les ultras ne s'intéressent ni au pouvoir, ni à s'organiser, ni à adhérer à un parti, et à ce titre se différencient donc substantiellement des extrémistes de droite.

À la lumière des contributions au présent volume et des parutions récentes, on peut définir quatre cas de figure géographiquement localisables. Compte tenu de la diffusion et de la transformation des pratiques, cette régionalisation sommaire est comprise comme un tableau momentané.

L'Angleterre, d'abord, se distingue dans la mesure où elle ne connaît pratiquement plus – comme évoqué plus haut – de troubles lors des matchs disputés dans les divisions supérieures du championnat. La transformation profonde du football et sa commercialisation à outrance n'y sont pas étrangères. La construction ou la rénovation de stades dotés de systèmes de sécurité perfectionnés et l'augmentation corollaire du prix des places ont bouleversé la composition du public au profit du spectateur consommateur. Cette «américanisation» du football est soulignée par l'arrivée d'investisseurs du monde entier à la recherche de placements rentables, réels et/ou symboliques. S'il est devenu courant, sur le continent, d'évoquer la «réussite» de la gestion anglaise du public, l'on feint d'oublier que le pays est aujourd'hui le théâtre de violences juvéniles d'une extrême gravité. Par ailleurs, comme indiqué plus haut, les affrontements restent courants lors de déplacements de clubs ou de l'équipe nationale à l'étranger ; tel a été le cas lors de la Coupe du Monde de 2006.

Aujourd'hui, l'Italie est en quelque sorte l'antithèse du cas anglais : les violences et les manifestations xénophobes et racistes entachent le championnat de la Péninsule alors que les sorties de la *squadra azzurra* ne sont qu'exceptionnellement accompagnées de troubles. Pour **Sébastien Louis**, les inclinaisons partisanes des ultras italiens sont un reflet de l'évolution politique du pays. Le mouvement a été empreint à sa naissance par les mouvements de rébellion, dont on retrouve aujourd'hui encore des éléments dans de nombreux groupes. Les comportements et les modes d'action des extrémistes politiques, de gauche ou de droite, ont été des sources d'inspiration. Cependant, la politisation a souvent été de façade seulement. Par conséquent, les affiliations affichées sont à considérer avec prudence, car elles renvoient à des logiques qui relèvent autant de la provocation que de la conviction. S. Louis estime toutefois que le réseau formé par des ultras néofascistes constitue actuellement une véritable menace. Les contacts s'opèrent en dehors des stades, par le truchement d'organisations d'extrême droite, ce qu'attestent diverses actions menées en commun. Le risque est donc que certains groupes ultras deviennent des « courroies de transmission » de ces organisations et que, face à l'augmentation des comportements xénophobes et racistes, l'État italien en vienne à criminaliser aussi les groupes ultras non impliqués. Or, ce sentiment d'être persécuté profite à la droite extrême qui associe les activités répressives à une restriction des libertés.

La situation est aujourd'hui plus préoccupante encore en Europe de l'Est, où le football est touché par une recrudescence de violence. Alors qu'à l'époque communiste les tumultes pouvaient cacher une forme de protestation contre le régime, ils sont aujourd'hui l'expression d'une situation économique délétère. De surcroît la répression, comme les projets socio-éducatifs, sont rudimentaires ou inexistants. Dans leur panorama du supportérisme européen, **Dominique Bodin**, **Luc Robène** et **Gaelle Sempé** évoquent notamment les cas de l'ex-Yougoslavie et de la Hongrie. À Budapest, l'extrémisme bien implanté dans le stade réinvestit l'espace public lorsque des supporters du Ferencvàros Budapest participent, en 2006, aux manifestations de rue et aux affrontements qui s'ensuivent pour s'opposer à la politique du gouvernement. Le leader de la droite, en instrumentalisant des supporters acquis à la même idéologie, a su récupérer des forces existantes. Pour **D. Bodin et al.**, ces violences traduisent un malaise profond résultant de l'incertitude économique et sociale vécue par des parties de la population hongroise.

Comme indiqué, les autres pays traités, soit la France, la Suisse et la Belgique, présentent des similitudes, notamment du fait de l'extension du mouvement ultra. Des spécificités subsistent toutefois. **Nicolas Hourcade** rappelle que le supportérisme français se caractérise par sa dichotomie et la présence ancienne de groupes hooligans et ultras. Bien qu'ils entretiennent, au niveau local, des rapports de force pouvant déboucher sur des incidents sérieux, ils s'allient parfois pour faire face aux supporters extrêmes adverses.

Il est courant aussi qu'ils partagent les mêmes fanzines, sites et forums internet. L'expression ouverte d'idées racistes ou extrémistes n'est quasiment plus de mise parmi les ultras français. Les tendances dominantes sont l'apolitisme et l'antiracisme. Seules la tribune Boulogne, à Paris, et certains groupes « indépendants » sont clairement nationalistes voire extrémistes. De manière générale, la politisation des supporters militants sert avant tout à construire la cause du groupe, au même titre que l'appartenance locale ou régionale. Un problème de perception existe dans la mesure où les insultes et agressions racistes sont fortement médiatisées, alors que les efforts déployés par les supporters extrêmes antiracistes et antifascistes ne sont pratiquement pas relayés vers le grand public.

S'agissant des stades de Suisse, **Thomas Busset**, **Thomas Gander**, **Pascal Pfister** et **Raffele Poli** y décèlent une présence extrémiste fluctuante, mais proportionnellement modeste. De fait, l'influence des extrémistes n'a cessé de diminuer au cours des dernières années. Les « virages » se montrent, de manière générale, réfractaires à un recrutement à des fins politiques. La répression a joué un rôle, mais aussi le fait que les extrémistes de droite disposent aujourd'hui d'autres espaces, moins exposés, où ils peuvent trouver des émules. Cette « imperméabilité » peut s'expliquer aussi par le caractère festif et rituel des activités, ainsi que par la dimension émotionnelle du supportérisme qui se concilie mal avec des actions concertées ayant un objectif politique. Attachés à leur club et à leur ville ou région, les ultras en particulier se disent indifférents à l'équipe nationale, parce qu'ils ne veulent pas faire cause commune avec les groupes rivaux. L'adhésion à un modèle supportériste revient à adopter des valeurs qui peuvent être en contradiction avec des opinions exprimées hors du contexte du football.

Bertrand Fincoeur dessine un tableau contrasté du supportérisme belge, tant est grande la variété des valeurs et des idéologies. Les discours diffèrent fortement d'un groupe de supporters à l'autre et recouvrent tout l'éventail politique. Alors qu'au Standard de Liège, le noyau dur des fans est, malgré quelques voix discordantes, réputé pour ses sympathies gauchistes, les supporters violents du Brussels, de Charleroi, du GBA ou du Club de Bruges véhiculent une idéologie d'extrême droite. À cet égard, les propos tenus en privé par les membres de ces groupes ne laissent planer aucun doute. À la lumière des connaissances actuelles, l'auteur estime que ces orientations idéologiques sont certes assez répandues au sein du mouvement hooligan, mais que les tentatives de récupération par un parti politique, quel qu'il soit, n'en sont pas moins rejetées par l'ensemble des groupes. En dépit de la réalité du racisme et de la xénophobie dans les stades belges, il convient de ne pas dramatiser la situation dans la mesure où le problème est lié à quelques individus et groupes. Le phénomène se pose par conséquent davantage en termes qualitatifs que quantitatifs.

Dans leur contribution, **D. Bodin et al.** rappellent que le racisme n'est pas seulement l'affaire des supporters, mais qu'il est également véhiculé sur les terrains, par des joueurs et des entraîneurs, et au sein d'équipes dirigeantes. Plus radicalement encore, **D. Zifonun** dénonce la rhétorique moralisante de parties des élites universitaires, politiques, pédagogiques et médiatiques qui légitiment l'ordre social en même temps que leurs propres actions, alors même que leurs discours sur le supportérisme reproduit un racisme ordinaire profondément ancré dans la société.

Gunter A. Pilz, en portant son regard sur les ligues régionales et juniors de Basse-Saxe, remet précisément en question des a priori vivaces concernant les violences commises par les joueurs issus de l'immigration, qui écopent en règle générale des sanctions plus lourdes que leurs homologues allemands. Or, il s'avère que, lors des procédures disciplinaires, les dirigeants et entraîneurs des clubs «allemands» assurent un soutien aux auteurs des voies de fait, qu'ils reconnaissent habituellement. En revanche, les joueurs étrangers, turcs et kurdes en particulier, sont rarement accompagnés. Estimant la cause perdue d'avance compte tenu des préjugés xénophobes des instances sportives, ils se montrent souvent réfractaires et nient les faits, ce qui joue en leur défaveur. Par ailleurs, dans les affaires graves, les causes des incidents sont négligées, notamment les provocations ciblées dont sont victimes les joueurs étrangers. Entre autres mesures, l'auteur propose donc de renoncer, si possible, aux suspensions au profit de démarches éducatives. Cela suppose que les autorités et les instances sportives abandonnent l'idée que l'intégration dans la société d'accueil ne peut se faire qu'au sein des clubs nationaux. Les associations formées de représentants d'autres ethnies sont une réalité dont il faut tenir compte dans la prévention.

VIOLENCE, EXTRÉMISME ET ORDRE PUBLIC

Par le nombre des chercheurs et des acteurs engagés désormais dans l'identification des phénomènes de violence et d'extrémisme dans le football, on en sait donc beaucoup sur des comportements par lesquels l'espace du stade devient le lieu de transgressions violentes. Des savoirs et des connaissances qui arrachent le phénomène au registre de la seule délinquance ou aux exactions d'individus anormaux libérés des entraves sociales. Au terme de ces nouvelles identifications qui lui confèrent une catégoricité davantage marquée par la prise en compte de traits sociologiques, le supporter violent s'affirme alors comme un *acteur social*, véritable entrepreneur d'une violence qu'il entend mettre en scène dans un espace-temps – le match – appelé à constituer un lieu privilégié pour la réalisation de ses prétentions à la visibilité.

Si, grâce à la pertinence de ces nouvelles mises en discours, le supportérisme violent cesse alors de se traîner dans une mouvance entre maladie et accident, pour gagner en sens et en «raison», on peut constater qu'à une nouvelle cartographie sociologique ont correspondu, symétriquement, trois ordres de faits.

Premièrement, le dévoilement de la fragilité des systèmes de sécurisation des enceintes sportives progressivement devenues, pour paraphraser la formule du sociologue anglais Zygmunt Bauman, des «chaudrons de l'*Unsicherheit*».

Deuxièmement, l'installation d'un débat, dans la plupart des pays d'Europe, autour de la question du contrôle du risque sportif. Ainsi l'apparition d'une nouvelle génération de situations problématiques, et singulièrement l'identification régulièrement attestée de liens entre le supportérisme violent et l'extrémisme politique, a-t-elle conduit à ce que l'objectif de pacifier les interactions sportives trouve un ancrage consensuel dans les sphères sportive, économique et politico-administrative.

Troisièmement, la mise en œuvre d'une nouvelle cartographie juridique du supportérisme violent, les désordres provoqués ayant stimulé des réflexions orientées vers un réexamen juridique du phénomène. Et ceci dans le sens d'une répression sévère l'arrachant à une longue tradition de tolérance, de fatalisme et de cécité sociologique, pour l'instaurer en l'une des figures même de la menace et du mal. On peut alors constater que l'ordonnance des soins prescrite par les acteurs en charge du contrôle et de la pénalisation de la violence périsportive colle de près aux identifications des sociologues.

Ainsi, si la compréhension reconnue désormais comme valide de la violence et de l'extrémisme dans le sport s'articule pour l'essentiel sur le passage d'un référentiel assimilant le hooliganisme à une violence ritualisée et dionysiaque à un référentiel qui y discerne plutôt une violence préméditée et organisée, on peut relever que la modification des régimes de pénalité du problème hooligan a connu une semblable évolution. Pour évoluer vers un haussement de la tonalité répressive donnant alors un sceau de délictualité accru à des actions assimilées non plus à des socialités tenaces, mais à des atteintes à l'ordre public et à la sécurité intérieure, ainsi qu'à l'ordre marchand et à l'ordre sportif.

Les cinq contributions consacrées à la production de sécurité et à l'évolution des dispositifs de pacification du spectacle sportif montrent ainsi avec netteté comment – avec des réactivités qui certes varient d'un pays à l'autre – depuis un quart de siècle environ, a correspondu, à l'installation de la violence dans les stades, un nouveau modèle d'intelligibilité et de pénalité de ce phénomène, imposant alors une interprétation proprement délictuelle et déviante des violences et de l'extrémisme périsportifs. Au terme de ce renouvellement de perspective[34], débordements et bagarres, faits de racisme et de haine de l'autre relèvent d'une violence qui appelle la mise en œuvre d'une gestion policière ad hoc et, plus généralement, une dynamique de retour de l'État; les ambitions protectrices, tutélaires et organisatrices de ce dernier imposant que l'on punisse de telles actions.

Ces contributions, qui prennent pour cas d'étude l'Europe en général, la Grèce et la Suisse pour cas particuliers, consonnent également pour désigner trois axes forts.

Premier axe fort: la gestion des interactions footballistiques, si elle s'est longtemps déduite d'une représentation les assimilant à

---

34. Pour mesurer le chemin parcouru, on se souviendra que, jusqu'au milieu des années 80, et si l'on excepte des mesures restrictives en rapport avec la vente et/ou la possession de boissons alcoolisées dans les stades, «il n'existe pas en Europe de législation ni de quelconque recommandation concernant la sécurité des manifestations sportives […]. À cette période, les dispositifs mis en place se font de façon empirique, sans référence à une doctrine professionnelle. Il faut attendre le drame du Heysel, en 1985, pour voir une convention sur la violence et les débordements de spectateurs lors de manifestations sportives. Plusieurs textes viendront compléter celui-ci pour homogénéiser la sécurité lors des matchs de football au niveau européen», Frédéric Diaz, «Coproduction de la sécurité: une nouvelle forme de l'interventionnisme étatique pour une meilleure sécurité du public?», *Déviance et Société*, 4, volume 27, 2003, pp. 429-458.

un spectacle populaire et convivial, s'alimente désormais à une doctrine du risque sportif, ensemble de rationalisations et de prescriptions qui impose un point de vue selon lequel le sport et le spectacle sportif peuvent être interruptifs de la dynamique sociale, la cause d'altérations du lien civil, à ce titre porteurs d'insécurité et de menace.

Deuxième axe fort: le *tumultus*[35] induit par la radicalisation de la violence dans les stades appelle des mesures cohérentes à la hauteur de leur transgression, de même qu'une gouvernance renouvelée de la sécurisation des interactions sportives. Ce remaniement des dispositifs de régulation est à front large dans la mesure où il correspond à des engagements opérationnels variés, néanmoins articulés sur le carré « pénal-répression-prévention situationnelle-prévention sociopédagogique ».

Troisième axe fort: la régulation contemporaine de la violence et de l'extrémisme périsportifs se déploie relativement à deux horizons distincts, l'un marchand, l'autre politico-sécuritaire. Du point de vue du premier, on peut établir que la nécessité de rendre sûr le déroulement des compétitions sportives relève de l'immersion croissante du sport dans des données économiques, qui met en demeure pouvoirs publics, pouvoirs et organisateurs sportifs d'assurer l'intégrité des biens et des personnes.

Du point de vue du second horizon, on peut pareillement montrer que les dangers que les violences et les débordements font peser sur l'ordre public dans les sociétés démocratiques a eu pour effet conjoint de « globaliser le risque », c'est-à-dire de désincarcérer le supportérisme extrême de son contexte d'existence pour l'inscrire dans une perception élargie des menaces sécuritaires, aux côtés du trafic de stupéfiants et du terrorisme; l'émergence de ce paradigme et la désignation de la gravité des faits conduisant alors à la nécessité d'organiser et de coordonner des systèmes d'objectifs et des moyens stables dans le sens d'une nécessaire européanisation. Au point que, depuis 1985 et la Convention européenne sur la violence et les débordements des spectateurs lors des manifestations sportives, on a progressivement assisté à une unification des politiques nationales de lutte anti-hooligans et à une collaboration de plus en plus étroite des différents acteurs concernés.

---

35. Le terme appartient au vocabulaire juridique de la Rome antique et évoque, comme le rappelle Giorgio Agamben, « un état d'urgence causé par un désordre intérieur ou une insurrection ». Cf. Giorgio Agamben, « L'État d'exception », *Le Monde*, jeudi 12 décembre 2002.

Anastassia Tsoukala documente à ce propos très clairement tout à la fois cette dynamique de gestion de la sécurité qui fait du supportérisme violent non pas une forme de criminalité particulière, mais une déviance à la signification sociale élargie, et cette convergence des concernements, des collaborations et des coopérations (échange d'informations, banques de données, réseaux d'officiers de liaison…) qui, par leur nature désormais transfrontalière et transétatique, sont constitutives du déploiement d'une véritable européanisation de la production du maintien de l'ordre public. Mais parce que cette restructuration des systèmes de gouvernance implique une spirale sécuritaire et des modalités de contrôle social de moins en moins stato-centrés, mais aussi parce qu'elle évoque de plus en plus un *projet collectif* de pacification des sociétés, le risque est grand que la mise sous contrôle des supporters ne débouche sur une systématisation des atteintes aux libertés publiques.

Christophe Jaccoud, Dominique Malatesta et Jean-Philippe Dubey montrent pour leur part, à partir de l'analyse du débat qui s'est installé en Suisse à la fin des années 90, le poids décisif des prescriptions relatives au maintien de l'ordre public et des contraintes du sport-spectacle, surdéterminées encore par l'ombre portée de la co-organisation de l'Euro 08, dans la mise en œuvre d'une dynamique de retour de la norme qui s'est concrétisée par la promulgation de mesures légales et l'adoption par le Parlement d'une loi fédérale dite « loi anti-hooligan ». Celle-ci, outre qu'elle évoque un net durcissement de la répression contre les supporters violents et d'un ralliement helvétique à la politique européenne en vigueur dans le domaine, montre également que l'organisation d'un événement à résonance planétaire, tout comme la conversion des stades en des espaces de consommation et en centres de profit, dans lesquels des supporters-clients achètent un service payant, ont contribué à requalifier le problème du supportérisme violent en « risque » menaçant pour le bon déroulement des interactions sportives.

L'analyse des modes de régulation de la violence qui sont désormais mis en œuvre atteste alors à la fois de l'élargissement des enjeux et du nombre des acteurs désormais concernés par le football en même temps qu'il modifie les conditions de définition des politiques de pacification des interactions sportives. Ainsi le contrôle des spectateurs s'ancre-t-il dans des logiques complexes, assurément très éloignées de celles qui pouvaient prévaloir, par exemple, lors de la Coupe du monde de 1954, dans le sens où elles associent des logiques d'État, des logiques sportives et des logiques commerciales, sollicitant alors des coalitions d'acteurs multiples.

Diamantis Mastrogiannakis, à partir du cas grec, met en en exergue un autre élément important dans les modes de régulation de la violence sportive, et singulièrement la force des traditions qui peuvent conduire les acteurs de la pacification à suivre des «sentiers de dépendance»[36], c'est-à-dire des procédures de résolution des problèmes *irréversibles*, ponctuellement pertinentes, mais dont l'incessante reproduction limite de fait les possibilités de changement et d'évolution. Autrement dit, si les dispositifs de réduction des passions sportives relèvent d'une tendance à l'européanisation, au double sens d'une homogénéisation des procédures et d'une densification transnationale des contrôles, il n'en est pas moins vrai qu'en Grèce, pays qui privilégie traditionnellement la dominance de l'appareil policier dans le maintien de l'ordre au nom d'un paradigme de dissuasion générale préventive[37], ces dispositifs sont à l'évidence captifs, *dépendants*, de l'histoire des conditions sociopolitiques, ou encore de la manière dont l'État détermine la société et conçoit l'espace et l'ordre publics.

Basile Barbey, avec les ressources de l'analyse spatiale, informe encore cette évolution des points de vue et des contraintes qui, à partir du partage désormais généralisé d'un paradigme du risque sportif et de changements intervenus dans la socio-économie du football, aboutissent à la réalisation de *mises en sécurité* draconiennes des enceintes sportives, leur contrôle sollicitant les mêmes dispositifs que ceux qui s'appliquent aux centres commerciaux, aux aéroports, ou encore aux parcs d'attraction. Une réalité qui conduit à s'interroger sur deux faits en particulier: sur la pertinence des catégories d'analyse qu'il faut poser sur le football, dont on peut se demander s'il est encore un espace-temps d'identité et d'identification, ou s'il ne relève désormais plus simplement d'une *animation urbaine* appelant contrôle et disciplinarisation des foules; sur la pertinence d'un urbanisme sécuritaire paradoxal puisque, en neutralisant les débordements dans les stades, il stimule

---

36. James Mahoney, «Path Dependence in Historical Sociology», *Theory and Society*, 29-4, 2000, pp. 507-547.
37. Sophia Vidali, «Politique de prévention et de sécurité en Grèce: le contrôle politique, passé et présent», *Déviance et Société*, 4-25, 2001, pp. 515-533.

leur délocalisation et leur relocalisation dans d'autres espaces urbains ou périurbains.

David Zimmermann, enfin, revient dans le détail sur les tenants et aboutissants d'une forme d'engagement opérationnel qui gagne en visibilité et qui constitue désormais un modèle courant de gestion des populations sportives «à risques», en même temps que l'un des axes de la morphologie du contrôle des supporters problématiques: l'intervention sociale et l'action d'animation socioculturelle pour et *avec* les fans, ou *fan coaching*. Celui-ci complète et redouble désormais la gestion sécuritaire et la prévention situationnelle (qui cherche à dissuader les fauteurs de troubles en multipliant les obstacles tels que caméras, séparation des tribunes...). On retiendra surtout que, en assurant un travail de proximité auprès des supporters, en les responsabilisant et en les guidant vers un réapprentissage des normes et des règles, de leurs fondements et de leur nécessité, le *fan coaching* ambitionne de produire un nouveau contrat sportif fondé sur la reconnaissance des supporters comme sujets de considération; un contrat en mesure de retourner ou tout au moins de réduire la dynamique d'«institutionnalisation de la méfiance»[38] qui tend à prévaloir aujourd'hui.

L'ouvrage que nous présentons ici atteste, à la lumière des éclairages apportés par les douze contributions, qu'une réflexion sur le thème de la violence et de l'extrémisme dans le football doit impérativement évoluer autour de deux pôles de réflexion et d'analyse obligés. D'un côté, l'analyse du *crime*, c'est-à-dire des formes de violence attachées au supportérisme extrême; formes plastiques moulées par les milieux, la conjoncture, les moyens, les cibles et les motifs de ceux qui y ont recours. D'un autre côté, le *châtiment*, ou plutôt la sécurité, étant entendu que l'augmentation des violences de toutes sortes appelle des réponses, des régulations et des régimes de pénalité.

Il documente également un certain nombre de points forts, dont trois au moins nous semblent se dégager. On dira d'abord qu'il y a, en Europe, et depuis un quart de siècle environ, une prise de conscience générale qui tend à énoncer que le football génère des débordements problématiques, dont certains, en particulier

---

38. Adam Crawford, «Situational Crime Prevention, Urban Governance, Trust Relations», in Anthony von Hirsch (éd.), *Ethical and Social Perspective on Situational Crime Prevention*, Oxford: Hart Publishing, 2000, pp. 193-213.

ceux qui relèvent de l'expression d'attitudes d'extrême droite, sont incompatibles avec la démocratie et les impératifs catégoriques qui la fondent. On dira ensuite que cette violence ne peut pas être associée de manière univoque à une causalité en particulier, mais que son étiologie renvoie à un faisceau complexe de raisons. On dira enfin que cette conversion progressive des stades en espaces du risque est désormais appréhendée comme une menace intolérable, et ceci pour deux raisons. La première est politique et découle de préoccupations de maintien de l'ordre public, la seconde économique et découle d'une nouvelle rationalité du spectacle sportif qui se déploie dans le sens d'un spectacle à forts enjeux commerciaux. Ceci a conduit alors à durcir le contrôle et la répression, via des mesures qui, parce qu'elles sont globalement similaires d'un pays à l'autre, attestent d'une européanisation de la *police des supporters*.

PREMIÈRE PARTIE

DANS LES STADES

LE FOOTBALL À L'ÉPREUVE DU RACISME ET DE L'EXTRÉMISME : UN ÉTAT DES LIEUX EN EUROPE

DOMINIQUE BODIN, LUC ROBÈNE, GAELLE SEMPÉ

Face aux troubles et manifestations racistes et xénophobes (tags, saluts nazis, agressions de spectateurs ou de supporters de «couleur», cris de singe, etc.) qui semblent se multiplier dans les stades de football d'Europe, et plus particulièrement en Italie, aux Pays-Bas, en France, en Espagne, en Hongrie et en Pologne[1], un certain nombre de responsables politiques ont, ces dernières années, réagi pour condamner «l'inacceptable».

Ainsi, il y a peu encore, Jean-François Lamour, alors ministre des Sports français, lançait un appel à «la responsabilité de tous»[2], tandis que Miguel Angel Moratinos, ministre des Affaires étrangères espagnol, déclarait que «tout propos raciste visant n'importe quel joueur en raison de la couleur de sa peau devrait être dénoncé sans retenue»[3]. Le même jour, Richard Caborn, ministre britannique des Sports, annonçait de son côté qu'il allait demander l'intervention de la Fédération internationale de football association (FIFA) et de l'Union européenne de football association (UEFA) pour sanctionner les dérives constatées. La FIFA a d'ailleurs condamné, au mois de mars 2006, ces agissements et promis des sanctions à l'encontre des clubs incriminés.

En France, le 15 mars 2006, Nicolas Sarkozy a évoqué, devant les parlementaires UMP, une proposition de loi visant à dissoudre les groupes de supporters violents ou qui affichent des idées

---

1. Pour ce qui est de la France, on peut notamment citer le cas des deux joueurs noirs bastiais, Pascal Chimbonda et Franck Matingou, pris à partie, le 13 novembre 2005, par des supporters de leur propre club, à l'issue de la défaite du SC Bastia contre l'AS Saint-Étienne. Hors de France, évoquons seulement les incidents qui ont émaillé la rencontre Espagne-Angleterre, le 17 novembre 2004 à Madrid, durant laquelle des supporters espagnols ont imité le cri du singe chaque fois que les joueurs britanniques Shaun Wright-Philipps et Ashley Cole, tous deux Noirs, frappaient le ballon.
2. Lors d'une émission sur RTL, en date du 16 novembre 2004.
3. Lors d'une conférence de presse donnée au Costa Rica le 18 novembre 2004.

racistes et xénophobes dans les stades. Cette loi viendrait renforcer celle adoptée le 23 janvier 2006 concernant les interdictions de stade, ainsi que la loi Alliot-Marie relative à la sécurité dans les enceintes sportives, restée par ailleurs très longtemps inappliquée, bien que son article 42-7-1 prévoyait, dès 1993, des sanctions à l'encontre des spectateurs ou supporters affichant des idéologies racistes dans les enceintes sportives[4]. Cette inapplication créant, de fait, un contexte d'anomie sociale favorable aux dérives extrémistes[5].

Le journal *La Croix*, en date du 1er mars 2006, et au lendemain de l'appel du pape Benoît XVI à la raison et à la tolérance à l'occasion du match Italie-Allemagne, consacrait sa couverture et trois autres pages à cette question soulignant cette dérive dérangeante, et ceci d'autant plus qu'elle concerne tout à la fois le racisme et la question de «l'ordre en public»[6].

Ces prises de position, pour morales et légitimes qu'elles puissent paraître de la part d'hommes politiques de pays démocratiques, sont cependant surprenantes. Et ceci pour plusieurs raisons.

Tout d'abord parce que les manifestations et propos racistes et xénophobes des spectateurs, au sens générique du terme, ne sont ni nouveaux, ni plus nombreux qu'autrefois. Les mesures législatives qui ont été prises dans la plupart des pays d'Europe depuis quelques années pour endiguer ce phénomène[7], tout en restant très souvent inappliquées, montrent à l'évidence que racisme, xénophobie et idéologies politiques ont déjà une longue histoire «sportive»[8]. Ainsi l'Unesco titrait-elle en 2000: «La FIFA entre

---

4. Loi N° 93-1282 du 6 décembre 1993 relative à la sécurité des manifestations sportives (1) NOR: MJSX9300141L Art. 42-7-1. L'introduction, le port ou l'exhibition dans une enceinte sportive, lors du déroulement ou de la retransmission en public d'une manifestation sportive, d'insignes, signes ou symboles rappelant une idéologie raciste ou xénophobe est puni d'une amende de 100000 francs français et d'un an d'emprisonnement.
La tentative du délit prévu à l'alinéa précédent est punie des mêmes peines. Source: http://www.legifrance.gouv.fr/texteconsolide/PPECS.htm au 24.03.2006.
5. Dominique Bodin, «Football, supporters, violence: la non-application des normes comme vecteur de violence», *Revue juridique et économique du Sport*, 51, 1999, pp. 139-149; Dominique Bodin, Dominique Trouilhet, «Le contrôle social des foules sportives en France: réglementation, difficultés d'application et extension des phénomènes de violence», in Dominique Bodin (dir.), *Sports et violences en Europe*, Paris: Chiron, 2001, pp. 147-168.
6. Sébastian Roché, *La société incivile: qu'est-ce que l'insécurité?* Paris: Seuil, 1996.
7. André Chaker, *Étude des législations nationales relatives au sport en Europe*, Strasbourg: Éditions du Conseil de l'Europe, 1999.
8. John Clarcke, *Football, hooliganism and the skinheads*, Birmingham: Center for Contemporary Cultural Studies, 1973; Dominique Bodin, Luc Robène, Stéphane Héas, *Sports et violences en Europe*, Strasbourg: Éditions du Conseil de l'Europe, 2004; Patrick Mignon, «La société du samedi: supporters, ultras et hooligans. Étude comparée de la Grande-Bretagne et de la France», rapport dactylographié réalisé pour le compte de l'Institut des Hautes Études de la Sécurité intérieure, Paris, 1993.

indignation et indulgence» avant d'expliquer que la récente déclaration de la FIFA, condamnant les actes et manifestations de racisme, ne devait «pas faire oublier l'absence de réaction observée à la suite du comportement critiquable de certaines personnalités du football, comme Mehmet Ali Yilmaz[9]». On se souviendra que ce dernier, président du club turc de Trabzonsport, avait en effet traité l'attaquant noir anglais Kevin Campbell de «cannibale» et de «décoloré», conduisant le joueur à se mettre en grève avant d'obtenir son transfert vers le club anglais d'Everton.

Le cas n'est pas isolé puisque Ron Atkinson, consultant de la chaîne britannique ITV et entraîneur d'Aston Villa, se croyant hors antenne, traitait lors d'une retransmission télévisée, le joueur français Marcel Desailly de «putain de fainéant de nègre». Que dire des propos du commentateur sportif Thierry Roland exprimant, à l'occasion du match Angleterre-Argentine de la Coupe du Monde de 1986, ses regrets de voir cette rencontre supervisée par M. Benacœur en ces termes: «Ne croyez-vous pas qu'il y a autre chose qu'un arbitre tunisien pour arbitrer un match de cette importance?»[10] Et que penser de l'impact de ces saillies douteuses, quasi rituelles, sur le public des stades? Que dire encore du salut fasciste réitéré par Paolo Di Canio, capitaine de la Lazio de Rome, devant les supporters romains l'acclamant pour ce geste, le 11 décembre 2005? Le racisme n'est donc pas seulement l'affaire des supporters, même si les débordements les plus importants sont de leur fait.

Pour combattre le racisme dans les stades, l'UEFA et l'organisation non gouvernementale Fare (Football Against Racism in Europe), réunies à Londres en mars 2003, ont adopté une charte proposant dix mesures concrètes pour lutter contre le racisme dans le football. Il s'agit d'une étape importante, puisque le FARE a recensé quelque cent vingt incidents racistes graves dans les dix années précédentes. Le plus connu étant le meurtre d'Aitor Zabaleta lors d'un affrontement opposant des supporters de l'Atletico Madrid, appartenant au groupe d'extrême droite Bastion, à ceux de la Real Sociedad de Saint-Sébastien, le 8 décembre 1998. On ne peut toutefois que constater le décalage temporel entre la

---

9. Article consultable sur le site de l'Unesco:http://www.Unesco.org/courier/2000_11/fr/ethique.htm
10. Gérard Dutheil, «La fin des années Thierry Roland», *Le Monde*, 25 septembre 2004.

rédaction d'une telle charte, nécessaire à la prévention et à la condamnation des manifestations racistes dans les stades, et les premières grandes manifestations xénophobes au sein du football intervenues à la fin des années 70.

Surprenant ensuite, parce que la dénonciation officielle de ces propos et manifestations racistes, relayée en bloc par les médias, ne permet pas de distinguer ce qui relèverait d'une idéologie partagée, comme «vision du monde», comme construction politique ou axiologique, de ce qui pourrait éventuellement n'être qu'une «simple» provocation inhérente à la logique du jeu, aux antagonismes et aux excès qu'il suscite. Cette approche globalisante, pour compréhensible qu'elle apparaisse en premier lieu, ne permet pas en réalité de cerner la complexité des conduites observées. Or la genèse de processus dynamiques, telles les constructions identitaires par acculturation antagoniste, joue manifestement un rôle non négligeable dans la construction de ces positions, un rôle qu'il s'agit d'appréhender sous peine de masquer la réalité plus grave de l'enracinement idéologique avéré d'autres manifestations. Dans son étude relative aux supporters de football des clubs de Marseille, Naples et Turin, Christian Bromberger[11] suggère ainsi qu'il ne faut pas surcharger de sens les propos, manifestations et comportements outranciers des fans qui visent bien souvent, du fait de la logique oppositionnelle des groupes, la seule *disqualification* de l'adversaire par l'emploi de qualificatifs dévalorisants. Toutefois, saisie de l'extérieur, la frontière reste mince entre l'ancrage idéologique et le «jeu dans le jeu». Il reste ainsi certain que cette logique identitaire agonale pose problème et heurte les sensibilités à trois niveaux au moins. En premier lieu lorsqu'elle instrumentalise l'histoire ou l'actualité douloureuse des conflits; en second lieu, quand elle brouille les pistes à travers l'emprunt de ses modèles, ici de manière fallacieuse, aux antagonismes politiques contemporains; et en troisième lieu, quand elle investit, dans une concurrence ludique malsaine, la violence de la barbarie nazie.

---

11. Christian Bromberger, *Le match de football. Ethnologie d'une passion partisane à Marseille, Naples et Turin*, Paris: Éditions de la Maison des Sciences de l'Homme, 1995.

DES JOUTES VERBALES À LA CRISTALLISATION DES STÉRÉOTYPES SPORTIFS

Le cas de l'Ajax d'Amsterdam constitue sans doute le meilleur exemple de ces défoulements oratoires et identitaires en forme de détournements dont la traduction culturelle reste malaisée. Les supporters de l'équipe néerlandaise affichent en effet volontiers, par simple provocation, une fausse «identité juive». Celle-ci est d'autant plus imaginaire qu'elle ne se construit précisément que dans l'opposition réglée aux autres groupes de supporters. Aux étoiles de David brandies par défi et aux cris de *«joden! joden! joden!»* poussés par les supporters de l'Ajax, dont l'absence pratiquement totale d'ancrage avéré dans la judéité ne laisse pas d'interroger[12], répondent les vociférations du camp adverse aux cris de «Hamas! Hamas! Hamas!» et les «ssssss…» censés imiter le bruit des chambres à gaz… En évoquant ce cas extrême d'instrumentalisation symbolique comme voie des constructions identitaires des groupes de supporters, il ne s'agit pas, bien sûr, d'excuser de tels agissements. L'explication de ce phénomène par la construction culturelle et sociale dans le cadre d'un jeu oppositionnel permet, en revanche, d'opérer ici une distinction heuristique fondamentale dans la genèse de conduites dont il devient possible de saisir la logique plus concurrentielle – même si la forme reste éminemment discutable – que réellement fondée en termes de xénophobie, de racisme, ou encore d'antisémitisme. Faute de quoi, la violence de ces mascarades, dont l'énormité outrancière et parfois clairement blasphématoire au regard de l'histoire des peuples, risque d'occulter à terme le vrai problème qui demeure bel et bien, en Europe tout au moins, la haine raciale et ses multiples manifestations «sportives».

Surprenant également, parce que ces déclarations viennent *in fine* renforcer les représentations existantes en matière de supportérisme et de hooliganisme. Ainsi, dans l'imaginaire collectif, le hooligan est Anglais, jeune, pauvre ou mal inséré socialement, délinquant dans la vie quotidienne, «étranger» au monde du football – il viendrait au stade uniquement pour y commettre des méfaits – imbibé d'alcool, se revendiquant d'une idéologie d'extrême droite ou appartenant à des groupuscules néonazis[13].

---

12. Éric Collier, «Drôle de match à Amsterdam», *Le Monde*, 16 février 2005.
13. Dominique Bodin, *Hooliganisme, vérités et mensonges*, Paris: ESF, 1999; Dominique Bodin, Luc Robène, Stéphane Héas, «Le hooliganisme entre genèse et modernité», *Vingtième siècle*, 85, 2005, pp. 61-83.

Se dessine ainsi un portrait archétypique, qui tend à naturaliser la violence des foules sportives considérée dès lors comme partie intégrante des habitus de certains individus pour faire alors des hooligans les «bidochons»[14] des stades des temps modernes. S'exprimerait alors, dans les stades de football, un populisme au sens poujadiste du terme, c'est-à-dire l'engagement des plus démunis dans des dérives extrémistes visant à la discrimination des individus, selon leurs origines ethniques et culturelles, et favorisant la préférence locale (dans le cas des clubs) ou nationale (dans le cas des équipes du même nom), dans le but de retrouver place et rang au sein d'une société qui les exclut. S'il s'agit bien d'une illusion qui trouve corps et sens surtout dans sa médiatisation, elle n'en constitue pas moins pour autant un défi pour les sociétés démocratiques dans lesquelles le délitement du lien social accompagne les crises socio-économiques des vingt-cinq dernières années[15]. Télévisions et journaux, parce qu'ils traitent trop souvent des violences dans l'urgence médiatique, renforcent encore la perception simpliste de ce problème.

Surprenant enfin car, en adoptant cette posture restrictive qui consiste à assimiler, en une seule et même catégorie d'analyse, idéologie, racisme et xénophobie, dont la plupart des supporters seraient les porteurs ou les destinataires, les différents acteurs politiques ou sportifs ignorent ou feignent d'ignorer que les stades peuvent être les creusets et les témoins d'autres courants idéologiques que ceux d'extrême droite et que c'est l'idéologie libertaire, et non pas extrémiste, qui a donné naissance, dans la plupart des cas, aux groupes de supporters dans les années 1970-80.

LA QUESTION DES IDÉOLOGIES POLITIQUES

Mais, dans le traitement de ce problème, se posent réellement un certain nombre de questions essentielles. Ces idéologies – et les discours, slogans et/ou comportements qui les matérialisent – sont-ils feints ou réels? Ont-ils réellement un sens et/ou une finalité claire et distincte chez les protagonistes? Relèvent-ils d'une volonté politique indigène aux supporters ou bien téléguidée de l'extérieur? Ces exubérances verbales et comportementales résultent-elles de

---

14. Pour reprendre la figure célèbre des personnages créés par Christian Binet.
15. Pierre-André Taguieff, *Le retour du populisme. Un défi pour les démocraties européennes*, Paris: Universalis, 2004.

simples logiques oppositionnelles *hinc et nunc* ou alors s'ancrent-elles dans un racisme confirmé par d'autres engagements politiques ou associatifs ? Ou encore, autre interrogation cardinale, comment distinguer, ou au contraire rapprocher, racisme, xénophobie, idéologies politiques du supportérisme et, a fortiori, du hooliganisme observables dans les stades européens ?

En formulant ces questions, notre objectif n'est pas d'amoindrir, de justifier ou de soutenir ce qui est de l'ordre de l'inqualifiable et de l'inacceptable. Quels qu'en soient d'ailleurs les origines, le sens et les finalités. Il s'agit simplement de poser les contours d'une analyse et d'une interprétation de phénomènes qui, pour avoir la même expression (les démonstrations racistes et xénophobes), ne possèdent cependant pas les mêmes soubassements. Et une meilleure identification de ce qui se donne à voir dans les stades doit, en fait, permettre d'adapter les réponses politiques, juridiques et sociales afin de tenter de s'en prémunir et de développer une prévention efficace [16].

C'est à ces questions que cet article veut répondre, en essayant de décrire et d'interpréter les manifestations racistes et xénophobes à l'œuvre dans bon nombre de stades européens. Cette réflexion s'inscrit, d'une part, dans une recherche menée de 1996 à aujourd'hui auprès de divers groupes hooligans français et européens à partir d'entretiens et d'observations participantes ; et, d'autre part, dans le cadre de notre collaboration avec diverses institutions, sur ce sujet précis, comme le Conseil de l'Europe, dans le but de mettre en œuvre une réglementation et une politique de prévention.

Aux raisons habituellement invoquées pour caractériser le hooliganisme (violences physiques entre supporters ou avec les forces de l'ordre et dégradations de biens et de matériels à l'intérieur ou à l'extérieur des enceintes sportives) vient se superposer la question des revendications politiques.

Cependant, lorsque l'on évoque les idéologies politiques qui s'affichent dans les stades, le propos se limite très souvent aux mouvements d'extrême droite. Les hooligans sont assimilés aux néonazis et aux skinheads : « L'image est classique. Elle tient presque du cliché. » [17] Les néonazis qui fréquentent les stades sont, ipso facto, anglo-saxons depuis le Heysel. Quand le gendarme

---

16. Michel Wieviorka, *Racisme et modernité*, Paris : La Découverte, 1992.
17. Philippe Broussard, *Génération supporter*, Paris : Robert Laffont, 1990, p. 305.

Nivel se fait lyncher en France, à l'occasion de la Coupe du Monde de 1998, c'est le fait de skinheads allemands, donc d'une longue tradition qui trouverait son expression dans les mouvements néo-nazis d'outre-Rhin. Enfin, lorsque le football italien voit pointer à Parme et à Rome une dérive xénophobe, et si beaucoup jugent ces comportements choquants et inadmissibles, ils ne sont, dans les commentaires journalistiques, que la résurgence d'un fascisme latent en Italie. Ou alors ils ne représentent finalement que la conséquence logique du fait que la direction de l'un des clubs romains est assurée par la petite-fille du Duce.

Dès lors, ce n'est pas tant « l'idéologie » en tant que mot ou concept établi qu'il s'agit d'interroger, mais bien ce que ce vocable recouvre comme sens et comme présupposés. Il existe tant de niveaux différents d'acception que la polysémie même de ce terme en fait, au mieux, un concept dilué, au pire une notion floue aux contours incertains. L'idéologie est-elle, en effet, un idéal, des idées, des préceptes, des croyances, des jugements de valeurs qu'une société tend à imposer à ses membres ou aux autres ? Ou bien est-ce au contraire un idéal, des idées, des préceptes, des croyances, des jugements de valeurs que des individus, en plus ou moins grand nombre, essaient de faire passer, voire d'imposer, au sein d'une société, tentant ainsi de bouleverser l'ordre social établi ? Mais prenons position à ce sujet. Quelle que soit la définition retenue, l'idéologie doit être considérée comme le ferment et le fondement de bien des fanatismes ou totalitarismes de toutes sortes[18]. Autrement dit, nous considérons que l'idéologie, et plus précisément l'idéologie raciste et xénophobe, intègre de manière dynamique un modèle spiralaire de la construction de la violence pouvant aller des petits faits les plus dérisoires aux massacres et aux cruautés diverses[19].

SUPPORTÉRISME, SKINHEADS ET IDÉOLOGIE D'EXTRÊME DROITE

Les skinheads sont apparus à la fin des années 60 en Angleterre. À l'origine, ce mouvement, relativement confidentiel, n'est pas raciste. Il rassemble Blancs et Noirs, d'origine jamaïquaine pour la plupart, autour d'une musique, le *ska*, représentée en Angleterre

---

18. Hannah Arendt, *Le système totalitaire*, traduction française, Paris : Plon, 1972 [édition originale en anglais, 1951].
19. Françoise Héritier, *De la violence*, Paris : Odile Jacob, 1996.

par des groupes comme Madness ou The Specials. Le mouvement skinhead s'inscrit d'abord en réaction à la culture hippie avant de se transformer radicalement sous l'influence de la déstructuration de l'économie anglo-saxonne. C'est l'exclusion vécue et subie, par les Noirs en Jamaïque, et aux États-Unis, mais aussi par les jeunes ouvriers blancs en Angleterre qui les fédère dans la société anglo-saxonne en déliquescence.

Les *Rude Boys*, jeunes Jamaïquains des ghettos tombés dans la délinquance et semant la terreur, adoptent un nouveau look caractéristique: treillis militaires, pantalons pattes d'éléphant, t-shirts décolorés, badges, cheveux longs... Ils afficheront des normes de masculinité et de virilité à travers la violence de leurs propos, puis de leurs actes. En rage contre les institutions et la fatalité économique, ils crachent leur hargne du chômage, des injustices et de l'immobilisme de la société capitaliste. À la même époque, la société anglo-saxonne et l'espace social du football se transforment: autonomisation de la jeunesse, construction de nouvelles tribunes à l'extrémité des stades (les *ends*), professionnalisation du jeu, etc. Les jeunes qui fréquentent les stades se regroupent alors dans les *ends* par quartiers, mais aussi par culture d'appartenance (*mods, roughs, skinheads, teddy-boys*, pour ne citer que les principaux). C'est en se mélangeant aux *mods* que le mouvement se radicalise une première fois. Le hooliganisme naît ainsi de la confrontation des oppositions sportives et culturelles. La violence exprimée et exercée par les skinheads devient un moyen privilégié pour eux de transformer l'inégalité en réussite sociale, l'exclusion en reconnaissance sociale. Elle acquiert ainsi un statut politique, de lutte des classes, que le football populaire a métaphorisée.

C'est à la fin des années 70 que le mouvement skinhead se tourne réellement vers la violence. Le slogan de l'époque, «*No future*», porté par la première vague du mouvement punk dès 1976, exprime bien le désarroi social dans lequel s'inscrivent également les skinheads. Le mouvement se durcit face à la paupérisation de la société anglo-saxonne[20] et à la politique socio-économique qui marginalise les jeunes issus de la classe ouvrière. La politique économique et sociale du gouvernement Thatcher vis-à-vis de la classe ouvrière a un «effet de levier» dans le développement conjoint du hooliganisme.

---

20. Au milieu des années 70, l'inflation atteint 25%. À la fin des années 1960, 14% de la population vit alors en dessous du seuil de pauvreté.

La déstructuration de la classe ouvrière, le chômage et l'exclusion touchent davantage les jeunes, qui réagissent par la violence à leur situation sociale et à la détérioration socio-économique des centres urbains.

Ils adoptent un cri de ralliement, *Oï* («*Oh you!*», «Hep, toi!»). La musique *Oï* est née avec des groupes qui contestent l'ordre établi, la politique économique et sociale de Thatcher, l'exclusion des ouvriers blancs[21]. Simultanément, cette musique prend place dans les tribunes, quelques groupes musicaux affichant leur soutien à tel ou tel club dans leurs chansons, offrent des mélodies faciles à retenir pour soutenir les équipes qui idéalisent en même temps la différence culturelle, raciale et sociale. Ian Stuart chante ainsi la lutte pour la survie de la race blanche[22]. Le football devient alors un prétexte[23] qui permet à certains d'exprimer un malaise social à travers la revendication d'idéologies d'extrême droite qui leur donne ainsi le sentiment de rester sujet de leur existence et de leur devenir social. Le recours à la violence est, pour eux, une lutte pour leur dignité au sein d'une société qui la leur refuse et les exclut. Cette dérive politique et hooligan peut-être considérée comme une stratégie identitaire qui se joue et prend corps, qui prend forme et sens dans une recherche et une rage du paraître, dans un désir d'existence et de reconnaissance sociale[24].

Progressivement vont ainsi se structurer des groupes skinheads qui se radicaliseront toujours davantage en réaction à la situation d'exclusion dont ils sont ou s'estiment victimes. Leur violence s'inscrit alors dans la mise en évidence d'un dysfonctionnement social. L'ICF de West Ham (Inter City Firm du nom d'un réseau de trains), club de supporters particulièrement violents affichant leur appartenance au mouvement skinhead et revendiquant leur soutien à l'extrême droite anglaise, émerge en 1975 dans ce contexte. Les skinheads n'affichent pourtant pas encore tous, loin s'en faut, une appartenance politique. Ce n'est qu'à partir du début des années 80 que le mouvement va se radicaliser. La plupart des

---

21. Johnson Garry, *Oï! A view from the dead end of the street*, Londres: Babylon Books, 1982.
22. Le phénomène n'est plus seulement anglo-saxon. Il concerne également l'Allemagne: à travers notamment les chansons du «Commando-Pernod» des groupes «Störkraft», «Volkzorn», «Endsieg» et bien d'autres qui, à la fin des années 70 et au milieu des années 80, propagent des propos racistes et xénophobes.
23. John Clarcke, *op. cit.*
24. Alain Ehrenberg, «La rage de paraître», *Autrement*, 80, 1986, pp. 148-158.

skinheads s'inscrivent dans les deux principaux partis d'extrême droite: le British Movement et le National Front. Cette adhésion politique a pour conséquences essentielles d'accroître la violence, mais également d'aider à diffuser les idéologies d'extrême droite parmi les jeunes supporters déçus par les partis politiques classiques et inquiets pour leur avenir. Ils trouvent alors dans le racisme et dans les idéologies xénophobes un moyen d'exprimer leur colère en se concentrant, selon une logique bien connue, sur une «victime émissaire».

À cause du malaise social, mais aussi par mimétisme, d'autres groupes vont se structurer un peu partout en Europe en s'affublant de noms inquiétants (les Nutty turn out – les videurs fous – de Millwall, les Headhunters – les chasseurs de têtes – de Chelsea, le Service Crew – l'équipe d'entretien – de Leeds) ou d'homonymes qui ne sont pas sans rappeler le IIIe Reich (l'Army Korp du PSG ou le Naoned Korp autour du FC Nantes), tandis que d'autres groupes affichent distinctement, en s'affublant du nom de partis d'extrême droite, leur appartenance politique (Ordre Nouveau au PSG). En Espagne, les jeunes franquistes se regrouperont autour de l'Español de Barcelone, tandis que la jeunesse nostalgique du national-socialisme se regroupera en RFA et en RDA autour des clubs de Berlin, Dortmund et Leipzig.

Mais est-ce à dire pour autant que skinheads, supporters et hooligans sont une seule et même entité et que toutes les manifestations racistes observables dans les stades possèdent des fondements idéologiques? Jusqu'à quel point jouent ici le mal-être social et des processus identitaires et identificatoires, jusqu'à quel point, a contrario, l'opposition partisane liée à la compétition ou encore la provocation dans le jeu peuvent-elles être confondues avec l'engagement politique fondé sur une idéologie de la haine raciale ou des valeurs d'intolérance et de violence?

DE L'IDÉOLOGIE DES STADES: DU RITE CARNAVALESQUE AUX REVENDICATIONS NATIONALISTES

Les manifestations racistes et idéologiques répondent en fait à cinq modèles qui, pour être distincts, peuvent cependant se compléter, s'articuler, voire fonctionner ensemble à l'intérieur d'un méta-modèle «spiralaire» des idéologies, au principe duquel on

peut retrouver : 1) la logique et la rhétorique des supporters ;
2) la construction identitaire ou *se distinguer pour exister* ;
3) l'idéologisation des stades et l'infiltration politique des tribunes ; 4) une dynamique qui va de l'infiltration à la désorganisation sociale, et 5) les dérives nationalistes et xénophobes.

LOGIQUE ET RHÉTORIQUE DES SUPPORTERS

À l'unisson qui semble marquer le soutien à l'équipe répond une réalité des gradins infiniment plus complexe, qui se décompose en entités distinctes. La répartition spatiale des spectateurs n'est pas seulement financière. La territorialisation de l'espace se fait à travers des logiques de visibilité, mais également en fonction des différences d'âge, de culture, de passion, d'origine sociale et même de facteurs démographiques[25]. Aux tribunes sages et respectueuses du jeu et de l'arbitre, aux loges où s'affichent aujourd'hui entrepreneurs et responsables politiques locaux, s'oppose le public tumultueux, bruyant et chahuteur des virages. Se distinguent ainsi, selon la terminologie consacrée, spectateurs et supporters : « Ceux qui se voient comme les authentiques soutiens d'une équipe et ceux qui se contentent d'assister passivement à un match. »[26] Une distinction supplémentaire s'impose : si le spectateur peut prendre plaisir au jeu produit par les deux équipes, encourager et applaudir les belles actions, tout en préférant néanmoins voir son club l'emporter, le supporter s'imagine comme le soutien d'une équipe exclusive qu'il encourage de manière partisane. Ce soutien partial et inconditionnel, ce chauvinisme exacerbé à travers vociférations, encouragements et chahuts ne doivent cependant pas être surchargés de sens. C'est sans doute « l'affirmation bruyante d'une identité mais aussi la condition nécessaire de la plénitude de l'émotion »[27].

Le supportérisme est donc avant toute chose le reniement de toute *distance au rôle*[28] : « Assister à un match de football n'est généralement pas une consommation retenue comme au cinéma, ou recueillie, comme au théâtre ou dans une exposition de peinture, ni

---

25. Christian Bromberger, *op. cit.*
26. Patrick Mignon, *op. cit.*, p. 73.
27. Christian Bromberger, « La passion partisane chez les ultra », *Les Cahiers de la sécurité intérieure*, 26, 1996, p. 34.
28. Selon la formule bien connue d'Erving Goffman, cf. Erving Goffman, *La mise en scène de la vie quotidienne*, traduction française, Paris : Éditions de Minuit, 1973 [édition originale en anglais, 1959].

une consommation distraite, comme c'est souvent le cas à la télévision, ou une compétition que l'on regarde avec fair-play, comme le tennis ou le golf. Sans doute peut-on assister à un match de foot de ces quatre manières, mais ce n'est pas du supportérisme.»[29] Chez les supporters l'émotion n'est pas, le plus souvent, intériorisée. Elle se traduit dans un charivari coloré et une euphorie ou un mécontentement bruyamment voire vulgairement partagés. Le stade est-il peut-être tout simplement le dernier espace social où le débridement des émotions est toléré? Dans nos sociétés contemporaines, sécuritaires et prophylactiques, le stade est peut-être effectivement le dernier endroit où l'on peut «s'encanailler», laisser libre cours à sa gestuelle et à des propos orduriers, crier sa joie de vivre et sa peur du lendemain! Si ces démonstrations de transgression sont davantage une expression prosaïque et sporadique[30] permettant au groupe de marquer son antinomie, ou un moyen pour quelques-uns de se distinguer, elles n'ont en fait ni le même sens, ni les mêmes finalités. Deux formes de supportérisme sont observables dans les tribunes françaises: le modèle anglais et le modèle italien, ou *ultras*. Le premier est caractérisé par des supporters qui revêtent les insignes de leur club et poussent leur équipe en criant, en chantant et en entonnant les chants emblématiques. Le second, plus organisé et structuré, se traduit par la théâtralisation et la mise en spectacle des tribunes à travers l'organisation de *tifos*: spectacles hauts en couleur à l'aide de grandes bâches (maillot du club par exemple), de banderoles, de feuilles de papier qui reproduisent les insignes ou les emblèmes du club, du groupe ou de la ville, mais aussi de chants. Avec les *tifos*, les jeunes supporters authentifient leur présence en rendant leur soutien visible, mais également identifiable.

Si le modèle anglais s'observe dans quelques clubs: en France, essentiellement à Paris, Lyon, Caen et Lille, le modèle *ultras* est, pour sa part, le plus fréquent dans l'Hexagone. Il s'est structuré au début des années 80 par mimétisme avec la venue des supporters italiens lors de rencontres de Coupe d'Europe. Les groupes de supporters sont de réelles communautés où se fabrique du lien social, et ces communautés sont fortement hiérarchisées et organisées. Les supporters possèdent des statuts et y remplissent des rôles. Certains sont communs à n'importe quelle association (président,

---

29. Alain Ehrenberg, *op. cit.*, p. 53.
30. Comme l'affirme Christian Bromberger, *op. cit.*

trésorier, responsables du matériel), d'autres spécifiques aux *ultras*. Si certaines de ces activités sont pacifiques et relatives au soutien ou au spectacle (responsable des chants, du traçage des *tifos*, le mégaphone qui dirige le groupe, le «clown» chargé de divertir et de provoquer les autres supporters, du fanzine), d'autres sont sous-jacentes aux comportements violents (*«aggro leader»* chargé de provoquer les autres mais aussi de diriger les affrontements directs, ceux qui filment les affrontements). Les diverses études relatant la composition des groupes font apparaître une unité de structuration, et ceci quels que soient l'époque et le lieu. La conséquence logique de la structuration des groupes, de la volonté de paraître de leurs membres, de la théâtralisation des tribunes, est la nécessité de posséder un territoire dans le stade. Le territoire n'est pas seulement un lieu d'exhibition, il est aussi l'espace où s'exprime un pouvoir. La délimitation précise des frontières dans les gradins et la défense du territoire ainsi balisé passent donc par l'affirmation de sa force et de son nombre, de sa capacité à organiser des spectacles de meilleure qualité que les autres. En retour, le territoire investi renforce la reconnaissance sociale des acteurs et participe à la construction identitaire de chacun des groupes.

Le soutien inconditionnel et partisan envers l'équipe, qui est tout à la fois dénué de fair-play et orienté exclusivement vers la victoire, induit une volonté de jouer un rôle crucial et déterminant sur l'issue de la rencontre. Il s'agit de la logique du «12e homme», si souvent mise en évidence par les dirigeants eux-mêmes. La passion est dans le football, davantage que dans les autres sports, fortement exacerbée[31].

La raison essentielle tient à l'âge des supporters[32]. Ces publics juvéniles ont un très grand attachement à l'équipe et au club et vivent dans le stade une passion sans limites. Cette passion n'est cependant ni une régression psychologique, ni une frustration face à une carrière sportive avortée ou inexistante. Très peu, en effet, font part d'une identification aux joueurs plutôt considérés comme

---

31. Dominique Bodin, «Sports et violences. Analyse des phénomènes de déviances et de violences chez les supporters de football à partir d'une étude comparative du supportérisme dans le basketball, le football et le rugby», Thèse de l'Université de Bordeaux, 1998.

32. Les 64,1% des supporters ont moins de 25 ans, ainsi que l'établit l'analyse de Dominique Bodin, *Le hooliganisme*, Paris: PUF, 2003. La même étude fait apparaître que c'est dans la même catégorie d'âge que l'on retrouve la majorité des auteurs d'actes de hooliganisme (56,8% des violences hooligans sont commises par les 17-24 ans).

des mercenaires. Il y a pourtant très souvent homologie entre rivalités sportives et rivalités intergroupes. En arborant sur leurs bâches et leurs insignes les armoiries de la ville, de la région, ou encore des devises significatives, ils affichent un attachement mais également leur appartenance et leur réussite: «Fiers d'être Marseillais», «Bordelais toujours». Cet attachement est immodéré. Ils s'identifient à la région, à la ville, au club, à l'équipe, mais cette identification ne diffère en rien d'une quelconque inscription sportive dans une discipline médiatisée et valorisée par ses résultats. Ne faisant qu'un avec le club porteur de leurs espoirs et de leurs passions, ils entendent que celui-ci gagne, car la victoire de l'équipe est également leur réussite. Il faut se souvenir que l'inscription dans le supportérisme *ultras* correspond à un moment particulier de la fin de l'adolescence, période d'opposition et de rupture avec la famille, étape importante de l'intégration sociale mais également étape décisive dans la construction sociale de son identité personnelle d'adulte en devenir. Et ceci dans une dimension ternaire: d'auto-perception, de représentation et de désignation[33].

Être supporter du premier club à avoir gagné une coupe d'Europe ou une coupe de champion de France permet ainsi de se construire une identité positive, tant pour soi qu'au regard des autres. Il ne s'agit plus d'une passion ordinaire, elle devient à ce niveau *extraordinaire*, car elle est aventure, empiète sur le temps libre, sur les études et même sur le travail. C'est une passion débordante et dévorante. Être supporter devient finalement un style de vie et marque l'appartenance à une communauté spécifique. Chez les *ultras*, il n'est pas question, comme ce peut être le cas au basketball, de convivialité avec les autres groupes. Les groupes *ultras* se construisent par «acculturation antagoniste», se comparant sans cesse aux autres et cherchant à se différencier les uns des autres. Ces influences mutuelles sont d'autant plus nécessaires que les groupes sont proches et semblables. L'identité du groupe et sa cohésion sont renforcées par la tendance à valoriser en permanence l'*in-group* et à dévaloriser ou stigmatiser l'*out-group*. La féminisation – ou la dé-masculinisation/dé-virilisation – des supporters adverses dans les chants, la fustigation de l'équipe adverse, conspuer les joueurs étrangers (souvent Noirs) en imitant le cri du

---

33. Nathalie Heinich, *L'épreuve de la grandeur*, Paris: La Découverte, 1999.

singe et/ou en leur lançant des bananes ne sont en fait que des processus sociaux qui permettent aux groupes de se construire par rassemblement et opposition, tout en participant, à leur manière, et de façon totalement condamnable et répréhensible, au match et à la victoire en cherchant à déstabiliser l'Autre qui est ici doublement étranger: tout à la fois l'adversaire et «l'étranger» à proprement parler, assimilant, à l'image de certaines théories raciales et racistes, couleur de peau et nationalité, opposant le droit du sol au droit du sang. Mais on aurait cependant tort, ainsi que le suggère Bromberger[34], «de surcharger de sens les débordements verbaux, gestuels, les emblèmes que l'on brandit, les insultes que l'on hurle. Ils forment le langage de la rivalité sportive inscrite au cœur de la logique du jeu». La preuve en est que les mêmes supporters sont capables tout à la fois de conspuer les joueurs noirs adverses et de soutenir leurs propres joueurs de couleur. Dans un registre proche, on retrouvera une même logique de dévalorisation/valorisation que nous pourrions qualifier d'opportuniste, lorsque le joueur arabe Abbas Souan, membre de la seule équipe arabe du championnat israélien, est insulté par les supporters du Bétar de Jérusalem, dont les joueurs sont considérés comme «les plus racistes d'Israël», et que ce même joueur, sélectionné en équipe nationale, est encensé par tout un pays lorsqu'il marque le but de la victoire, ainsi qu'il l'a fait pendant les matchs de qualification du Mondial 2006[35].

Ce supportérisme est donc passionnel, au sens phénoménologique du terme, mais aussi au sens du crime passionnel «quand la passion [amoureuse] est présente avec ses ingrédients de trahison, jalousie, aveu, abandon, colère, réactions disproportionnées et incontrôlées, passage à l'acte impulsif [...]»[36], lorsque les clubs de supporters, par la sollicitation de conduites agonistiques, se concurrencent, s'opposent, recherchent l'hégémonie territoriale dans les tribunes et, quelquefois, recourent à la violence. Le hooliganisme doit dès lors être perçu comme la dérive passionnelle du supportérisme. À l'exubérance et au désordre observables dans les virages se substitue une réalité toute autre. On s'inscrit dans le supportérisme et dans des groupes formels ou informels pour partager des goûts et des émotions, motivé par des amis, ou par l'envie de

---

34. Christian Bromberger, *op. cit.*, p. 264.
35. Guy Paris, «Les Israéliens craignent la fatigue face aux Bleus», *Le Monde*, 30 mars 2005.
36. Roger Dufour-Gompers, *Dictionnaire de la violence et du crime*, Paris: Erès, 1992, p. 96.

retrouver ceux-ci. Mais, il s'agit également d'un lieu et d'un moment porteurs de rencontres et d'amitiés nouvelles. En ce sens le supportérisme, dans une perspective postmoderne, est créateur de lien social et répond à un besoin et à une déstructuration de la société. C'est le «temps des tribus», temps où les liens communautaires tendent à remplacer progressivement les liens contractuels. Les jeunes s'y socialisent, y nouent des affinités, y acquièrent une culture, des normes et des coutumes, et c'est à ce niveau que naît le danger. Car si le supportérisme et les manifestations racistes peuvent constituer un jeu, celui-ci peut-être interprété dans un double sens. En premier lieu, comme une sorte de taquinerie instaurée par de jeunes supporters trouvant dans le chahut une unité, une complicité et une sorte de défoulement dionysiaque. En second lieu, comme «un mécanisme concret grâce auquel les hommes structurent leur relation de pouvoir»[37]. Le risque est important, pourtant, de voir ces manifestations racistes, sans véritables fondements idéologiques, conduire, dans certains cas, à des actes où l'idéologie politique supplantera cette fois l'opposition sportive sous la conduite de minorités actives au sein des communautés de supporters, ou sous l'influence de certains partis politiques.

À MARSEILLE SE DISTINGUER POUR EXISTER: EXTRÊME DROITE ET EXTRÊME GAUCHE POUR PRÉTEXTE

Entre 1980 et 1995, au moment où les croix celtiques et/ou les croix gammées commencent à fleurir dans la tribune Boulogne du Parc des Princes, le «A» de Anarchisme et la figure du Che peuplent la partie supérieure du virage sud du Stade Vélodrome de Marseille, occupée par les South Winners (couramment appelés Winners). Leurs t-shirts et leurs blousons sont parfois floqués du sigle KAOTICS. Des drapeaux occitans et corses – flanqués de l'emblème à la tête de Maure – sont fréquemment agités dans le virage.

Sur les affiches annonçant les déplacements, les armes par destination (batte de base-ball, matraque) côtoient la mention KAOS ou encore le sigle convenu de l'anarchisme. Ce type d'affiche laisse entrevoir tout à la fois une appartenance politique et une volonté certaine de recourir à la violence.

---

37. Michel Crozier, Erhard Friedberg, *L'acteur et le système*, Paris: Seuil, 1977, p. 121.

Au classement des supporters français, les Winners ont en effet, et depuis longtemps, la double réputation d'être les plus violents et de rester invaincus dans les combats qu'ils livrent. L'appartenance politique n'est pourtant qu'un prétexte qui leur a permis de se différencier des autres groupes, même si quelques actions pourraient laisser penser le contraire. Ils ont ainsi, en 1993, embrasé un drapeau tricolore face aux supporters d'extrême droite du kop de Boulogne qui entonnaient *La Marseillaise*.

Se différencier des Parisiens tout d'abord, l'ennemi héréditaire au niveau sportif bien sûr, mais aussi au niveau historique, depuis que la capitale a envoyé des troupes pour réprimer les insurrections dans ce qui a longtemps été, au regard de l'histoire, l'une de villes les plus riches de France. Mais se distinguer des autres supporters marseillais surtout, et principalement de leurs amis d'hier, les Ultras, qui sont placés près d'eux dans le virage sud du stade.

Pour comprendre cette politisation des tribunes marseillaise, revenons quelques années en arrière. La proximité de l'Italie et les rencontres de Coupe d'Europe, dans les années 80, ont déclenché un enthousiasme sans limite pour le football parmi les jeunes Marseillais. Par mimétisme avec le football italien, de jeunes supporters se regroupent dans le virage sud. Ce groupe ressemble à Marseille : il est bigarré et culturellement diversifié. Rapidement, des tensions apparaissent entre les leaders, au point que le groupe initial se scinde, à la fin des années 80 en trois unités distinctes : les Fanatics, les Ultras, et les Winners, qui resteront cependant brièvement unis à travers une association commune dénommée FUW. Les raisons de cet éclatement sont tout d'abord ethniques[38] : les Ultras et les Fanatics sont essentiellement composés de «Blancs», bien que beaucoup soient d'origine étrangère, à commencer par les leaders ; les Winners sont composés de «gris». Les raisons de l'éclatement sont également culturelles et sociales : les Ultras et les Fanatics proviennent de couches sociales plus aisées que les Winners, issus principalement des quartiers nord de Marseille ou du Panier, quartiers où le taux de chômage atteignait parfois 40%, vers la fin des années 90. Ces dissensions ont aussi pour fondement le pouvoir et leadership au sein du virage sud. L'âge, enfin, joue un rôle important dans cette ségrégation. Les Winners ont été fondés par des

---

38. Au sens où l'entendent Philippe Poutignat et Jocelyne Streiff-Fenart, *Théories de l'ethnicité*, Paris : PUF, 1995.

Figure 1. Affiche des Winners pour le déplacement à Lyon en 1998.

lycéens, tandis que les autres groupes rassemblent des jeunes un peu plus âgés, insérés professionnellement ou poursuivant des études supérieures pour la plupart. Le fonctionnement des groupes est connu. Pour perdurer, un groupe doit pouvoir se différencier, notamment des autres entités les plus proches de lui : «*l'identité se pose en s'opposant*», les conflits participent de cette distanciation sociale.

Rapidement, les Ultras se structurent en un groupe distinct, le CU 84 (commando ultra créé en 1984). À l'intérieur de ce groupe, certains revendiquent des idées d'extrême droite, ou du moins affichent et arborent des signes distinctifs et ostensibles (*Bombers* noir ou bleu et crânes rasés) qui pourraient le laisser supposer. Quelques membres du noyau dur[39], les éléments les plus actifs du

---

39. On rappellera ici que, dans les groupes de supporters, le noyau dur est constitué des membres les plus actifs du groupe, présents à tous les matchs, à domicile ou en déplacement. Leur nombre peut osciller selon la taille et l'importance du groupe. Chez les Winners et le CU 84, ils sont entre 300 et 500.

groupe, portent des *Doc Martens* à lacets blancs, autant d'emblèmes manifestes d'appartenance ou d'assimilation aux mouvements skinheads.

Par réaction, les Winners affichent le Che et des drapeaux anarchistes dans le virage. Les membres du noyau dur portent également le blouson caractéristique, mais ici en le retournant, doublure orange visible, quelques-uns portant de surcroît des *Doc Martens* à lacets rouges, à l'instar des Redskins (ou skinheads d'extrême gauche). Pour les leaders des deux groupes, « tout cela est venu comme ça, par provocation », ou encore « par envie de se distinguer des fachos de l'autre groupe qui les traitent de ‹ Rebe »[40].

En fait, les affirmations extrémistes, qu'elles soient de gauche ou de droite, sont ici davantage feintes que réelles. Il faut tout d'abord observer que l'esprit qui a prévalu dans la formation des groupes ultras, au sens large du terme, c'est-à-dire la recherche d'indépendance vis-à-vis des adultes, le militantisme dont les adhérents font preuve, l'autonomisation vis-à-vis des contraintes familiales et l'opposition à l'autorité parentale en raison de l'âge, rapprochent bien souvent ces jeunes supporters d'une idéologie libertaire. L'aspect le plus important de la dimension politique, chez les Winners, transparaît dans l'application au quotidien des valeurs communautaires : solidarité, refus de faire des profits importants, aide financière proposée aux membres et autres formes d'assistance. Cet esprit libertaire coïncide aussi tout simplement avec les difficultés sociales, le sens de la débrouille et la nécessaire mise en commun des ressources de ces jeunes pour s'en sortir. Cet *esprit de corps* se donne à voir jusque dans la solidarité lors des affrontements, une violence dont les leaders mettent en avant la dimension canalisée, laquelle n'a dès lors rien à voir avec celle de la rue à laquelle sont confrontés quotidiennement les jeunes adhérents. À Marseille, il n'est ensuite aucunement question d'infiltration politique par un quelconque mouvement ou parti. L'idéologie affichée est bien un prétexte pour se différencier. Aucun groupe marseillais, qu'il affiche une idéologie d'extrême droite ou d'extrême gauche, ne s'est jamais affilié avec des homologues d'autres stades qui revendiqueraient la même idéologie. Mieux, si la Direction centrale de la sécurité publique[41] considère

---

40. « Arabe » en verlan.
41. À travers notamment les rapports établis annuellement, ou encore le document du Bureau d'information de la police judiciaire paru en 1995, intitulé *Violences sportives*.

ces groupes comme extrêmement dangereux et à l'origine de nombreux affrontements ou dégradations, il n'est jamais fait aucune référence d'une quelconque appartenance de quelque membre que ce soit à une organisation politique, ou, à l'instar de certains de leurs homologues parisiens, au service d'ordre d'un parti. A contrario les groupes marseillais, quelle que soit l'idéologie affichée ou revendiquée, vont même jusqu'à faire front commun contre les « fachos » parisiens ou lyonnais.

La politique revendiquée ici est bien feinte et prétexte tout à la fois à la distinction vis-à-vis des autres groupes partageant le virage sud et à la construction identitaire dans une logique qui peut être décrite comme distinctive et oppositionnelle.

L'INFILTRATION POLITIQUE DE LA TRIBUNE ROUGE DU PARIS-SAINT-GERMAIN

En ce qui concerne le Paris-Saint-Germain, le doute n'est pas possible depuis les événements successifs de 1993, où, à l'occasion d'une rencontre PSG-Caen, le capitaine d'une Compagnie républicaine de sécurité (CRS) s'est fait lyncher en direct à la télévision par des hooligans d'extrême droite. Événement auquel il faut ajouter les « ratonnades » de 1996 qui ont suivi la présentation de la Coupe des vainqueurs de Coupes remportée par le PSG ; ou encore les graves affrontements qui ont opposé, en 2001, à l'occasion du match PSG-Galatasaray, les hooligans parisiens d'extrême droite et les supporters stanbouliotes, bagarres qui firent 56 blessés. Ici, l'appartenance politique est certaine. Le *Choc du mois*, périodique du Front national, fait ainsi depuis longtemps l'apologie du kop de Boulogne en opposition à l'ordre policier de gauche[42]. Les groupes de supporters servent de vitrine permettant de noyauter la jeunesse des tribunes pour mieux la recruter. À cet égard, le PSG reste aujourd'hui la figure emblématique de l'infiltration politique des stades. À défaut de diriger le kop, l'extrême droite l'a instrumentalisé à des fins idéologiques.

Le Kop de Boulogne est né en 1987, sous l'impulsion d'un skinhead membre fondateur des Jeunesses nationalistes révolutionnaires, organisation elle-même rattachée à l'organisation Troisième voie. À cette époque, les organisations d'extrême droite Troisième

---

42. Patrick Mignon, *op. cit.*

voie, L'Œuvre française et le Parti nationaliste français et européen tentent d'organiser, de récupérer et de structurer les groupes skinheads épars[43]. Les Jeunesses nationalistes révolutionnaires ont même leur quartier général au Parc des Princes. Ce groupuscule va structurer et influencer le kop de Boulogne, et l'un de ses adhérents fonde, le 9 décembre 1989, le Pitbull Kop, à l'origine de nombreux affrontements, débordements et slogans xénophobes et pronazis. L'instrumentalisation des tribunes est donc une illustration du travail d'infiltration et de propagation des idées de la nouvelle extrême droite en France[44].

Ce kop deviendra, sous l'impulsion de groupuscules d'extrême droite et de skinheads regroupés, pour la plupart, au sein du Pitbull Kop, de l'Army Korps et du PSG Assas Club, à partir de la rencontre PSG-Strasbourg du samedi 16 janvier 1993, une communauté hooligan désormais bien circonscrite, «[...] politiquement et philosophiquement cohérente et homogène. Champ clos peuplé d'activistes, hypermotivés, qui n'ont rien en commun avec des supporters de football: absence de banderole, d'animation. Seuls apparaissent des drapeaux ‹Sudistes et Ordre nouveau›. Cette tribune est devenue uniformément grise ou noire. Certains de ces éléments participent activement au service d'ordre d'un parti politique.»[45]

À côté de ces groupes précurseurs composés d'activistes patentés s'organisent de nouveaux groupes a priori moins politisés, comme les Boulogne Boys. Cet «apolitisme», nécessité par les contrôles policiers mis en place, n'est qu'une façade comme le montre la photographie, parue en 1996 dans le *Parisien Libéré*, de ce supporter, précisément membre des Boulogne Boys, devenu à cette époque responsable des stewards[46], arborant la tenue des skinheads et faisant le salut nazi.

Il s'agit d'une réelle tentative d'infiltration des tribunes qui s'inscrit dans une stratégie de visibilité politique à travers une provocation à la haine et à la violence raciales, comme on peut aisément le

---

43. Christophe Bourseiller, *La nouvelle extrême droite*, Paris: Éditions du Rocher, 2002.
44. Pierre-André Taguieff, *La force du préjugé. Essai sur le racisme et ses doubles*, Paris: La Découverte, 1988.
45. Norbert Rouibi, «Colloque sur la sécurité et la violence dans les stades lors de manifestations sportives», ministère de l'Intérieur, document interne dactylographié, mise à jour au 15 février 1994.
46. Personnes en charge du contrôle des foules dans les stades depuis la loi d'orientation de la sécurité de 1995.

SS BIEN LE MÊME HOMME ?

HEIL, heil, heil ! Sur la photo de droite (extrême) ce rude skin cloutés, monté sur les épaules d'un bourrin épanoui, semble tout prêt à aller casser du nègre ou éclater un beur sur la pelouse du Parc des Princes, comme d'autres de ses semblables l'ont fait au soir de la présentation de la Coupe d'Europe remportée par le PSG. Il s'agit d'un habitué du « kop » de Boulogne, la tribune qui craint, celle où se réunissent les hooligans du PSG. Cette brute épaisse s'appelle Pascal Berger, retenez bien son gnon !

Heureusement, pour empêcher ces excités de gâcher la fête, le PSG a enrôlé des « stewards » comme celui qu'on voit sur la photo de gauche. Des sportifs qui connaissent bien le problème pour l'avoir vécu de l'intérieur et tempéré, en mettant parfois les poings sur les « i », les ardeurs des nazillons qui insultent les joueurs de couleur et leur balancent des bananes avant de faire la chasse aux spectateurs basanés. Celui-ci est le chef de ce service d'ordre, il s'appelle Pascal Berger, comme l'autre !

La ressemblance entre le méchant et le bon est frappante et même frappeuse ! Ce n'est pas étonnant, il s'agit du même Pascal Berger, après une reconversion plus réussie que les dernières prestations du service d'ordre du PSG, qu'il dirige depuis un an. L'ex-militant des groupes néo-nazis, malgré ses efforts, éprouve apparemment toujours quelques difficultés à calmer ses anciens amis, et particulièrement la cinquantaine d'allumés graves qui continuent, comme on l'a vu la semaine dernière, leurs exactions racistes à l'intérieur comme à l'extérieur du stade. C'est un peu fâcheux !

Figure 2. Article de presse dénonçant l'appartenance du responsable des stewards parisiens aux mouvements d'extrême droite. (*Le Parisien libéré*, 1996.)

constater à travers les affiches des groupes de supporters du Kop de Boulogne en 1993.

Cette dérive extrémiste possède des significations sociales. L'idéologisation des tribunes est, comme l'ont montré les travaux de Lewis Coser sur les fonctions des conflits[47], un signal de danger adressé à la communauté et une mise en évidence du dysfonctionnement social profond de la société. Ce type de revendication, tout comme le hooliganisme, « témoigne d'abord de l'épuisement des modalités de traitement politique et institutionnel des demandes sociales »[48]. Le football est instrumentalisé et devient l'expressivité de l'errance socio-économique des jeunes exclus de la société. Les groupes se cristallisent à travers l'exclusion mais aussi contre l'Autre, l'étranger, celui qui prend le travail des nationaux.

---

47. Lewis Coser, *The Functions of Social Conflict*, Glencoe: Free Press, 1956.
48. Michel Wieviorka, *Le racisme, une introduction*, Paris: La Découverte, 1998, p. 30.

Ils attirent dans leurs rangs de plus en plus de jeunes en révolte, sans repères et sans avenir, n'espérant plus obtenir ou retrouver une quelconque position sociale. Le racisme à ce niveau n'est pas un refus de la modernité, mais une peur d'en être exclu et de ne plus trouver place et rang dans la société. Mais racisme et idéologies d'extrême droite ne sont pas seulement l'expression d'une paupérisation de la société dans laquelle ils se donnent à voir, ils sont également une combinaison de domination et de ségrégation[49]. En effet, «les fondateurs du Kop de Boulogne, notamment les skinheads, sont originaires des classes supérieures (familles d'avocats ou de classes supérieures)»[50]. Le kop n'en est cependant pas pour autant homogène. Il rassemble tout à la fois des exclus qui manifestent dans le racisme leur inquiétude d'un *«monde en désenchantement»*, des universitaires d'extrême droite, pour la plupart inscrits au PSG Assas Club, qui, outre une revendication idéologique, cherchent l'aventure et le frisson à travers la construction d'une identité masculine virilisée et exacerbée dans le hooliganisme et l'appartenance aux mouvements d'extrême droite, en même temps que d'autres supporters issus pour leur part d'organisations d'extrême droite classiques dont l'objectif est de s'opposer à la montée du communisme et du socialisme. L'inscription dans les idéologies d'extrême droite peut ainsi connaître des cheminements divers et variés qui se rapportent à l'histoire de chacun.

La structuration de la tribune Boulogne aide au recrutement d'éléments nouveaux et sert de tribune politique. Les supporters les plus engagés participent également au service d'ordre de partis de la droite extrême. Si, aujourd'hui, les drapeaux arborant croix celtiques ou croix gammées n'existent plus dans cette tribune, on est néanmoins frappé par l'uniformité de la couleur grise ou noire des tenues arborées. Tout comme on peut légitimement s'interroger sur les raisons qui ont conduit les dirigeants du Paris-Saint-Germain à laisser se développer de pareilles organisations. Que dire lorsque, de surcroît, ce club recrute, entre 1996 et 2000, un ancien hooligan d'extrême droite comme responsable des stewards (cf. figure 2)? S'il connaît bien le milieu, peut-il être crédible pour autant auprès de ses anciens condisciples? Certains leaders Ultras, supporters d'autres clubs, font ainsi part de l'intérêt

---

49. Michel Wieviorka, *op. cit.*, 1992.
50. Patrick Mignon, *op. cit.*, p 31.

Figure 3.
Apologie de la haine raciale au Kop de Boulogne.
(Affiches et dessins floqués sur les t-shirts.)

que peuvent trouver les dirigeants dans les débordements et exactions de leurs supporters les plus violents et les plus extrémistes. En les condamnant mollement, tout en les laissant agir, ils feraient peur et pression sur le public adverse, qui n'oserait plus se déplacer. Affabulation ou dénigrement? Ces propos sont renforcés par ceux de Norbert Rouibi[51] qui observe que les responsables du PSG «apparaissent dépassés et effrayés par cette évolution que leur laxisme et leur mercantilisme ont passablement encouragée dans le passé».

Les relations ambiguës deviennent collusoires dès lors que les dirigeants participent, font disparaître ou arrangent certaines affaires dans lesquelles leurs publics sont impliqués. Que dire en effet du temps de latence entre l'apparition des slogans, symboles et revendications racistes et xénophobes au Parc des Princes et leur condamnation officielle par les dirigeants, de l'inapplication de la loi Alliot-Marie après sa promulgation, alors même que la présence de symboles néonazis fleurissent toujours au sein de la tribune, et/ou encore de l'absence systématique de poursuites judiciaires? Il aura fallu attendre qu'un CRS soit lynché pour que ces exactions soient vraiment dénoncées et condamnées. Les normes sont ainsi très souvent et impunément contournées lorsque deux groupes sociaux y trouvent un intérêt commun[52]. Mais l'absence de bornes et de limites pose un autre problème: celui des possibles et des interdits, des interdits qui deviennent possibles et réalisables puisqu'ils ne sont pas condamnés. Cette situation est d'autant plus préoccupante que, en dehors même de la question de l'incitation à la haine raciale et de l'atteinte à la dignité humaine, se pose le problème que l'inapplication de la loi conduit les jeunes à penser qu'un «acte qui n'est pas sanctionné n'est pas grave»[53].

DE L'INFILTRATION À LA DÉSORGANISATION SOCIALE: LE CAS DES SUPPORTERS DU FERENCVAROS BUDAPEST

Le problème se double d'une dimension plus inquiétante encore dès lors que le laxisme, organisé ou toléré, répond, dans certains pays, à des motifs politiques plus ou moins clairement

---

51. Norbert Rouibi, *op. cit.*, p. 4.
52. Howard Becker, *Outsiders. Études de sociologie de la déviance*, traduction française, Paris: Métailié, 1985 [édition originale en anglais, 1963].
53. Sébastian Roché, *op. cit.*, p. 22.

affichés. L'instrumentalisation idéologique et politique de la jeunesse par le sport pose dès lors la question de son inscription dans la montée des nationalismes.

Prenons deux exemples de l'évolution du phénomène et de l'instrumentalisation des supporters. En septembre 2003, les supporters d'extrême droite du Ferencvàros Budapest, club hongrois prestigieux, détenteur de près de trente titres de champion national, investissent la pelouse du stade et agressent physiquement leurs propres joueurs qui, selon eux, ne «mouillent pas assez le maillot» et ne défendent pas assez les couleurs et les valeurs du club au regard des salaires qui leur sont versés. Dérapage hors norme puisque, habituellement, les supporters se contentent de huer leurs joueurs ou de faire la grève du soutien. En septembre 2006, le même groupe de supporters participe aux manifestations de rue et aux violents affrontements qui s'ensuivent pour s'opposer à la politique du gouvernement en place. Quel rapport établir entre les deux événements? Un rappel tout d'abord. Les liens entre extrême droite et supporters du Ferencvàros ne sont pas nouveaux. Le club était en effet financé avant, et pendant la Seconde Guerre mondiale, par les nazis.

Cette dernière manifestation n'est, en fait, que le reflet de l'instrumentalisation de supporters *déjà acquis à une idéologie*. Cette mobilisation fait suite aux récentes déclarations, largement médiatisées malgré lui[54], du premier ministre hongrois qui, lors d'une réunion de travail officielle, affirmait: «Nous avons merdé, pas un peu, beaucoup. Personne en Europe n'a fait de pareilles conneries, sauf nous [...]. Il est évident que nous avons menti tout au long des dix-huit derniers mois. Il est clair que ce que nous disions n'était pas vrai.»

Cette déclaration venait s'ajouter au climat de déception générale face à la situation politique, économique et sociale instaurée par l'actuel gouvernement au cours de quatre années de mandat. Les violences exercées par les supporters d'extrême droite ne font ici que traduire la transformation et l'incertitude économique et sociale vécue par nombre de Hongrois qui constatent une bipolarisation de la société (enrichissement spectaculaire d'une petite partie

---

54. L'enregistrement audio, non prévu, a en effet été diffusé in extenso sur le site web de la Radio nationale.

de la population au regard de l'appauvrissement des classes défavorisées et moyennes). Aux espoirs nés après la libéralisation du pays en 1990, succèdent, de fait, des doutes sur le bien-fondé de l'économie libérale tout autant que sur la capacité des dirigeants actuels à assurer un avenir aux jeunes Hongrois.

L'extrême droite hongroise cristallise le débat autour des questions, des doutes et des perplexités sociales (augmentation du chômage, précarité croissante, montée de l'insécurité, perte de légitimité des hommes politiques en place, etc.) en instrumentalisant le sport et les supporters. Viktor Orban, leader de la droite hongroise, en mobilisant la rue et ses partisans, n'a en fait d'autre but, d'ailleurs clairement affirmé, que de renverser son rival Ferenc Gyurcsàny, ou de le forcer à démissionner. En utilisant le sport et les supporters, il ne fait donc que s'appuyer sur des individus souvent issus des couches sociales les plus défavorisées, reprendre à son profit des forces existantes dans la société et se servir d'un vecteur communicationnel fort dans nos sociétés modernes : le football.

Les dirigeants sportifs pourraient, dès lors, être tentés, comme le suggérait d'ailleurs dès 1991 le sociologue Alain Ehrenberg, de faire croire qu'il s'agit d'extrémistes *extérieurs au football*, venant commettre leurs méfaits dans le stade. Loin s'en faut. Il s'agit bel et bien d'authentiques jeunes supporters passionnés par le football qui tentent, comme dans le cas de la radicalisation du mouvement skinhead, de conserver ou d'obtenir place et rang dans une société qui les exclut chaque jour davantage, et dans laquelle ils ne se reconnaissent d'ailleurs plus. Ainsi un supporter du Ferencvàros pouvait-il déclarer : « Ne crois pas. J'aime le foot. J'aime mon club. Mais aujourd'hui, où et comment veux-tu que je crie mes peurs et que je me révolte contre la politique actuelle et les politiques ? Le stade est le seul endroit qui nous reste pour être vus et entendus. »

Le stade et le football deviennent ainsi le théâtre et le témoin de violences et d'idéologies qui, pour extrémistes, déraisonnables et intolérables qu'elles soient, ne font que traduire la désorganisation sociale, la paupérisation et les craintes d'une partie de la population. Le sport n'est plus un lieu de débridement toléré des émotions, il est un laboratoire social qui témoigne de la fabrication d'exclus acculés à une révolte qui est instrumentalisée par des partis à des fins politiciennes.

DE L'INSTRUMENTALISATION AUX NATIONALISMES : LE SPORT COMME APPAREIL DE DOMINATION

La popularité dont jouit aujourd'hui le sport, particulièrement en Europe, et la domination économique qui semble le contraindre et lui permettre de se développer depuis un quart de siècle, pourraient faire oublier que, au titre d'élément de la culture des hommes, le sport constitue plus qu'une simple activité physique compétitive réglée, soumise aux lois du marché. Il est une véritable caisse de résonance des violences liées aux enjeux politiques, nationalistes, culturels, ethniques et raciaux qui l'investissent et trouvent en lui un vecteur propice à leur expression, parfois sous des formes de violence stupéfiantes.

L'expression des nationalismes constitue, à cet égard, une grille de lecture de première importance. Depuis la chute du Mur de Berlin, l'implosion des empires multinationaux européens en de nombreux nouveaux États a ainsi eu pour effet immédiat une augmentation du nombre des équipes nationales, et les nations européennes émergentes se sont aussitôt saisies du sport pour affirmer leur nouveau statut politique. Les équipes soviétique, yougoslave et tchécoslovaque n'existent plus et ont laissé place, respectivement, à quinze, cinq et deux équipes nationales. Pour le meilleur et pour le pire. Car, en raison de la forte charge symbolique et identitaire véhiculée par le sport, et pas seulement par le football d'ailleurs, l'espace sportif peut devenir rapidement le lieu d'affrontements violents, comme le montre l'exemple du water-polo dans les pays de l'ex-Yougoslavie.

Ces problèmes sont complexes, dans la mesure où ils sont liés à l'affirmation des identités culturelles et politiques, ainsi qu'aux ressentiments qu'ont introduits, dans cette aire géopolitique, le cycle de guerres et de massacres récents, le tout sur fond d'intégration problématique dans l'Union européenne. L'intensité des rencontres sportives et le caractère d'extrême sensibilité pris par certaines compétitions montrent de quelle manière le politique continue de représenter, à côté des aspects économiques, une dimension très actuelle des investissements humains dans le sport.

Les récents conflits en Fédération de Russie, qui ont opposé des supporters moscovites d'extrême droite à ceux de Saint-Pétersbourg, sont sans doute à lire à travers ce prisme social, et non au regard de la seule rivalité historique opposant « sportivement » l'ancienne capitale des Tsars, théâtre de la Révolution russe, à celle du régime soviétique.

Émergent cependant aujourd'hui dans le sport d'autres revendications idéologiques dont le fondement n'est plus seulement l'exclusion économique et sociale d'une partie de la population. Il ne s'agit plus de réclamer une place dans la société, ni même d'affirmer son mal-être. Ce sont ici les conflits ethniques, culturels et religieux, ainsi qu'on l'a vu avec une grande force d'expression durant la dernière guerre des Balkans, qui sont le ferment des violences xénophobes, le sport n'étant qu'une caisse de résonance des divergences et des oppositions culturelles. Ces violences sont alors plus difficiles à endiguer, car elles reposent non seulement sur des a priori, des préjugés et des jugements de valeur, mais bien souvent aussi sur des atrocités que la mémoire individuelle et collective ne peut effacer d'un seul trait. Le sport devient, non pas un «substitut à la guerre» mais un moyen de prolonger celle-ci, un moyen de venger l'affront et les horreurs, ou de faire perdurer sa victoire. Des conflits inter-ethniques existaient depuis quelques années déjà dans le football de l'ex-Europe de l'Est, laissant présager des oppositions et des affrontements à venir, plus radicaux.

On peut ainsi citer, par exemple, les rencontres qui opposaient le Spartak de Moscou au Dynamo de Tbilissi, ou encore les derbys Dynamo de Zagreb-Étoile Rouge de Belgrade dont l'un notamment, qui s'est joué le 13 mai 1990, a provoqué 61 blessés; ou encore les rencontres au cours desquelles s'affrontent régulièrement les supporters slovaques du Slovan de Bratislava aux partisans tchèques du Sparta de Prague[55]. On pourrait évoquer encore le match de water-polo opposant à Kranj, en Slovénie, durant la saison 2003, la Serbie-Monténégro à la Croatie, au cours duquel les comportements des supporters, mais également ceux des hommes politiques et des responsables de l'information, se sont révélés pour le moins inquiétants. D'une part, les spectateurs croates ont fait preuve d'une violence inouïe dans leurs gestes et leurs slogans, proférant insultes raciales et appels au meurtre; d'autre part, le ministre des Affaires étrangères serbe, Goran Svilanovic, loin de calmer les esprits, a cru bon de se jeter à l'eau pour fêter la victoire de son équipe, ajoutant à la confusion ambiante. Plus grave encore, dans le sillage de cette affaire, le ministre des Affaires étrangères croate a annulé son déplacement au Monténégro. Décision politique prise

---

55. Ignacio Ramonet, «Sport et politique», *Manière de voir. Le Monde diplomatique*, 30, 1996.

après une « contre-attaque » qui a eu lieu à Belgrade en réaction à des actes de vandalisme perpétrés contre l'ambassade de Croatie ; violences à considérer elles-mêmes comme des représailles aux comportements des supporters croates. Quant au journaliste croate qui avait condamné en direct les agissements des supporters de son équipe, il a été prié par sa direction d'étouffer l'affaire après avoir été directement agressé dans sa loge par les spectateurs croates mécontents des critiques portées contre eux. Si, comme le remarque Damir Grubisa, cette attitude générale nuit à l'image de ce pays en voie d'adhésion à l'Union européenne, le journaliste croate fait également remarquer que les responsables politiques qui n'ont pas su, ou pas voulu, corriger les inégalités et les violences de la société civile portent une grande part de responsabilité dans le développement de ces comportements condamnables. Vue de Serbie, l'analyse n'est pas moins critique à l'égard des pouvoirs politiques, toutes nationalités confondues. Ainsi, pour le journal serbe *Politika*, « on est en droit de se demander si une rencontre sportive opposant nos deux pays peut se dérouler normalement [...]. Après le vandalisme des supporters croates en Slovénie et la riposte serbe, des questions se posent au sujet d'une jeunesse qui a grandi sous les régimes de Franco Tudjman et Slobodan Milosevic. »[56]

Les conflits ethniques peuvent ainsi perdurer et prolonger la guerre dans le sport qui devient alors un terrain idéal pour la construction ou le renforcement des identités nationales. En définitive, ce cas montre bien de quelle manière ce n'est plus seulement la violence politique qui investit le sport, mais également la violence sportive qui contamine le champ politique au fur et à mesure que les acteurs donnent au sport une importance accrue, et que l'enjeu de la victoire se pare d'une charge symbolique surdéterminée que les contentieux, ancrés dans un passé conflictuel, contaminent sévèrement.

Le sport peut également constituer le creuset des fondamentalismes politiques et ainsi, par ses propres dynamiques, devenir le producteur d'une violence consubstantielle à la compétition, toujours susceptible de rebondir dans le champ politique. Au-delà de l'exemple bien connu des violences sportives croates et serbes

---

56. Rapporté par Damir Grubisa, « Le water-polo ou la guerre par d'autres moyens », *Courrier international*, 660, 2003.

décrites précédemment, lesquelles montrent bien de quelle manière le sport n'est plus seulement, pour paraphraser la célèbre formule de Clausewitz, un moyen différent de continuer la guerre, mais constitue bien souvent *la guerre elle-même*, des comportements plus discrets mais non moins significatifs marquent le champ sportif.

Ils peuvent se concentrer dans de simples refus : ne pas accepter d'affronter un adversaire de confession différente ou encore un athlète avec lequel se pose un différend politique, culturel, religieux ou autre. Les Jeux olympiques d'Athènes de 2004 nous ont offert un certain nombre d'exemples flagrants, si ce n'est de nationalisme, du moins d'une exacerbation de l'appartenance «nationale», voire culturelle et religieuse.

Ainsi le judoka iranien Arash Miresmaeili, champion du monde de judo 2001-03, a refusé de concourir contre son adversaire israélien Ehud Vaks au prétexte que ce dernier est juif. Ce même athlète est monté sur le podium des Championnats du monde avec le Coran dans la main. Nationalisme et religion s'opposent ici à l'interculturalisme, au mélange des peuples et à l'hétérogénéité sociale mis en avant, a priori, à travers l'organisation et la participation aux Jeux olympiques. S'il n'est le fait que d'un homme, ce n'est cependant pas d'un homme ordinaire dont il s'agit mais bien au contraire du héros[57] d'un pays (l'Iran) défenseur d'une religion (l'islam), favorisant alors, pour paraphraser Yves-Charles Zarka, «la rencontre conflictuelle plus générale entre l'Occident et l'Islam»[58].

Plus généralement, c'est encore au niveau du rapport de genre que se situe le conflit. Certes, le problème de la participation ou de la non-participation des femmes aux activités culturelles, comme enjeu politique et comme facteur d'exclusion, n'est ni spécifique au sport ni propre à notre époque, dans la mesure où l'olympisme historique, tel qu'il a été théorisé par Pierre de Coubertin, a très largement puisé dans la représentation antique mais aussi dans un contexte fortement prégnant : la France du dernier quart du XIXe siècle, dans laquelle les rapports sociaux de sexe se déduisaient de la prégnance d'une norme bourgeoise patriarcale.

---

57. Pascal Duret, *L'héroïsme sportif*, Paris : PUF, 1993 ; Pierre Centlivres, Daniel Fabre, Françoise Zonabend, *La fabrique des héros*, Paris : Maison des Sciences de l'Homme, 1999.

58. Yves-Charles Zarka, «L'islam en France : vers la constitution d'une minorité tyrannique ?», in *L'islam en France*, Cités, 2, 2004, pp. 1-4.

Discrimination des sexes que traduit, de manière suffisamment imagée, la formule conservatrice et discriminatoire du baron : « Pas d'olympiades femelles. » Cependant, dans le contexte de la modernité sportive, la gestation de comportements sportifs de nature ségrégative constitue désormais une double violence en ce qu'elle contrevient aux principes fondamentaux d'un sport solidaire, équitable et digne, et qu'elle délimite, à partir du sport, une zone floue de mi-ingérence dans laquelle le droit civil, national et international hésite encore à franchement statuer. L'ambiguïté de l'apolitisme théorique du sport et de l'autonomie, tout aussi utopique, du champ sportif à l'égard des enjeux politiques est aussi comptable de ces dérapages. Au point parfois, certes dans des cas extrêmes, que la mobilisation sportive a pu constituer un solide et sordide « produit d'appel » pour ceux qui ont choisi de l'instrumentaliser au profit de causes politiques, y compris en utilisant les moyens les plus barbares.

C'est ainsi que, durant le conflit qui a marqué les pays de l'ex-Yougoslavie, sous l'égide du chef de guerre serbe Zeljko Raznatovic (dit « Arkan »), les supporters les plus engagés et enragés du club de football de l'Obilic Belgrade, que le premier nommé dirigeait, se sont constitués en une milice, les Tigres, qu'Arkan commandait ; les hooligans serbes se sont alors aussitôt convertis en soldats volontaires, se soumettant aux ordres d'un commandant particulièrement barbare.

On rappellera ici que la mission des Tigres était de passer sur les arrières de l'armée serbe pour éradiquer toute vie dans les villages conquis, à coups de massacres des populations civiles. Les chants des supporters se sont alors mués en chants de guerre haineux, la violence a débordé le stade et trouvé dans la guerre l'occasion d'exprimer les comportements les plus extrêmes lors de véritables campagnes d'épuration ethnique[59].

La violence inhérente au champ sportif et aux antagonismes liés aux appartenances culturelles semble avoir trouvé un écho barbare dans le champ idéologique, lequel l'a constituée par retour en violence politique. C'est bien, dans le fond, cette relation malsaine qui pose ici question. Car, au-delà du cortège de souffrances que ces exactions ont pu entraîner au cœur de la guerre, se pose la

---

59. Ivan Colovic, « Nationalisme dans les stades en Yougoslavie », *Manière de voir. Le Monde diplomatique*, 39, 1998.

question du poids et de la responsabilité du sport en tant que vecteur structuré et structurant de solidarités et d'inimitiés dans l'émergence de tels comportements. Des agissements hautement condamnables qui n'auraient sans doute pas trouvé autant de facilité à s'exprimer si les protagonistes ne s'étaient sentis déjà solidaires d'une même cause, d'une même structure organisée au cœur du hooliganisme serbe.

On l'aura compris, le sport est aussi le reflet des tensions politiques existantes qui trouvent corps, sens et expression à travers un supportérisme exacerbé et chauvin qui conduit au nationalisme ou qui l'accompagne. L'exemple yougoslave n'est pas unique. Le football a été l'un des moyens d'affirmation des identités dans l'Espagne franquiste, comme un peu partout dans le monde d'ailleurs[60].

CONCLUSION

Si l'on veut bien reprendre les premières lignes de ce texte, les déclarations des hommes politiques qui se manifestent un peu partout en Europe s'avèrent bien désuètes face aux origines, multiples, que peuvent avoir les manifestations racistes et xénophobes visibles dans les enceintes sportives. Ce discours réducteur est toutefois compréhensible à bien des égards. Il répond tout d'abord à la logique de l'immédiateté face à un phénomène socio-politico-sportif traité dans l'urgence médiatique, sous la contrainte de la répétitivité et de la pression d'incidents majeurs. Il s'inscrit ensuite dans la dénonciation de faits et d'actes qui semblent se développer un peu partout en Europe: résurgence des nationalismes, montée de l'antisémitisme dans un grand nombre de pays, progression électorale des droites extrêmes à travers, notamment, l'affirmation d'une conception ethniciste de l'identité, et bien d'autres faits encore. Il est nécessité encore par la dénonciation de faits répréhensibles au regard des lois nationales, des traités et autres conventions européennes. Il répond enfin à d'autres enjeux: ceux d'une politique «pragmatique». N'oublions pas en effet que ces déclarations concernent trois pays qui, il y a peu encore, réclamaient l'organisation des Jeux olympiques de 2012.

---

60. Gabriel Colomé, «Conflits et identités en Catalogne», *Manière de voir. Le Monde diplomatique*, 39, 1998.

Ce discours générique à l'encontre des manifestations racistes et xénophobes pose cependant de nombreux problèmes. En associant la question du racisme à l'exercice de l'hostilité à l'encontre de groupes jugés différents sur une question de «nature», on en reste à des *praenotions vulgares* qui ne permettent ni l'interprétation ni l'action face à un phénomène qui s'avère plus complexe[61]. On peut ainsi se demander si, face à un phénomène aussi complexe, il faut «privilégier une action aussi globale [...] ou au contraire une action tenant compte des diversités qui viennent d'être rappelées?»[62]. Le discours globalisant de certains leaders politiques est un discours fort adressé aux individus composant la société, mais permet-il pour autant de résoudre d'un coup et en même temps des problèmes qui relèvent du jeu, de la différenciation culturelle, de l'instrumentalisation du sport à des fins idéologiques ou de l'émergence et la résurgence de nationalismes? La réponse est négative. L'action doit être pensée, imaginée, réfléchie à partir des catégories qui rendent compte de celles qui nous aident à analyser et interpréter l'émergence du racisme lui-même[63]. Dans le discours des responsables politiques, ce n'est pas la maîtrise du phénomène qui importe, c'est son invisibilité. C'est ainsi que se développe dans la sphère sportive un ethos répressif et punitif, au point que l'on peut voir comment des mesures sécuritaires et policières pourtant dépourvues d'effet (l'exemple le plus évident est ici l'Angleterre), en arrivent à se généraliser. Et ceci bien qu'elles échouent partout lorsqu'elles ne sont pas accompagnées de contreparties éducatives, ce qui n'empêche pas qu'elles soient pourtant validées par le fait même de leur diffusion. Les politiques sécuritaires qui sont proposées dans les stades, comme ailleurs dans la société, passent ainsi à côté de l'essentiel: la *fabrique sociale des émeutiers*[64].

Les idéologies affichées et revendiquées lors des spectacles sportifs n'ont pas toutes la même signification. Dans celles qui émergent et se donnent à voir dans certains pays de l'ex-Europe de l'Est se retrouvent de mêmes causalités historiques, politiques et sociales: l'effondrement d'un système économique qui conduit

---

61. Colette Guillaumin, *L'idéologie raciste*, Paris: Gallimard, 1972.
62. Michel Wieviorka, *La France raciste*, Paris: Seuil, 1992, p. 11.
63. Pierre-André Taguieff, *op. cit.*
64. Selon l'expression de Stéphane Beaud et Michel Pialoux, *Violences urbaines, violence sociale. Genèse des nouvelles classes dangereuses*, Paris: Fayard, 2003.

une partie de la jeunesse à s'extrémiser en réaction à la paupérisation dont elle est l'objet. Il en est ainsi des supporters d'extrême droite de Budapest descendant dans le stade pour frapper leurs propres joueurs. Le procédé est condamnable, mais ne doit-on pas observer et accepter, en tant que gestionnaire d'un pays ou d'un sport, que le football puisse devenir une sorte de «laboratoire social» de la société? Quand l'économie d'un pays se transforme radicalement, au point de laisser pour compte une partie de sa population, la visibilité de la réaction (violence, revendications politiques extrémistes) devrait devenir un signal politique compris et perçu par les gouvernants. Le stade est en effet, très certainement, le dernier espace toléré de débridement des émotions[65] dans nos sociétés de plus en plus pacifiées. Où, ailleurs que dans le stade, l'individu ordinaire peut-il exprimer de façon aussi exubérante sa passion, sa joie, sa peine, ses incertitudes et son malaise? Nulle part ailleurs! Les mêmes gesticulations et vociférations commises dans la rue conduiraient leurs auteurs au poste de police le plus proche. Peut-être faut-il accepter l'idée que le sport est tout à la fois un exutoire social et le lieu privilégié du *controlling-decontrolling* des pulsions? Dire cela ne revient pas à affirmer qu'il faut laisser s'installer les idéologies violentes dans nos stades, mais simplement accepter l'idée qu'il est peut-être mieux de les voir s'exprimer dans un espace clos, réglementé et structuré que dans la rue. Et ceci avant que le malaise ne s'installe définitivement ou, de manière plus aiguë, que ne s'impose la déstructuration sociale. Ce qui, en revanche, est beaucoup moins acceptable est le manque de réactivité des instances sportives face à la montée du racisme et de la xénophobie dans les stades, surtout si l'on tient compte, paradoxalement, des discours convenus et médiatisés sur les valeurs du sport. Comment recevoir aujourd'hui la *doxa* sportive coubertinienne, à laquelle se réfèrent généralement les thuriféraires des valeurs sportives: celles de la tolérance, de l'universalisme et de… l'apolitisme sportif?

Feintes ou réelles, les affirmations politiques que nous venons de décrire, même si elles ne sont parfois que des constructions apocryphes, accroissent cependant les oppositions culturelles et favorisent les antagonismes. L'opposition sportive se trouve ainsi

---

65. Norbert Elias, Éric Dunning, *Sport et civilisation*, traduction française, Paris: Fayard, 1994, [édition originale en anglais, 1986].

renforcée par des affirmations et des revendications politiques qui, à l'instar de la délinquance juvénile, conduisent les supporters à s'opposer et à s'affronter dans une sorte de spirale sans fin. Déjà montrés du doigt et stigmatisés en raison de leur passion exubérante et de leur jeunesse, les supporters sont rendus plus effrayants encore en raison des idéologies qu'ils affichent. Les extrémistes ne sont cependant ni plus nombreux ni plus dangereux que dans le reste de la société. Ils y sont tout simplement plus visibles. Ils sont parfois médiatisés à l'occasion des démonstrations de violence dont ils peuvent faire preuve. Mais le stade ne peut être une sphère neutre : rassemblant l'équivalent d'une ville, les idéologies politiques les plus diverses ne peuvent que s'y côtoyer et s'y exhiber. Leurs manifestations sont, qui plus est, relayées et amplifiées par l'hypermédiatisation dont certains sports jouissent aujourd'hui, à l'échelon planétaire, dans le cadre de compétitions particulières (les Jeux olympiques par exemple) ou de rencontres importantes (retransmission de la finale de la Coupe d'Europe de football). Sans tomber dans une approche critique et radicale du sport, il est néanmoins illusoire et totalement utopique de ne vouloir retenir dans le sport qu'éducation, insertion sociale, intégration, socialisation, et santé. Le sport possède des fonctions politiques internes et externes[66] que les aspects laudatifs, si souvent mis en avant pour le décrire, tendent à éluder. Le sport, et plus généralement les exercices physiques et corporels, ont toujours été des lieux d'exclusion ou de propagande. Les Jeux grecs en sont un exemple, tant il est vrai que « la Grèce antique n'a pas plus créé le sport, qui pacifie, qu'elle n'a créé la raison qui imprégnerait de règles et d'harmonie les jeux antiques et les gymnopédies »[67]. Tout cela a été déconstruit depuis fort longtemps[68]. Mais si le sport est porteur d'idéologies, c'est qu'il n'est, peut-être, que le reflet de nos sociétés, au point que la connaissance du sport peut être « la clef de la connaissance de la société »[69]. À ce titre la lutte contre le racisme, la xénophobie et les idéologies politiques dans les stades devrait, bien au-delà d'une

---

66. Jean-Marie Brohm, *Sociologie politique du sport*, Nancy : Presses universitaires de Nancy, 1992.
67. Dominique Bodin, Éric Debarbieux, « Le sport, l'exclusion, la violence », in Dominique Bodin (dir.), *Sports et violences, op. cit.*, p. 14.
68. En particulier par Louis Gernet, *Recherches sur le développement juridique et moral en Grèce*, Paris : Leroux, 1917 puis, plus tard, par Jean-Pierre Vernant et Pierre Vidal-Naquet, *Mythes et tragédies*, Paris : La Découverte, 1986.
69. Norbert Elias, Éric Dunning, *op. cit.*, p. 35.

simple condamnation politique de principe, donner à réfléchir aux politiques sur le fonctionnement et l'état des sociétés dans lesquelles nous vivons. Ceci afin de mettre en place, en sus des politiques répressives, de réelles politiques sociales et préventives seules capables de réellement prévenir l'émergence de tels phénomènes.

LA POLITIQUE
DANS LE MOUVEMENT ULTRA EN ITALIE

SÉBASTIEN LOUIS

Pour tous les amateurs de football, mais également pour un public plus large, les supporters anglais étaient considérés comme le « mal absolu » dans les années 80 du fait des violences et des tendances chauvines et xénophobes d'une partie d'entre eux. Par la suite, ce sont les supporters italiens qui ont pris le relais. Ces derniers, connus sous le nom générique d'ultras, ont incarné le côté « calamité » de ce sport. Au cours des années 90, les incidents violents et les infiltrations néofascistes dans les tribunes italiennes ont fait la une des médias du monde entier[1]. Des banderoles à la gloire du fascisme et des symboles nazis apparaissent régulièrement dans les virages[2] de certains stades[3]. Les groupes ultras qui dominent ces tribunes sont-ils des repaires de néofascistes en quête d'espace public ? Quels sont les liens qui unissent ces groupes juvéniles de supporters aux formations politiques les plus radicales ?

Depuis la naissance du mouvement ultra en Italie, la politique accompagne ces groupes de jeunes supporters. À la fin des années 60 et au début des années 70, les premières entités ultras vont fortement s'inspirer des groupuscules radicaux qui peuplent le pays à l'époque. L'Italie est alors secouée par de très fortes tensions sociales et politiques qui vont déboucher sur une décennie sanglante, et la jeune République va trembler sur ses bases. Des

---

1. Deux épisodes ressortent tout particulièrement : la mort d'un supporter du Genoa, Vincenzo Spagnolo, assassiné par un ultra milanais avant la rencontre Genoa-A.C. Milan le 29 janvier 1995, et la banderole des «Irriducibili» de la Lazio brandie le 30 janvier 2000, rendant hommage au criminel de guerre serbe Zelijko Raznjatovic, dit «Arkan».
2. En italien *la curva* est la tribune se trouvant derrière les buts. Par la forme elliptique des stades italiens, les tribunes derrière les buts sont en demi-cercle et sont, par extension, appelées virages.
3. Antonio Roversi, *Calcio, tifo e violenza : Il teppismo calcistico in Italia*, Bologne : Il Mulino, 1992.

formations politiques voient le jour un peu partout, contestant l'ordre établi et utilisant parfois des méthodes subversives. La politique occupe alors une place prépondérante et il ne faut pas s'étonner de retrouver cette dimension à l'intérieur de ces groupes. De plus, le côté juvénile de ces associations ne peut qu'ajouter une certaine volonté de défier les autorités; l'esprit de rébellion et de contestation à l'ordre établi s'exprime face à une société conservatrice.

C'est dans ce contexte troublé qu'en 1968 un mouvement de supporters pour le moins original va voir le jour[4]. Il va d'ailleurs être dès lors le phénomène de jeunesse qui va connaître le plus d'adhésions. Les groupes ultras vont compter dans leurs rangs des centaines de milliers de jeunes gens qui vont animer les tribunes des stades de la Péninsule et inspirer les jeunes supporters du monde entier. Pour échapper au contrôle social imposé par les aînés, tous les moyens sont bons, l'agrégation est un élément fondateur de ces associations d'un genre nouveau.

LES DÉBUTS DU MOUVEMENT ULTRA, LE MODÈLE POLITIQUE

Depuis la création des premiers clubs de supporters au cours des années 50 en Italie, le phénomène s'est amplifié avec le succès grandissant que connaît le football. À la fin des années 60, la majorité des clubs disposent de ces associations qui les appuient par des encouragements sporadiques lors des rencontres. Des jeunes supporters vont prendre conscience du soutien qu'ils peuvent apporter à leur équipe et vont se distinguer des autres spectateurs par leur comportement dans le stade. Ils suivent la rencontre debout et la rythment avec leurs slogans et leurs chants adaptés d'un vaste répertoire. C'est dans le triangle industriel Gênes-Milan-Turin que sont créés les premiers groupes ultras: en 1968, la Fossa dei leoni[5] de l'A. C. Milan voit le jour. Toujours dans la capitale lombarde, mais du côté de l'Inter, en 1969 ce sont les Boys qui les imitent, alors qu'à Gênes, la même année, naissent les Ultras Tito Cucchiaroni pour encourager la Sampdoria. C'est le premier groupe de la Péninsule à adopter la dénomination d'ultras; il sera suivi par les Ultras granata du Torino. Tout au long des années 70, le phénomène va s'étendre à tout le pays.

---

4. Sébastien Louis, *Le phénomène ultras en Italie: Historique du mouvement des groupes de supporters ultras de 1968 à 2005*, Paris: Mare et Martin, 2006.
5. La «Fosse aux lions».

Les ultras regroupent des jeunes supporters âgés le plus souvent de 15 à 20 ans qui se retrouvent dans les tribunes populaires appelées virages. Le prix des billets y est plus accessible et l'atmosphère plus fervente. Une série de caractéristiques les distinguent de leurs aînés: l'identification au territoire qu'incarne leur tribune, une manière de se vêtir qui tranche avec celle des autres spectateurs et la volonté de suivre le match d'une manière beaucoup plus dynamique, plus exaltante. Le soutien à leur équipe est tout à fait original avec l'utilisation des tambours pour rythmer les slogans et avec la reprise des chants des supporters anglais. Tout comme ces derniers, ils sont très attachés à leur tribune. Ils vont rapidement prendre place au centre des virages pour disposer d'une plus grande visibilité et pour mieux y contrôler la foule environnante. Les banderoles aux noms agressifs et guerriers vont y occuper une large place. Elles sont souvent le premier signe de vie d'un groupe, dont elles portent le nom et le symbole[6].

Cependant l'origine sociale de ces jeunes Italiens les distingue de leurs homologues anglais qui sont, eux, issus de la classe ouvrière, dans la mesure où le mouvement ultras touche toutes les classes sociales. Les ultras se recrutent parmi les étudiants, les jeunes travailleurs mais aussi les fils de bonne famille. À l'origine de certains de ces groupes, il y a une ville, un bar ou un cercle de jeu. Parfois, certains d'entre eux sont déjà rassemblés dans des mouvements politiques. Et ce sont justement certaines caractéristiques de ces groupes extrémistes, telles que le sens de la cohésion et du conflit ou le défi à l'autorité, qui donnent une substance aux groupes ultras. La politique est un élément incontournable du quotidien de ces jeunes supporters et, bien souvent, ils vont s'inspirer des groupuscules extrémistes répandus en Italie pour se construire une identité.

CONTEXTE POLITIQUE DE LA SOCIÉTÉ ITALIENNE

Pour comprendre les débuts du mouvement ultras, il est indispensable de parler du contexte politique de l'époque. Le pays est alors sous l'influence de deux partis politiques: la Démocratie chrétienne et le Parti communiste italien qui ont tissé chacun un réseau d'institutions d'encadrement (aides sociales, activités culturelles et

---

6. Daniele Segre, *Ragazzi di Stadio*, Turin: Gabriele Mazzotta, 1979.

de loisir, représentation des intérêts économiques et socioprofessionnels), qui diffuse et reproduit une appartenance culturelle globale. Dès 1966, l'Italie connaît une agitation croissante qui précède et prépare les événements de 1968-69 ; et c'est dans une ville de province que vont débuter les heurts qui se propageront rapidement dans le pays tout entier. À l'image de ce qui se passe partout en Europe, les jeunes Italiens commencent à s'affirmer comme l'un des principaux acteurs sociaux et politiques de la fin des années 60 ; ils veulent se libérer de la tutelle de leurs parents et du carcan conservateur de la société. La jeunesse italienne se radicalise : la majeure partie se tourne vers l'extrême gauche extraparlementaire, tandis qu'une minorité se range sur des positions néofascistes. Sur le plan social, le pays connaît une agitation grandissante et voit se développer une crise politique marquée par une vague de terrorisme dès la fin des années 60 et la menace d'un possible coup d'État.

Durant cette période fleurit une myriade de groupes et de groupuscules qui campent sur des positions hérétiques par rapport aux partis traditionnels, pendant que la jeunesse cherche des voies alternatives à ces années monotones et au monopole des deux grands partis. Les discours et les théories subversifs vont d'abord se déclencher dans les universités, véritables foyers de la contestation, puis rapidement se propager à l'espace public. L'engagement de la jeunesse va être massif et l'ordre public va rapidement se dégrader. Les occupations d'universités et les grèves dans les usines vont déboucher sur une radicalisation de la jeunesse et les affrontements entre gauchistes, néofascistes et forces de l'ordre vont se généraliser.

LE MODÈLE DES GROUPES POLITIQUES EXTRAPARLEMENTAIRES

C'est dans ce contexte pour le moins agité que le mouvement ultras voit le jour. À leur manière, les premiers groupes participent à cette fièvre générale en contestant l'ordre établi représenté dans les stades par les clubs de supporters traditionnels. Le besoin de reconnaissance pousse les jeunes supporters à se regrouper et, pour cela, ils s'organisent sur le modèle des mouvements politiques issus de la contestation juvénile. Très rapidement, le stade devient un pôle d'agrégation, un nouveau moyen de rassembler une partie de la jeunesse citadine qui, durant la semaine, épouse la cause contestataire, que ce soit dans les occupations d'universités ou encore dans les batailles de rue entre factions politiques. Les ultras vont confondre l'engagement militant et la foi pour leur équipe, adoptant ainsi une rhétorique d'inspiration politique : « brigades », « commando », « feddayin », « collectif », « autonome », et bien sûr « ultras », le terme le plus utilisé (une dénomination qui se réfère aux extrémistes politiques, aux groupes extraparlementaires qui faisaient aboutir leurs idées par la violence). Pour ces jeunes gens qui s'émancipent du cadre familial en se réunissant dans les tribunes, certaines de leurs attentes se retrouvent en effet dans les revendications politiques de cette période agitée. On peut parler de « génération militante », tant la politique faisait partie de la vie quotidienne. Des places publiques, une contagion s'opère vers les tribunes qui vont devenir un nouveau théâtre d'expression pour ces jeunes Italiens. Peu à peu, les affrontements violents qui caractérisent les manifestations de l'époque vont se dérouler également dans les stades.

Les premiers symboles dont se dotent ces groupes sont également issus de ce contexte politique et renvoient à cette image intransigeante qu'ils aiment à se donner. À gauche, ce sont notamment l'étoile rouge, la figure de Che Guevara, le poing fermé ou la clé anglaise, à droite la flamme, le glaive ou encore la croix celtique[7]. L'adoption de symboles provocateurs traduit la volonté de se démarquer des clubs de supporters classiques et s'inscrit pleinement dans une rhétorique guerrière, et ceci dans le but de choquer. Bien souvent, il n'y a pas d'adhésion réelle à la signification politique de ces symboles, ce qui amène à relativiser cette dimension politique, car même si les ultras en sont marqués, ils n'y sont pas tous impliqués. Une partie d'entre eux n'a qu'une expérience limitée et certains n'en ont même aucun goût. Mais il est vrai que, pour une certaine jeunesse, le football a été une nouvelle cause à rallier et que les liens affichés sont révélateurs des convictions dominantes du groupe ultras. En montrant une certaine coloration politique, le groupe fixe la tendance qui caractérise les ultras locaux et il est dès lors difficile de changer l'orientation dominante ou d'aller à contre-courant de celle-ci. Certaines tribunes sont encore aujourd'hui des bastions de l'extrême gauche (comme à Terni, Livourne et Ancône) ou de l'extrême droite (que

---

7. Logo du groupe néofasciste français Jeune nation qui est devenu l'un des symboles hégémoniques de l'extrême droite en Europe.

ce soit à Vérone, à Ascoli Piceno, à Trieste ou à la Lazio). Ceux qui veulent imposer une orientation politique différente doivent, bien souvent, s'incliner devant la tendance prépondérante, à moins d'avoir les capacités physiques de s'imposer. En effet, la suprématie passe par l'affrontement physique, qui est la manière d'asseoir son autorité ou de prendre le commandement de la tribune.

Les groupes ultras qui se forment au cours des années 70 vont s'inspirer des noms de ces groupes extraparlementaires pour baptiser leurs formations : les Brigate rossonere de l'A. C. Milan sont créées en 1975 (en référence aux célèbres Brigades rouges), à la Juventus ce sont les Nuclei armati bianconeri (s'inspirant des Noyaux armés prolétariens, organisation d'extrême gauche) et le Fronte bianconero (du Front de la jeunesse, organisation de jeunesse du parti néofasciste Mouvement social italien). Les Feddayin de l'A.S. Roma apparaissent, tandis que le Settembre bianconero est fondé à Ascoli en 1974 (en référence à l'organisation armée palestinienne Septembre noir), le Potere nerazzuro de l'Inter voit le jour en 1977, s'inspirant de l'organisation d'extrême gauche Pouvoir ouvrier. En 1979, les Boys de l'Inter, dont les membres néofascistes fréquentent la fameuse place San Babila[8], ajoutent le sigle S.A.N. à leur nom initial (pour Squadre d'azione nerazzure imitant le nom de l'organisation terroriste néofasciste Équipe d'action mussolinienne) pour ne citer que les plus connus.

STRUCTURES ET ACTIVITÉS

Ces groupuscules extrémistes politiques constituent un exemple fascinant pour une bonne partie des ultras ; ils représentent un modèle d'organisation et reflètent une image intransigeante. Ils fournissent aux jeunes supporters des éléments et des formes d'action collective : du sens de la cohésion et de la camaraderie au sens de la conflictualité, du défi à l'autorité en place aux stratégies violentes. La manière de se vêtir des militants politiques est reprise par les ultras et introduite dans les stades : un look paramilitaire composé du béret, de la veste de camouflage de l'armée, de chaussures militaires, du passe-montagne et du foulard. On se salue le poing levé ou avec le symbole du pistolet P 38 (arme emblématique

---

8. Repaire de la jeunesse néofasciste à Milan durant les années 70 et théâtre de nombreux affrontements violents, parfois mortels, entre militants radicaux des deux bords et policiers. Carlo Lizzani, réalisateur italien, lui consacre un film, *San Babila ore 20. Un delitto inutile*, en 1976.

des militants de la lutte armée) pour les ultras de gauche, ceux du bord opposé avec le salut fasciste. On reprend les techniques observées lors des manifestations : les grandes banderoles, les cortèges (avec la banderole du groupe ultras déployée à l'avant), les slogans peints sur les murs (les groupes extraparlementaires le pratiquent la nuit pour marquer leur territoire), les tambours pour scander les slogans, ces mêmes slogans et chants qui ont été repris du registre politique (on détourne les mots d'ordre des manifestations, en arrangeant les paroles suivant l'équipe). Les hampes de drapeaux servent d'armes. Certains groupes ultras disposent d'un service d'ordre (tout comme les syndicats ou les organisations politiques) pour se protéger et éviter les dégradations des moyens de transport. Les forces de l'ordre, débordées par l'agitation sociale, ne peuvent pas assurer dans et autour des stades une sécurité digne de ce nom ; durant les années 70 et au début des années 80, lors des déplacements pour suivre leur équipe en « terre adverse », les ultras descendent du bus armés de manches de pioche et de casques de moto, entourant le bus avec cette escorte jusqu'à proximité du stade.

Les activités des groupes à leurs débuts se limitent au soutien vocal apporté à l'équipe, à la confection de banderoles et de drapeaux. Rapidement les activités vont s'élargir, ces groupes informels vont se doter de structures qui vont leur permettre de surmonter les problèmes liés à leur développement ; les premiers bureaux vont ainsi voir le jour à la fin des années 70. Chaque dirigeant a un rôle déterminé dans l'organigramme calqué sur celui des groupuscules politiques. Ils vont planifier les activités et hiérarchiser les groupes pour mieux politiser. Le mouvement ultras nécessite une réelle implication des membres du directoire ; les actions ne sont pas cantonnées au match du dimanche, puisque celui-ci va se préparer durant toute la semaine. Ils se retrouvent pour voter des décisions, préparent des tracts qu'ils affichent autour du stade, par exemple pour organiser un déplacement. Le spectacle du dimanche nécessite un travail en amont pour réaliser de nouvelles banderoles ou réparer les drapeaux et les tambours. Car là réside l'innovation dans les pratiques des ultras : parallèlement à la rencontre sur le terrain doit se dérouler un spectacle à part entière dans les virages.

L'expérience acquise par certains de ces jeunes gens au contact de groupes radicaux les a certes influencés lors de la constitution des premiers groupes ultras, mais tout cela résulte davantage d'un bricolage que d'une approche cohérente. Tout ce qui peut contribuer à l'identité du groupe ou s'opposer aux rivaux est adopté, bien souvent sans références à la signification d'origine du symbole. La formation, en 1971, des Brigate gialloblu de l'Hellas Vérone, dont le nom est inspiré par un militant de gauche, en est un exemple. Néanmoins ce groupe va très rapidement s'illustrer par la présence dans ses rangs de nombreux activistes d'extrême droite. Cette impression d'assemblage d'éléments politiques disparates servant à identifier le groupe est manifeste et brouille le cadre de ces groupes où cohabitent des symboles opposés. Il est important de noter que ce sont bien davantage les groupuscules d'extrême gauche qui vont inspirer les jeunes ultras durant les premières années de vie du mouvement. Cette tendance politique prédomine alors chez la jeunesse italienne : en 1975, selon un sondage, 86,8 % des jeunes se revendiquent ouvertement de gauche contre 7 % de droite et 6,2 % du centre [9].

Il ne faut cependant pas voir un lien direct entre ces mouvements politiques radicaux et les groupes ultras qui voient le jour durant ces années de tension et de lutte sociale. Il s'agit plus d'une source d'inspiration et d'une récupération des noms et des symboles, que de l'expression immédiate d'une culture politique. La politique peuple le quotidien de ces jeunes gens et il est normal de la retrouver au stade, lieu qui est également fréquenté par des militants. Toutefois, il n'y a pas de complot venant des groupes politiques radicaux ou encore de stratégie d'infiltration des ultras pour s'implanter dans les stades de football. On peut dire alors que cet héritage est surtout formel et sert de cadre pour structurer les premières formations de jeunes supporters.

CONSOLIDATION DES GROUPES, UN MODÈLE APOLITIQUE

Les années 80 sont marquées par des changements radicaux dans le football italien qui va occuper une place prééminente dans la société. Cette dynamique a été déclenchée par le triomphe de l'équipe nationale lors de la Coupe du Monde de football de 1982 en Espagne, événement exceptionnel qui va marquer durablement

---

9. Valerio Marchi, (dir.), *Ultrà: Le sottoculture giovanili negli stadi d'Europa*, Rome : Koinè Edizioni, 1994, p. 59.

l'imaginaire collectif italien. Cette victoire témoigne d'une fierté retrouvée et semble mettre fin à quinze années tragiques, ainsi qu'à la violence politique qui a culminé avec l'attentat de la gare de Bologne[10]. Le redressement économique mais aussi politique et diplomatique va profiter au football italien qui va étendre sa domination sur le continent[11]. Le championnat de première division va attirer les stars du football européen et déplacer des foules toujours plus nombreuses dans les stades. Les groupes ultras vont également bénéficier de ces mutations. Leurs rangs sont composés non plus de dizaines, mais de centaines, parfois de milliers d'adhérents et d'autant de sympathisants. Le phénomène ultras va toucher toute la Péninsule et même les petits clubs. À la fin de la décennie, il n'existe pas d'équipes, de la première à la quatrième division, qui ne soient soutenues par des ultras. Le phénomène s'étend même à d'autres sports collectifs comme le basket-ball, le volley-ball, le hockey sur glace, le rink-hockey, le water-polo et même le base-ball.

Le mouvement devient le phénomène d'agrégation majeure pour une partie de la jeunesse italienne. Les groupes ultras, de plus en plus structurés et prennent le contrôle des virages. Un complexe réseau d'alliances, d'amitiés entre les différents groupes va se créer. Le concept de « chorégraphie de stade » va se développer et se diffuser parmi les supporters de toute l'Europe. Parallèlement, on assiste à une multiplication des actes violents liés au football, ainsi qu'à l'incapacité des forces de l'ordre à juguler la situation. Les références aux mouvements politiques disparaissent avec la génération qui succède aux pionniers du mouvement ultras, génération sans désirs révolutionnaires et dont la désillusion qui a succédé à la contestation étudiante de 1977 va l'amener vers d'autres modèles, singulièrement plus hédonistes. La crise des idéologies et le repli sur l'individu coïncident avec l'échec des mouvements sociaux et le refus de la violence terroriste.

LE DÉVELOPPEMENT DES GROUPES AU COURS DES ANNÉES 80

À partir de la saison 1982-83, le nombre de spectateurs dans les stades italiens est en nette augmentation, certains venant grossir les rangs des groupes organisés. Du nord et du centre de l'Italie, le

---

10. Le 2 août 1980, l'explosion d'une bombe à la gare de Bologne fait 85 morts et 200 blessés.
11. Lors des saisons suivantes, les clubs italiens vont dominer les coupes d'Europe.

phénomène ultras va se déplacer vers le sud, alors que dans les autres villes, les groupes déjà existants se renforcent. On assiste alors à la prolifération de ce mouvement dans les petits centres urbains. Les jeunes trouvent au stade l'opportunité de se retrouver dans un espace de «liberté» où certains comportements sont tolérés.

Dans la seconde moitié des années 80, le mouvement ultras est à son apogée : les groupes comptent de nombreux adhérents, certains disposent d'une très bonne structure, parfois d'un siège qui leur permet de centraliser les activités. Les spectacles s'améliorent et impliquent désormais des milliers de personnes. Pour surpasser les ultras adverses, les groupes n'hésitent pas à investir des millions de lires dans de véritables chorégraphies de masse, sollicitant même quelquefois des aides extérieures, quand les sources traditionnelles de financement ne s'avèrent pas suffisantes [12].

De nombreux groupes font leur apparition et contribuent au renouvellement de la culture ultras. En particulier, les noms, les emblèmes et les slogans changent de références. À partir de 1982, des noms plus originaux mettent en exergue leur esprit ironique, leur disposition offensive: «Alcool» Bari, «Noyaux des dingues» de Cosenza, «Nouveaux rebelles» de Caserte ou autres «Desperados» à Empoli. Cette deuxième génération a évolué dans un autre contexte, où la politique occupe une place moindre.

DES INCIDENTS PLUS VIOLENTS ET PLUS NOMBREUX

Depuis le drame de 1979, qui a vu la mort d'un supporter de la Lazio [13], les mesures répressives adoptées n'ont pas montré une grande efficacité. En effet, la violence n'a pas diminué, bien au contraire, les années 1980 vont être marquées par un regain d'incidents. Malgré la présence massive des forces de l'ordre, les actes violents se multiplient, aussi bien lors des grands matchs que lors des rencontres de deuxième ou de troisième division. L'expansion des groupes ultras et les déplacements qui se généralisent sont autant de raisons qui expliquent cette tendance. Les rivalités se développent,

---

12. Daniele Cioni, *Dimensione Ultras: Viaggio nel tifo organizzato italiano*, Florence: Caminito Editrice, 2005
13. Le 28 octobre 1979, juste avant le derby romain, un supporter de la Lazio situé en virage nord, Vincenzo Paparelli, est tué par une fusée de détresse tirée depuis le virage sud, fief des ultras de l'A. S. Roma.

notamment entre les groupes les plus célèbres. Pour certains, c'est l'occasion d'affirmer leur réputation, de se faire reconnaître[14]. La nouvelle génération est souvent attirée par cet interdit qu'est la violence. Lors des affrontements entre factions opposées, l'usage des armes blanches se répand. Chaque rencontre peut dégénérer, et à six reprises les supporters porteront le deuil au cours des années 80. Pourtant, cela ne va pas freiner les instincts belliqueux et l'année 1989 va être marquée par de nombreux incidents. L'Italie devant organiser la Coupe du Monde de football en 1990, le gouvernement va adopter, le 13 décembre 1989, une nouvelle loi sur la violence dans les stades : la loi N° 401 relative à l'ordre public lors des manifestations sportives. Celle-ci va marquer le phénomène ultras lors de la décennie suivante : une des mesures phares concerne en effet l'interdiction de stade pour les supporters qui commettent des actes violents.

UN COMPLEXE JEU D'ALLIANCES ET DE RIVALITÉS

Avec la multiplication des groupes ultras et les voyages qu'ils effectuent dans tout le pays pour soutenir leurs équipes, va se mettre en place un schéma complexe d'amitiés et de rivalités entre les diverses entités. Les ultras fondent leurs rapports sur la base des différends sportifs, des querelles de clocher ou sur l'antagonisme des credos politiques. Ces relations déterminent la physionomie de la rencontre : si les deux factions entretiennent des rapports amicaux ou si un jumelage lie les deux parties, les supporters vont témoigner de cette union par des actions symboliques. Dans le cas contraire, les ultras vont chercher l'affrontement avec leurs adversaires.

C'est lors des matchs mêmes que s'affirme le type de relations entre les supporters des deux camps. Les antagonismes sont motivés en effet par la nature agonistique même du football. Les enjeux sportifs peuvent être un motif de rivalité, ainsi les derbys régionaux attisent les passions et sont marqués par de fortes oppositions. L'esprit de clocher demeure vivace dans un jeune pays comme l'Italie et les rivalités régionales s'exacerbent lors de ces rencontres. La politique est également une cause de discorde qui se superpose aux rivalités traditionnelles et dynamise encore les violences.

---

14. Alessandro Dal Lago, *Descrizione di una battaglia : I rituali del calcio*, Bologne : Il Mulino, 1990.

Parallèlement à cela, des réseaux d'alliances vont voir le jour. Tout comme les rivalités, ces jumelages peuvent avoir un fondement politique. Toutefois, nombre de groupes ultras du même camp politique s'avèrent rivaux. Au cours des années 90, les amitiés internationales se sont développées, en partie sur la base d'affinités politiques. Les groupes italiens les plus marqués politiquement (comme ceux de Vérone, Livourne ou encore de la Lazio) suscitent une certaine admiration et servent de modèles à de nombreux ultras en Europe. Les facilités de voyage sur le continent, grâce notamment aux compagnies aériennes à bas prix, ont favorisé ce type d'alliance et les visites réciproques.

UN ENRACINEMENT LOCAL

Avec le développement du mouvement dans les petites villes de province, le sentiment d'enracinement local va être décuplé encore. L'Italie est encore imprégnée d'un campanilisme très fort, des rivalités de clocher sont remises au goût du jour par les ultras. Ces particularismes locaux sont suffisamment vivaces pour être au cœur du processus de fédération des différents groupes. Le climat politique de la décennie précédente, qui conditionne jusqu'alors les comportements des groupes, va donc laisser place au localisme, chaque virage devenant le représentant de la ville, le porte-étendard de l'identité locale. Les figures héraldiques, les insignes et les armes des villes montrent l'attachement à la ville et à la région. À Rome, c'est le sigle latin SPQR qui fleurit sur les banderoles, à Ravenne ce sont les références à l'Empire byzantin, à Arezzo on vante ses origines étrusques, à Pise c'est la bannière gibeline (aigle noir sur fond jaune) qui figure sur les banderoles, à Florence, les ultras affichent le lys rouge. Le dialecte local est également utilisé lors de certains chants d'encouragement.

L'appartenance communautaire devient de plus en plus importante à l'intérieur des groupes ultras et le message selon lequel le virage est un territoire à défendre contre toute incursion extérieure se durcit désormais considérablement. L'esprit de groupe, la fascination pour la violence ainsi que l'attachement à son territoire, tout cela prépare le terrain à une plus grande perméabilité pour les idées d'extrême droite parmi les ultras.

UN RETOUR DE L'EXTRÉMISME POLITIQUE

La politique va faire son retour parmi les ultras à la fin des années 80, mais l'orientation sera radicalement différente de celle qui était à la base du mouvement. Et le phénomène ultras va être secoué par des changements en profondeur et par une crise d'identité. L'incompréhension et le manque de respect entre, d'une part, la nouvelle génération plus radicale et plus violente et, d'autre part, les groupes les plus anciens qui se sont progressivement institutionnalisés, vont être à l'origine de graves dissensions entre ultras du même club. De plus, on assiste à une répression accrue de la part des forces de l'ordre, ce qui va précipiter la situation et pousser certains groupes traditionnels à quitter la scène.

Les attitudes et comportements racistes de l'extrême droite se diffusent et se banalisent : des banderoles exaltant ouvertement le fascisme, les crimes de guerre ou des crimes contre l'humanité sont exhibés dans certains virages. Les traditionnelles rivalités sportives sont parfois délaissées au profit d'alliances politiques au point que les groupes ultras néofascistes n'hésitent pas à exposer des symboles qui se réclament de l'idéologie nazie. Un rassemblement voit même le jour pour supporter l'équipe nationale italienne autour d'un noyau d'ultras de clubs rivaux de Vénétie ayant en commun la même idéologie néofasciste. En réaction, une plate-forme va tenter de regrouper les ultras antiracistes et antifascistes autour d'actions communes.

LA SOCIÉTÉ ITALIENNE FACE À L'IMMIGRATION

Au seuil des années 80, on assiste à l'apparition des premières manifestations de xénophobie dans les stades italiens. Pour la première fois, ce pays d'émigration est confronté à l'immigration, dans un pays où les traditionnels mouvements migratoires intérieurs (du sud vers le nord) ont contribué à construire un puissant mépris de la population du Nord envers les populations venues du Sud, fréquemment considérées comme retardées, misérables et adeptes du grand banditisme. La Ligue du Nord, un parti populiste de récente formation aux accents xénophobes, qui prône la sécession de la partie septentrionale du pays, va reprendre ce discours et le marteler. La situation précaire des nouveaux arrivants renforce les craintes et les peurs de la population, l'immigration devient un thème médiatique et politique. La progression des partis politiques populistes et *altérophobes* dans la Péninsule à la fin des années 80 est très forte; des formations comme la Ligue du Nord et le Mouvement social italien (future Alliance nationale[15]) vont engranger des succès électoraux considérables. Parallèlement, on constate dans les stades une percée de l'extrême droite parmi les ultras. C'est d'abord dans les groupes réputés appartenir à la droite extrême, comme à l'Inter, à Vérone et à la Lazio, que les incidents à caractère raciste se manifestent, pour rapidement s'étendre à une grande partie des stades. Des virages qui étaient auparavant classés à gauche comme à Bologne ou à Rome ne sont pas épargnés. On assiste à une surenchère: tout d'abord ce sont quelques drapeaux à croix celtique qui sont brandis et des graffitis racistes qui apparaissent sur les murs des stades. Puis ce sont des chants et des banderoles xénophobes dans les tribunes et, en dernier lieu, des agressions contre des immigrés à l'extérieur du stade. Peu à peu, la haine de l'autre et de l'étranger se banalise dans les enceintes sportives.

LES PHÉNOMÈNES RACISTES CHEZ LES ULTRAS

C'est donc au cours des années 80 que les premiers épisodes à caractère raciste font leur apparition dans les tribunes italiennes. Ces phénomènes restent toutefois limités à certains groupes connus pour leurs tendances néofascistes. C'est lors de la décennie suivante que les comportements racistes et xénophobes vont largement se diffuser parmi les ultras italiens. Deux formes de racisme se répandent: en premier lieu, un racisme anti-méridional, qui voit les ultras du nord de la péninsule s'en prendre aux groupes établis dans le sud; en second lieu, un racisme anti-Noir s'affirme, qui visera principalement les joueurs d'origine africaine. Les origines supposées ou véritables des adversaires sont utilisées pour dénigrer le rival. Les différents termes à connotations xénophobes les plus répandus sont: juif, tziganes, Albanais, ou encore cul-terreux[16]. Ainsi l'antisémitisme se banalise progressivement à travers l'usage du terme «juif», parmi les plus dépréciatifs pour certains ultras. Lorsque les Albanais débarquent sur les côtes de la Péninsule au début des années 90, cette dénomination devient une

---

15. Alliance nationale est un parti populiste de droite, successeur du Mouvement social italien (néofasciste) qui a participé à deux reprises au gouvernement italien.
16. En italien *terroni* est un terme péjoratif pour désigner les habitants du sud de la péninsule.

insulte en vogue parmi les ultras. Dernièrement, ce sont les cris de singe que l'on va entendre dans de nombreux stades lorsqu'un joueur d'origine africaine est en possession du ballon.

Lors du derby romain de février 1996, les ultras de l'A.S. Rome affichent la banderole suivante face à leurs rivaux : « Vous avez la même couleur » (sous-entendu : que les juifs)[17], les ultras de la Lazio répondent en exposant une banderole : « Et vous, vous en avez l'odeur. » En avril 1996, pour protester contre l'achat d'un joueur d'origine africaine par leur club, deux ultras de l'Hellas Vérone munis de capuches du Ku Klux Klan pendent un mannequin noir à la rambarde du virage sud où trône une banderole : « Le nègre, nous vous l'offrons pour nettoyer le stade. » En juin 1996, à Bologne, durant les célébrations suivant la promotion du club en première division, huit Maghrébins sont grièvement blessés (l'un d'eux est frappé au moyen d'un couteau) par des ultras néofascistes de Bologne et de l'A.S. Rome, alors alliés. Parfois, il arrive que des ultras d'extrême droite surmontent leurs rivalités, comme en novembre 1994, lors d'un déplacement de l'A.S. Rome à Brescia, où un commando composé de supporters romains et d'éléments néofascistes issus de groupes rivaux (de la Lazio, de Bologne, de l'Hellas Vérone) est formé. Des incidents violents vont les opposer aux forces de l'ordre, au cours desquels le vice-préfet de police de Brescia est poignardé. L'affaire va faire grand bruit et dévoiler les connexions entre extrême droite et ultras, quand la police arrête une quinzaine de personnes dont Maurizio Boccacci, dirigeant d'une organisation néofasciste (le Mouvement politique occidental). À Rome, les actes de racisme et d'antisémitisme se succèdent au début des années 2000 ; on retrouve à leur origine des militants de Forza Nuova, un parti néofasciste bien implanté parmi les ultras d'extrême droite (à Padoue, la section de ce parti compte de nombreux ultras de l'équipe locale). Il y a là des opportunités de carrière politique pour certains protagonistes capables de rassembler des votes dans leurs tribunes.

Tous les groupes ultras ne sont pas touchés. Si certains se déclarent apolitiques, ils présentent néanmoins des signaux préoccupants du fait de noyautages par des ultras néofascistes qui se camouflent derrière une symbolique complexe (ils affichent le drapeau italien et non pas de bannière fasciste, des codes plus

---

17. Les couleurs de la Lazio sont le bleu et le blanc, identiques à celles du drapeau israélien.

discrets[18]). Un certain nombre de tribunes se réclament toujours de l'idéologie de gauche et luttent contre ces phénomènes: à Pise, à Terni, à Cosenza, à Livourne ou encore à Ancône. Des initiatives pour lutter contre le racisme voient également le jour. Mais, même dans ces tribunes, prospèrent certains groupuscules néofascistes qui attendent de prendre le contrôle du virage (c'est le cas à Venise et à Ancône). Enfin, dans d'autres tribunes longtemps «gauchisantes» comme à Modène et à Pérouse, les ultras d'extrême gauche cohabitent avec ceux d'extrême droite. Ce qui fait que l'on peut parfois voir des emblèmes néofascistes côtoyer une bannière communiste.

ULTRAS ET NÉOFASCISME

Au début des années 90, on assiste à la désintégration du système politique italien avec la disparition des partis qui ont dominé la scène politique de la République italienne: en 1991, le Parti communiste italien s'effiloche avec l'écroulement du système communiste, laissant la place à une organisation intitulée Démocrates de gauche. La Démocratie chrétienne et le Parti socialiste sont secoués par des affaires de corruption *(Tangentopoli)*. Le vote protestataire va alors profiter pleinement aux partis «antisystème» comme la Ligue du Nord et le Mouvement social italien. L'extrême droite va alors récupérer une partie de la jeunesse confrontée à l'immigration dans les quartiers populaires, habitée par la colère, en lui offrant de nouveaux moyens d'action. Cette révolte générationnelle va se développer dans les partis d'extrême droite, une droite qui se veut radicale, populaire et sociale, et qui prend la place des formations d'extrême gauche qui jusqu'alors occupaient ce créneau.

Le «seul contre tous» des néofascistes séduit des ultras qui se déclarent victimes de la société et de la répression des années 90. Le «romantisme» de cette rébellion attire de nombreux jeunes gens, et les idéaux néofascistes sont en phase avec une certaine frange des ultras. À Rome, les groupes ultras créés au tournant des années 80 et 90 qui vont rapidement dominer leurs tribunes respectives s'inspirent clairement de l'idéologie d'extrême droite.

---

18. Au chiffre «88», représentant deux fois la huitième lettre de l'alphabet, pour former ainsi «HH», code désignant le salut nazi «Heil Hitler», viennent s'ajouter des runes et des signes repris de la Waffen S.S., ou encore les faisceaux du licteur, symbole du fascisme.

À l'A.S. Roma, c'est Opposta fazione, auquel succédera Tradizione distinzione. Ces deux groupes sont à l'origine d'actions violentes et racistes dans et en dehors des stades (incidents à Brescia en 1994-1995, banderoles racistes et antisémites, exaltation du fascisme et du nazisme, attaques d'immigrés en dehors des stades). Du côté de la Lazio, ce sont les Irriducibili qui vont se distinguer. D'ailleurs la rivalité entre les ultras des deux équipes va diminuer du fait de la fréquentation des mêmes cercles politiques néofascistes.

Ce révisionnisme historique va de pair avec la réhabilitation du régime fasciste dans la classe politique italienne. Paradoxalement, l'héritier du parti fasciste italien, Alliance nationale, ne se réclame plus de ce passé, ses dirigeants l'ont ouvertement condamné, à la différence de sa base encore nostalgique. Mais d'autres partis en assument l'héritage et remettent en cause l'engagement de la Résistance italienne durant la Seconde Guerre mondiale. Il existe une vision controversée de la dictature fasciste en Italie, et, malgré l'esprit antifasciste de la République, une certaine tolérance règne envers cette période de l'histoire italienne. Depuis quelques années, notamment sous le gouvernement Berlusconi, les déclarations de divers responsables politiques contribuent à cette banalisation du fascisme. Il n'est donc pas étonnant qu'une partie des ultras puisent leur inspiration dans ce courant, tels ceux de Catane, par exemple, qui ornent leur tribune d'une immense banderole portant la mention « Croire, obéir, combattre », soit les mots d'ordre de l'organisation de jeunesse du régime fasciste. De plus, le comportement de certains joueurs ne peut les encourager. Paolo Di Canio, joueur emblématique de la Lazio, est allé saluer ses fans à plusieurs reprises en 2005 en faisant le salut fasciste.

Pour contrer ce raz-de-marée néofasciste, un front antifasciste va se créer à l'initiative des ultras communistes de Livourne, Resistanza ultra. Un pacte de non-agression doit les préserver de tout conflit « fratricide » pour concentrer leurs forces sur les affrontements contre les ultras néofascistes. Mais ce projet ne va jamais réellement décoller et ne fédérera que quelques groupes.

LES ULTRAS ET L'ÉQUIPE NATIONALE

À l'encontre des idées reçues, l'équipe nationale n'a jamais bénéficié d'un soutien massif de la part des groupes ultras. Contrairement à d'autres sélections européennes qui réussissent à fédérer leurs fans, à l'image de l'Angleterre, de l'Allemagne ou de la Croatie, il n'y a pas de consensus autour de la *Squadra azzurra*. Les raisons en sont les oppositions traditionnelles entre les ultras et les rivalités de clocher. Pourtant, depuis 1996, quelques groupes essaient de s'unir sur le modèle des supporters anglais pour soutenir l'équipe italienne. Une idéologie nationaliste unit ces ultras. Le modèle reste bien sûr l'Angleterre, dont les supporters et les hooligans de toutes les équipes se réunissent en dépit de leurs rivalités. Pour essayer de rassembler les ultras derrière leur sélection, on retrouve les Véronais : ceux-ci sont de fervents admirateurs des fans anglais et leurs opinions politiques s'orientent vers un nationalisme virulent. La proximité de la France, qui va accueillir la Coupe du Monde en 1998, pousse les supporters nationalistes à s'organiser. À la base, on retrouve les différents groupes néofascistes de Vénétie : les ultras de Vérone, de Trieste, de Trévise, de Padoue, d'Udine, de Vicence, qui se côtoient dans un cadre régional hors des tribunes à travers des concerts ou des manifestations politiques et qui, de plus, comptent une forte présence de skinheads dans leurs rangs. Une formation locale d'extrême droite les regroupe en dehors des stades : le Veneto Front Skinhead. Toutefois, lors du tournoi, la présence de ce front nationaliste restera anecdotique. En revanche, lors des Championnats d'Europe en 2000 en Belgique et aux Pays-Bas, le modèle s'affirme lorsque d'autres groupes de même tendance se joignent aux ultras de Vénétie. On peut estimer leur présence à une petite centaine d'individus. Ce front nationaliste a du mal à se fédérer, mais peu à peu d'autres ultras se joignent au rassemblement. Sur le modèle des supporters anglais, ils ramènent des drapeaux italiens ornés du nom de leur ville[19]. Au Portugal, en 2004, et en Allemagne, en 2006, de nouvelles bannières ont pu être observées, dont celles de Naples et de Florence. Cette coalition d'ultras proches de l'extrême droite reste limitée, ne parvenant à mobiliser que quelques centaines d'individus au plus.

On a pu observer les limites de l'union des ultras dans leur soutien à la sélection nationale à plusieurs reprises, dans la mesure où les vieilles rivalités pèsent plus lourd que le désir de se regrouper. À Milan, par exemple, lors d'un match qui s'est déroulé en mars 2005 opposant l'Italie à l'Écosse, des affrontements ont eu

---

19. Et non pas les banderoles traditionnelles de leurs groupes respectifs.

lieu entre, d'une part, les partisans de l'union des ultras italiens, qui est conduite par les Véronais, et, d'autre part, les ultras de l'Inter.

CONCLUSION

Depuis bientôt quarante ans qu'existe le mouvement ultras, les inclinations partisanes de ces groupes sont le reflet de l'évolution politique de l'Italie ; toutefois le mouvement ne saurait être un calque de celle-ci. De nombreuses caractéristiques de ces groupes, comme la fascination pour la violence et l'attachement à leurs couleurs, les distinguent d'autres phénomènes de jeunesse[20]. À cela, viennent s'ajouter des éléments typiques de rébellion juvénile, que l'on retrouve encore de nos jours dans de nombreux groupes ultras. D'ailleurs les extrémistes politiques des deux bords ont souvent été une source d'inspiration en raison de leurs comportements et de leurs méthodes d'action. La politisation a pourtant souvent été de façade seulement. Les affiliations politiques affichées sont donc à considérer avec prudence, car elles renvoient à des logiques qui relèvent autant de la provocation que de la conviction.

À l'heure actuelle cependant, les connexions entre certains ultras néofascistes constituent une véritable menace. Elles s'opèrent en dehors des stades, à travers des organisations d'extrême droite qui font le lien entre groupes rivaux, ce qu'attestent diverses actions menées en commun. Le risque est que certains groupes ultras deviennent des « courroies de transmission » de ces organisations néofascistes et que, face à l'augmentation des comportements xénophobes et racistes, l'État italien en vienne à criminaliser aussi les groupes ultras traditionnels. Or ce sentiment d'être persécuté profite à la droite extrême qui associe ces activités répressives à une restriction majeure des libertés.

Au-delà des comportements nuisibles et dangereux d'une minorité d'ultras, ce mouvement reste un exemple d'auto-organisation et de longévité d'un phénomène de jeunesse. Son évolution et son exportation dans de nombreux pays en témoignent. Pour les jeunes supporters du monde entier, la référence vient d'Italie ; les chorégraphies de stades, les ambiances survoltées et l'organisation

---

20. Alesandro Salvini, *Ultrà: Psicologia del tifoso violento*, Milan : Giunti, 2004.

des tribunes sont un modèle qu'ils se sont empressés d'imiter. Plusieurs générations d'Italiens ont fait partie de ces groupes, sans que le mouvement ne s'essouffle. La dimension créatrice, le lien social et l'esprit de solidarité en sont des éléments cardinaux. Dans des sociétés de plus en plus individualistes, en perte de repères, les ultras offrent encore de telles possibilités. De plus, l'esprit de contestation qui a toujours animé les ultras leur a permis d'être une des rares voix critiques d'un sport qui est devenu une véritable industrie, gangrenée par la corruption et les intérêts mercantiles d'une poignée de dirigeants. Le football s'éloigne de sa tradition, de ses supporters et de ses amoureux qui l'ont longtemps fait vivre pour n'être plus qu'un banal loisir, très lucratif pour certains. Et, paradoxalement, les ultras, tout en s'opposant à la mercantilisation de ce sport populaire, contribuent par des pratiques violentes et racistes à son discrédit et à la répression policière.

SUPPORTERS EXTRÊMES, VIOLENCES ET EXPRESSIONS POLITIQUES EN FRANCE

NICOLAS HOURCADE

Le 23 novembre 2006, après la défaite du Paris Saint-Germain contre l'Hapoël Tel-Aviv en Coupe de l'UEFA, des supporters du club israélien sont pris à partie aux abords du stade. L'un d'eux, poursuivi par plusieurs fans parisiens, est protégé par un policier noir qui finit par utiliser son arme, blessant grièvement un des assaillants et en tuant un autre. Certains des agresseurs semblant avoir des motivations racistes et antisémites, ce drame a mis sur le devant de la scène la violence et l'extrémisme politique d'une partie des supporters français. Il a profondément choqué l'opinion publique, d'autant que les incidents mortels autour des matchs de football professionnel sont rarissimes en France. Le précédent remonte à 1984, un supporter lyonnais ayant été mortellement atteint par un engin pyrotechnique lors d'un match contre Marseille. Pour autant, ce drame n'a pas été une complète surprise. En effet, depuis une vingtaine d'années, une frange des supporters parisiens, située dans la tribune Boulogne du Parc des Princes, est réputée pour sa violence et son extrémisme de droite.

LES SUPPORTERS EXTRÊMES, PRINCIPAUX ACTEURS DES INCIDENTS

LE TOURNANT DU MILIEU DES ANNÉES 80

La violence et le racisme des supporters sont devenus un problème social en France très précisément en 1985[1], du fait du traumatisme

---

1. Michel de Fornel, «Violence, sport et discours médiatique: l'exemple de la tragédie du Heysel», *Réseaux*, N° 57, 1993, pp. 29-47; Patrick Mignon, «Les désordres des stades, 1945-2005», in Philippe Tétart, *Histoire du sport en France. De la Libération à nos jours*, Paris: Vuibert, 2007, pp. 261-274.

causé par la tragédie du Heysel[2] et de la découverte simultanée de l'existence de hooligans français. Depuis les débuts du spectacle sportif en France, des incidents étaient relevés çà et là. Peu médiatisées, ces violences sporadiques paraissaient contrôlables et n'étaient pas considérées comme un trouble grave à l'ordre public[3]. Les premières manifestations du supportérisme violent moderne, provoquées par des fans anglais (de Leeds à Paris en 1975, de Manchester à Saint-Étienne en 1977) puis par des occupants de la tribune Boulogne, avaient commencé à alerter les amateurs de football sans pour autant rencontrer un grand écho. Suite au Heysel, la perception des débordements des supporters change complètement. Désormais, les médias relaient les méfaits des autoproclamés hooligans parisiens et le «hooliganisme» devient une catégorie de pensée largement répandue.

À la même époque, des groupes de supporters plus radicaux se développent en France. Pendant les trois premiers quarts du XXe siècle, les amateurs français de football se sont comportés plus en spectateurs qu'en fervents supporters[4], à la différence de leurs voisins allemands, britanniques, espagnols ou italiens. Au milieu des années 70, les exploits européens de Saint-Étienne marquent un tournant: pour la première fois, le rôle du «douzième homme» est mis en avant. Progressivement, des supporters s'inspirent des fans étrangers et stéphanois, et des «kops»[5] se constituent dans la plupart des stades français. Un deuxième tournant a lieu une décennie plus tard quand émergent, dans ces kops, deux sortes de groupes de jeunes supporters. Les uns forment, comme leurs inspirateurs anglais, des bandes informelles centrées sur la violence et se revendiquent «hooligans», «*hools*», «*casuals*» ou «indépendants»[6]. Les autres se qualifient d'«ultras», à l'image de leurs homologues italiens, et s'investissent dans le soutien au club tout en acceptant le recours à la violence. Sous l'impulsion de ces derniers, le supportérisme a connu depuis vingt ans un important essor, entretenu par les performances des clubs puis de la sélection nationale dans les années 90.

---

2. Le 29 mai 1985, devant les caméras de télévision, 39 supporters de la Juventus de Turin trouvent la mort dans un mouvement de foule provoqué par l'agressivité des fans anglais de Liverpool.
3. Patrick Mignon, «Les désordres...», *op. cit.*, p. 263.
4. Patrick Mignon, *La passion du football*, Paris: Odile Jacob, 1998.
5. Le kop, du nom d'une tribune du stade du Liverpool FC, est la tribune où se rassemblent les plus fervents supporters du club local.
6. Dans ce texte, ces termes sont considérés comme synonymes.

Depuis le milieu des années 80, le supportérisme français a ainsi considérablement changé quantitativement et qualitativement, tant dans ses modes de soutien que dans ses manifestations violentes[7]. Jusqu'alors, la violence des supporters était spontanée et occasionnelle. Survenant de manière imprévue, elle était suscitée par une défaite, une erreur d'arbitrage, des provocations verbales, la rencontre fortuite de fans adverses aux alentours du stade... À cette violence spontanée qui perdure, s'ajoute désormais une violence que les chercheurs qualifient de préméditée[8]. Celle-ci est portée par des groupes, ultras ou hools, qui vont au stade avec l'idée qu'ils peuvent se battre. Largement indépendante des faits de jeu, leur violence est plus ou moins organisée selon les groupes et les circonstances.

UNE ÉTUDE ETHNOGRAPHIQUE CENTRÉE SUR LES SUPPORTERS EXTRÊMES

Depuis une vingtaine d'années, les phénomènes de violence et d'extrémisme politique autour du football professionnel français sont, pour l'essentiel, dus aux ultras et aux *hools*[9]. Ces supporters extrêmes ayant toujours suscité une grande méfiance, les représentations sociales qui s'attachent à eux ne correspondent que partiellement à leurs pratiques. Cette contribution, dont la taille limitée explique la généralité du propos, cherche donc à comprendre en quoi consistent leurs violences et leurs manifestations politiques, et quel sens ils leur accordent. Elle s'appuie sur des enquêtes ethnographiques, mariant observations des supporters, discussions informelles, entretiens, recueil de documents et passation de questionnaires. Conduites à partir de 1993, ces recherches ont été menées principalement à Bordeaux, Paris, Rennes et Le Havre, et occasionnellement dans plusieurs villes, françaises et européennes. Afin de ne pas construire une vision tronquée et déformée du supportérisme extrême, l'analyse n'était pas circonscrite à la violence et à la politisation.

---

7. Patrick Mignon, «Another side to French exceptionalism: football without hooligans?», in Eric Dunning, Patrick Murphy, Ivan Waddington, Antonios E. Astrinakis (dir.), *Fighting Fans*, Dublin: University College Dublin Press, 2002, pp. 62-74.
8. Suite notamment aux travaux de Lode Walgrave et Kris Van Limbergen. Voir par exemple: Kris Van Limbergen, «Aspects sociopsychologiques de l'hooliganisme», *Pouvoirs*, N° 61, 1992, pp. 117-130.
9. Les problèmes sont sensiblement différents dans le monde amateur. Ce texte porte seulement sur le football d'élite.

L'étude du supportérisme extrême suppose également de clarifier les termes employés. Pour le grand public, le «hooliganisme» désigne tous les actes de violence commis à l'occasion des rencontres sportives, et les «hooligans» sont perçus comme les auteurs de tels actes. En revanche, les supporters extrêmes réservent le qualificatif de «hooligans» à certains supporters violents, qu'ils différencient d'autres également violents comme les «ultras». «La catégorie ‹hooligan› elle-même est peu claire, note P. Mignon [10]; est-ce un nom que certains se donnent ou est-ce un qualificatif qui est posé sur certains groupes ou certains comportements?» Alors que les catégories de sens commun sont imprécises [11], les catégories indigènes, mobilisées par les acteurs eux-mêmes, présentent l'avantage d'être claires et partagées par les supporters européens. Dans une perspective compréhensive, il est préférable de partir des secondes, en examinant de manière critique leur contenu. De même, comme le pointe T. Busset, il vaut mieux parler de supportérisme violent que de hooliganisme, car cette expression est «fortement connotée dans le débat public, où elle est associée à des clichés tenaces qu'il s'agit précisément de remettre en question» [12].

La distinction proposée ici entre ultras et *hools* ne conduit ni à cataloguer tel individu ou tel groupe dans telle catégorie ni à tracer des limites entre les uns et les autres. Il s'agit d'analyser l'espace du supportérisme en en distinguant les principaux pôles, dont chaque individu ou groupe se rapproche plus ou moins. Cette approche relationnelle prend en compte les manières dont les supporters se définissent les uns par rapport aux autres, ainsi que l'évolution des pratiques [13]. De la même manière, J.-M. Faure et C. Suaud décrivent l'espace du supportérisme nantais, en soulignant que les différents groupes de supporters ne sont «pas seulement juxtaposés». Confrontés à des enjeux communs, ils sont engagés dans une «lutte de légitimité» [14].

---

10. Patrick Mignon, *La passion…*, *op. cit.*, p. 140.
11. Nicolas Hourcade, «Hooliganisme, ultras et ambiguïtés en France», *Esporte e Sociedade*, http://www.esportesociedade.com, N° 7, 2007, 40 p.
12. Thomas Busset, «Le supportérisme violent en Suisse», *Revue internationale de criminologie et de police technique et scientifique*, N° 3, 2002, p. 349.
13. Et non substantialiste: voir, par exemple, Pierre Bourdieu, «Espace social et espace symbolique», Raisons pratiques, Paris: Seuil, 1994, pp. 13-29.
14. Jean-Michel Faure et Charles Suaud, *Le football professionnel à la française*, Paris: PUF, 1999, p. 186.

ULTRAS ET HOOLS : LES DEUX PÔLES DU SUPPORTÉRISME EXTRÊME

Les pratiques des ultras et des *hools* sont suffisamment différentes pour être distinguées et suffisamment proches pour être considérées comme deux formes d'un supportérisme extrême.

DIVERGENCES ET RESSEMBLANCES

Il est fréquemment affirmé que ce qui distinguerait principalement les ultras des *hools* serait leur moindre violence. En fait, la différence est plus profonde. Elle se traduit dans leurs modes d'organisation, leurs types de participation au spectacle, leurs relations avec le monde du football ou leur manière d'appréhender la violence. Essentiellement préoccupés par la recherche de l'affrontement avec les supporters extrêmes adverses ou avec la police, les *hools* s'investissent peu dans l'ambiance au stade et dans la vie du club. Au contraire, la violence ne constitue pour les ultras qu'un moyen d'action parmi d'autres. En effet, ils s'engagent dans le soutien à l'équipe et animent les travées notamment par l'organisation d'animations, les « tifos » qui colorent les virages[15] à l'entrée des joueurs. Ils cherchent également à jouer un rôle au sein de leur club et donc à nouer des relations avec ses dirigeants. Tandis que les *hools* forment des bandes informelles, les groupes ultras adoptent une forme associative[16] : les membres paient une cotisation annuelle, un bureau directeur régit les activités, des porte-parole débattent avec les dirigeants du football et interviennent dans les médias. Alors que les *hools* assument l'étiquette de « mauvais garçons », les ultras jouent sur plusieurs registres : désirant être reconnus comme des interlocuteurs respectables tout en demeurant « rebelles », ils sont profondément ambivalents[17]. Comme le note P. Mignon, les *hools* sont avant tout à la recherche d'« émotions fortes » alors que les ultras, au-delà de la dimension émotionnelle également importante chez eux, s'engagent dans une « cause » selon une logique de « mouvement social »[18]. Par conséquent, les *hools* peuvent plus facilement assumer violence et extrémisme de droite

---

15. Les tribunes situées derrière les buts, où se situent généralement les kops, sont appelées virages du fait de la forme incurvée de nombreux stades français.
16. Christian Bromberger, *Football, la bagatelle la plus sérieuse du monde*, Paris : Bayard, 1998, pp. 103-104.
17. Nicolas Hourcade, « La France des ‹ultras› », *Sociétés et Représentations*, N° 7, 1998, pp. 241-261.
18. Patrick Mignon, « Les désordres… », *op. cit.*, pp. 269-270.

puisqu'ils ne forment que des groupuscules tandis que les ultras cherchent à mobiliser largement les supporters et à être acteurs du monde du football.

Si leurs logiques sont distinctes, ultras et *hools* français se ressemblent néanmoins sous certains aspects. Ils touchent la même population : principalement des jeunes hommes de 16 à 30 ans, pour l'essentiel issus des catégories populaires et moyennes[19]. Même quand ils sont reconnus par leur club, ce qui est généralement le cas des ultras, ces groupes affirment leur autonomie et s'opposent aux associations officielles de supporters selon eux inféodées aux dirigeants[20]. Contrairement à ces dernières, leur conception du football n'est pas consensuelle mais conflictuelle[21]. Ils ont recours à la provocation et à la violence et refusent la morale selon eux hypocrite du fair-play. Ils sont aussi contestataires et n'hésitent pas à remettre en cause les joueurs et dirigeants de leur club. Enfin, les ultras comme les *hools* se passionnent au moins autant pour leurs activités de supporters que pour le football. En somme, le style ultra et la tendance hooligan sont deux modes distincts d'un supportérisme extrême conçu comme « une fin en soi »[22].

De plus, les ultras et les *hools* sont fréquemment en relation. Même s'il existe des médias spécifiques à chaque courant, ils partagent souvent les mêmes fanzines, sites et forums internet. Surtout, le nombre limité de bandes de *hools* en France conduit ces indépendants, en quête de rivaux, à affronter des ultras. Et *hools* et ultras d'une même ville s'allient parfois pour faire face aux supporters extrêmes adverses. Dans le même temps, au niveau local, ils entretiennent des rapports de force qui peuvent déboucher sur des incidents sérieux. Même si les uns et les autres clament leurs différences, les frontières sont floues. Il arrive que des individus passent d'un style à l'autre au cours de leur carrière de supporter ou se situent entre ces deux formes de supportérisme.

---

19. Patrick Mignon, *La passion…, op. cit.*; Didier Demazière (dir.), *Le peuple des tribunes*, Béthune : Musée d'ethnologie régionale, 1998 ; Nicolas Hourcade, « La France… », *op. cit.*; Dominique Bodin, *Hooliganisme, vérités et mensonges*, Paris, ESF, 1999 ; Williams Nuytens, *La popularité du football*, Arras : Artois Presses Université, 2004.
20. D'où la distinction faite par Patrick Mignon ou Williams Nuytens entre supporters « officiels » et « autonomes » (qualifiés ici de supporters extrêmes).
21. Nicolas Hourcade, « La place des supporters dans le monde du football », *Pouvoirs*, N° 101, 2002, pp. 75-87.
22. J'adapte une formulation de Patrick Mignon, *La société du samedi*, Paris : IHESI, p. 6.

UN MOUVEMENT ULTRA DE MASSE, UNE TENDANCE HOOLIGAN MARGINALE

En France, la mouvance hooligan est forte à Paris (entre 50 et 400 «durs», selon les époques et les matchs) et embryonnaire dans le reste du pays. En revanche, les groupes ultras comptent des centaines voire des milliers de membres et mènent l'ambiance dans la plupart des stades français. Comment expliquer ces évolutions contrastées? Notamment par l'essor des supporters extrêmes au moment du drame du Heysel et par l'absence de tradition supportériste. En France, contrairement à l'Allemagne ou l'Espagne, il n'y avait guère d'alternative au modèle proposé par les ultras, sauf dans des villes comme Lens, Saint-Étienne ou Le Havre, où ils ont d'ailleurs eu des difficultés à s'imposer. Les supporters extrêmes ont donc été perçus comme menaçants, tout en étant considérés, pour ce qui est des ultras, comme les fans les plus fervents. Après avoir usé à leurs débuts de la provocation, affichant des symboles d'extrême droite (à une époque où le mouvement skinhead d'extrême droite était à la mode en France) et jouant sur des registres violents, les ultras ont rapidement changé d'attitude. À cause de la répression, mais aussi parce qu'ils avaient besoin de susciter des vocations et de drainer derrière eux des supporters participant aux chants et aux tifos, et apportant des fonds au groupe en cotisant ou en achetant son matériel (écharpes, tee-shirts, adhésifs...). Pour s'implanter dans les virages français, les ultras se sont présentés comme les «meilleurs supporters», en mettant en avant les dimensions valorisées de leur pratique (le soutien au club, les tifos ou la dimension associative) et en se démarquant ostensiblement des hooligans et de leurs excès violents et racistes. Par conséquent, les *hools* ont été marginalisés, sauf à Paris où ils étaient déjà bien installés, et les ultras ont adopté une attitude moins extrême qu'en Italie. Inversement, ces dernières années, l'institutionnalisation accrue des groupes ultras a sans doute favorisé le développement, en particulier dans l'Est et le Nord, de petites bandes de 10 à 50 indépendants recherchant plus de radicalité.

DES PROBLÈMES RELATIVEMENT LIMITÉS MAIS RÉELS

Les problèmes liés aux supporters français sont souvent présentés comme moindres par rapport à ceux que connaissent les autres grands pays européens. Effectivement, les insultes racistes sont beaucoup moins répandues qu'en Italie ou en Espagne. Elles ne doivent cependant pas être sous-estimées: d'ailleurs, le 15 octobre 2007, la Ligue de football professionnel a retiré un point au club de Ligue 2 de Bastia pour des injures racistes qu'auraient proférées certains de ses supporters à l'encontre d'un joueur noir de Libourne. Quant aux violences, elles sont suffisamment récurrentes pour ne pouvoir être négligées. Cette idée répandue que la France n'est pas vraiment concernée par les débordements des supporters joue sur les politiques publiques. Il a fallu des incidents graves et fortement médiatisés, impliquant des supporters extrêmes parisiens, pour que plusieurs textes de lois soient adoptés dans l'urgence, sans analyse approfondie préalable des problèmes[23]. La publication récente par le Sénat d'un rapport bien informé laisse néanmoins espérer la mise en place d'une réflexion globale sur les supporters et sur les politiques à adopter à leur égard[24].

Inversement, faut-il déplorer une hausse des incidents, comme le font régulièrement les médias? Un tel diagnostic se heurte à une première difficulté: comment qualifier les faits? Les insultes à caractère sexuel, courantes dans les stades, doivent-elles être considérées comme de l'homophobie? Les violences verbales doivent-elles être associées aux violences physiques? Autre problème, quasiment inextricable: comment quantifier les actes violents et racistes? Les statistiques officielles sont partielles et orientées[25]. Surtout, elles agrègent des actes qu'il conviendrait de dissocier: usage de fumigènes, ivresse, jet de projectiles, violences, dégradations de biens, actes racistes ou antisémites, vente sans autorisation, etc. Néanmoins, les données officielles rejoignent les impressions des observateurs réguliers des stades en confirmant que les débordements n'ont guère augmenté durant ces dernières saisons[26]. Le commissaire divisionnaire Michel Lepoix, coordinateur national pour la sécurité dans les stades depuis février 2006, constate lui-même «une relative accalmie sur le front de la violence, en Ligue 1 comme en Ligue 2, en dehors du phénomène des *fights*»[27]. Le rela-

23. Nicolas Hourcade, «Des solutions miracles?», www.sofoot.com, 8.09.2006.
24. Bernard Murat, Pierre Martin, *Faut-il avoir peur des supporters?*, rapport d'information de la commission des Affaires culturelles du Sénat, N° 467, 26.09.2007.
25. Dominique Bodin, *Le hooliganisme*, Paris: PUF, 2003, p. 48. Concernant la délinquance de manière générale: Laurent Mucchielli, *Violences et insécurité*, Paris: La Découverte, 2001.
26. 342 incidents ont été relevés en 2004-2005 (dont 142 liés à des violences physiques et 100 à des fumigènes), 399 la saison suivante marquée par un exceptionnel conflit entre supporters parisiens (203 pour des violences, 117 pour des fumigènes) et 400 en 2006-2007 (187 actes de violence et 134 faits impliquant des fumigènes). Bernard Murat, Pierre Martin, *op. cit.*, p. 21.

tif développement de ces *«fights»* s'explique par l'apparition récente de petites bandes d'indépendants et par l'amélioration du dispositif de sécurité autour des stades, qui incite les *hools* à organiser leurs affrontements. En revanche, les incidents impliquant des ultras semblent en diminution. Il est cependant délicat de dresser un état général des actes violents et racistes en France, tant le décalage est grand entre Paris, où les problèmes sont profonds, et le reste du pays où ils sont moindres sans pour autant être insignifiants.

QUELLE POLITISATION DES SUPPORTERS EXTRÊMES ?[28]

Les supporters extrêmes sont fréquemment suspectés d'être «fachos». Pourtant, depuis une dizaine d'années, l'expression ouverte d'idées racistes ou d'extrême droite n'est quasiment plus de mise parmi les ultras français. Les tendances majoritaires sont l'apolitisme, mis en avant par la plupart des groupes, et l'antiracisme. Seules la tribune Boulogne et des bandes d'indépendants sont clairement nationalistes.

EXAGÉRATION ET OPPOSITION

Le supportérisme extrême se caractérisant par son goût pour l'exagération et la provocation, les positions politiques affichées sont systématiquement extrémistes ou oppositionnelles. Mais il n'est pas toujours facile de faire la part de la conviction et de la dérision. En effet, les tifos et banderoles répondent à un code où emphase, parodie, provocation et sens de la repartie sont prisés. Les messages outranciers choquent donc plus le reste du public que les supporters extrêmes adverses auxquels ils sont destinés[29]. Comme le note C. Bromberger, «il serait tout aussi fâcheux de décréter l'arbitraire du langage du supportérisme que de lui conférer une excessive plénitude – politique ou autre»[30].

---

27. (Note de la p. 94.) *L'Équipe*, 2 juillet 2007.
28. Pour une analyse détaillée, voir Nicolas Hourcade, «L'engagement politique des supporters ‹ultras› français», *Politix*, N° 50, 2000, pp. 107-125.
29. Julien Auboussier, «Les banderoles de supporters de football en France: langage et violence symbolique», colloque *Sports, violences et racisme en Europe*, Université de Rennes-II, 2-5 avril 2007.
30. Christian Bromberger, «La passion partisane chez les *ultra*», *Cahiers de la Sécurité intérieure*, N° 26, 1996, p. 39.

En fait, la politisation des supporters extrêmes sert avant tout à construire la cause du groupe, de la même manière que l'attachement marqué à l'appartenance locale ou régionale[31]. L'identité du groupe se forgeant par des mécanismes de distinction entre «eux» et «nous», les orientations politiques sont dirigées contre un ennemi stigmatisé. Prétendre défendre son identité nationale ou son identité locale cosmopolite s'inscrit parfaitement dans une telle logique. Dès lors, les idées politiques défendues par les supporters extrêmes sont sommaires, seuls quelques idéologues approfondissant le raisonnement. Elles se traduisent par des slogans simples et par l'exhibition de drapeaux et de symboles (d'un côté couleurs «rasta» ou portrait de Che Guevara, de l'autre drapeau français – les croix celtiques, jadis prisées, sont désormais interdites). D'un bord, ils se présentent comme anti-«racailles»[32] ou antigauchistes. Soupçonnés de nationalisme ou de racisme, certains admettent leur hostilité envers les immigrés, mais la majorité rejette ces accusations, en se définissant comme patriote et en rappelant qu'il y a aussi des Blancs parmi les «racailles». Si quelques agressions racistes ont été relevées autour de certains terrains ces vingt dernières années, de tels faits semblent extrêmement rares en dehors de Paris. À l'autre bord, les supporters extrêmes affirment leur antiracisme et leur antifascisme. Ils désirent ainsi se démarquer de l'image d'extrémistes de droite qui s'attache à eux et s'opposer aux idées et groupes réellement d'extrême droite qui se manifestent dans les tribunes[33]. Cependant, cette tendance antiraciste est peu perçue par le grand public. Bien que loin d'être toujours justifiée, cette image de «fachos» explique en partie pourquoi les ultras attirent essentiellement des Blancs. Des supporters d'origine étrangère fréquentent les kops, mais ils se tiennent généralement à distance des associations ultras, même de celles clamant leur antiracisme et leur volonté d'accueillir des jeunes issus de l'immigration, sans doute parce qu'ils estiment ne pas avoir leur place dans de telles structures. Seuls certains groupes marseillais et parisiens du virage Auteuil (la tribune opposée au kop de Boulogne) sont véritablement mixtes.

31. Nicolas Hourcade, «Fiers d'être…»: la mobilisation d'une identité locale ou régionale dans la construction d'une cause par les supporters ultras français», in Jean-Michel de Waele, Alexandre Husting (dir.), *Football et identités*, Bruxelles: Éditions de l'Université de Bruxelles, 2008, pp. 145-159.
32. Les «racailles» sont les jeunes des «cités», reconnaissables à leur look et suspectés d'actes d'incivilité ou de délinquance.
33. Une partie d'entre eux est rassemblée dans le Réseau supporter de résistance antiraciste.

APOLITISME ET AUTONOMIE

Ceux qui se disent politisés sont cependant minoritaires, d'autant que les supporters extrêmes ont souvent, comme de nombreux jeunes de leur génération, une conception étroite et méfiante de la politique. Ils la réduisent à la lutte entre partis pour la conquête du pouvoir. Ils sont méfiants vis-à-vis des «politiciens» et craignent d'être «récupérés» par des forces extérieures. Ils préfèrent mener des actions locales et concrètes plutôt que de s'inscrire dans des partis. «Nous ne faisons pas de politique, expliquait un meneur d'un groupe antiraciste, puisque nous acceptons des membres de tous les bords politiques, de droite comme de gauche, tant qu'ils rejettent clairement le racisme.» Ainsi, ils sont nombreux à préférer qualifier leur antiracisme d'engagement «civique» ou «citoyen». De même, les collectes pour des associations d'aide aux enfants démunis ou aux sans-abri sont présentées comme des actions «sociales». La lutte de nombreux groupes ultras contre le «football business» et pour la préservation des traditions «populaires» de ce sport est rarement perçue comme politique, etc. Pourtant, force est de constater que les tribunes des stades sont un des nouveaux lieux du politique émergeant aujourd'hui dans nos sociétés[34].

L'apolitisme revendiqué par les groupes ultras recouvre plusieurs cas de figure. Le plus souvent, personne ne manifeste d'intérêt marqué pour la politique, ou les idées des membres sont variées et équilibrées. Dans d'autres cas, une tendance est dominante au sein du groupe, mais celui-ci refuse de l'afficher collectivement soit pour éviter qu'elle ne lui porte préjudice, soit pour préserver l'unité interne. Dès lors, certains groupes sont suspectés d'hypocrisie. L'apolitisme affiché peut effectivement être purement tactique et permettre surtout de ne pas se couper du public : perçu comme véridique par les sympathisants et adhérents, il reste de façade pour le noyau des membres actifs. Parfois, la tendance est suggérée, par exemple par l'utilisation de certains lettrages propres à un courant politique ou par des slogans tendancieux, afin d'être perçue par les initiés. Elle transparaît également dans les bus lors des déplacements à l'extérieur et s'exprime ouvertement lorsque les membres actifs se retrouvent dans la semaine.

---

34. Christian Bromberger, Thierry Fabre, Bruno Étienne, Michel Guérin, «Les nouveaux lieux du politique», *La Pensée de midi*, N° 7, 2002, pp. 79-91.

Cependant, même à l'intérieur du noyau, la réalité s'avère complexe. En effet, il est fréquent que des membres influents ne partagent pas les idées dominantes, ce qui peut donner lieu à de vifs débats. Si les ultras affirment leur apolitisme, c'est aussi parce qu'ils redoutent les divisions internes et qu'ils estiment que la politique ne doit pas être un enjeu prioritaire. Ainsi, un membre d'un groupe antiraciste s'est vu reprocher par ses pairs de ne penser «qu'à la politique» et donc de ne pas comprendre que le football, le club et le groupe devaient passer avant. «La politique n'a rien à faire dans les stades», clament-ils souvent, révélant ainsi leur intériorisation de l'idéologie du mouvement sportif.

Selon une autre idée courante, les supporters extrêmes seraient instrumentalisés par des groupuscules extérieurs cherchant à diffuser leurs idées et à recruter de nouveaux membres. De telles tentatives ont effectivement eu lieu dans plusieurs stades français. Cependant, les supporters extrêmes tiennent à préserver leur autonomie. Des militants d'extrême droite venus distribuer des tracts dans le kop de Boulogne ont été chassés par les indépendants dont certains partagent pourtant les idées. Si action politique il y a, elle doit être portée par le groupe ou la tribune, dont les meneurs ont souvent peu de liens avec des formations politiques. Comme le constate C. Bromberger, les supporters extrêmes se servent plus des identités politiques, afin de construire leur cause, qu'ils ne les servent[35]. Les phénomènes de récupération directe de supporters par des groupes politiques sont donc limités. En revanche, la politisation officieuse ou officielle du groupe peut influencer certains membres, voire les conduire à vouloir approfondir leur engagement et à rejoindre des partis politiques: en général, ils trouvent dans la tribune des individus sachant les orienter.

LE KOP DE BOULOGNE: UN TERRITOIRE BLANC[36]

Fondé en 1970, le Paris Saint-Germain manque cruellement de public à la fin de la décennie. Ses dirigeants s'efforcent alors, par

---

35. Christian Bromberger avec Alain Hayot et Jean-Marc Mariottini, *Le match de football*, Paris: Maison des Sciences de l'homme, 1995, p. 244.
36. Philippe Broussard, *Génération supporter*, Paris: Robert Laffont, 1990; «PSG, la tribune de tous les dangers», *L'Express*, N° 2891, 30 novembre 2006, pp. 112-114. Patrick Mignon, *La société...*, *op. cit.*; *La passion...*, *op. cit.* Nicolas Hourcade, «L'engagement politique...», *op. cit.*; Nicolas Kassis-Martov, Jean-Damien Lesay, Philippe Roizès, «Kop of Boulogne: The Story», *So Foot*, N° 43, avril 2007, pp. 54-67.

des tarifs préférentiels, d'attirer les jeunes qu'ils rassemblent dans une tribune, Boulogne. Des punks, des skins, des mods, etc. prennent possession du kop et s'illustrent très tôt par leur violence. Au milieu des années 80, des skinheads d'extrême droite s'installent au centre du kop. Si les skinheads sont toujours demeurés relativement peu nombreux avant de s'éteindre au milieu des années 90, si ceux d'entre eux qui espéraient voir grossir les rangs de leurs groupuscules politiques n'ont pas rencontré le succès escompté, ils ont en revanche largement contribué à instaurer une tradition d'extrême droite dans la tribune. Le kop de Boulogne s'est progressivement construit comme un territoire blanc, par opposition aux cités de la région parisienne tenues par des jeunes pour la plupart issus de l'immigration.

Aujourd'hui, le kop de Boulogne est nationaliste. La ségrégation raciale y est appliquée, seuls quelques non-Blancs étant tolérés. D'ailleurs, le club, via ses guichetiers et stadiers, a longtemps orienté les supporters non-Blancs vers d'autres secteurs du stade. Des slogans politiques et racistes sont régulièrement scandés par une partie de la tribune. Des actes racistes sont parfois perpétrés aux alentours du stade. Dans leur majorité, les habitués de Boulogne clament leur hostilité aux « racailles » qui, selon eux, feraient régner la terreur dans les cités. En réaction, il leur paraît légitime d'avoir leur propre territoire, le Parc et ses alentours, où les « racailles » ne sont pas bienvenues. Au-delà de cette base commune, les différences dans les idées, les motivations et les actes politiques sont grandes au sein de la tribune. Les fascistes convaincus ou les auteurs d'agressions racistes sont très minoritaires. En revanche, le souci de défendre une identité nationale perçue comme menacée est largement partagé.

Contrairement à son image de tribune fasciste tenue par des groupuscules d'extrême droite, le kop de Boulogne est en fait structuré par trois traditions. La tradition supportériste, puisque le kop est la tribune historique des fans parisiens, la tradition violente et la tradition politique. Deux types de violences doivent donc être distingués. La violence raciste des lynchages, comme lors du drame de novembre 2006. Et la violence hooligan entre bandes rivales. Les populations des « violents » et des « politisés » ne se recouvrent que partiellement. Certains indépendants ne se reconnaissent pas dans la tradition politique de Boulogne ; d'autres *hools* la revendiquent mais refusent les agressions racistes qu'ils considèrent comme déshonorantes. Certains «politisés» ne se livrent qu'à la violence raciste. D'autres occupants de la tribune s'engagent dans ces deux violences. Enfin, certains habitués du kop ne se sentent concernés ni par la violence, ni par la politique qu'ils sont néanmoins forcés de tolérer.

LES FORMES DE LA VIOLENCE

Si les ultras et les *hools* ont des pratiques violentes relativement communes, leurs logiques sont sensiblement différentes.

DIVERS TYPES D'INCIDENTS

Les violences entre groupes de supporters extrêmes se caractérisent par des insultes, des jets de projectiles et, quand les forces de l'ordre ne l'empêchent pas, par des contacts physiques. Elles ne s'expriment plus guère à l'intérieur des stades, très contrôlés grâce notamment à l'instauration de la vidéosurveillance, mais plutôt à leurs abords et, de plus en plus, en ville ou sur le trajet menant au stade. Pour échapper aux dispositifs de sécurité, ces bagarres sont parfois planifiées par les protagonistes. L'objectif est de l'emporter physiquement sur le groupe adverse et de le faire fuir. Pour les ultras, la victoire suprême consiste à dérober la «bâche» du groupe adverse (la banderole marquée de son nom). À l'origine, les rivalités étaient liées aux antagonismes sportifs ou aux *derbies*. Avec l'inscription dans la durée des mouvements ultra et hooligan, des conflits propres aux supporters extrêmes sont apparus. Une logique de la vendetta s'est ainsi enclenchée, car, comme le constate W. Nuytens, les groupes de supporters extrêmes n'ont «pas la mémoire courte»[37]. Les oppositions politiques peuvent renforcer certaines rivalités, mais elles ne les causent pas forcément, des groupes aux idées politiques différentes pouvant entretenir de bonnes relations, tandis que des groupes du même bord sont parfois ennemis. Quant à la lutte pour la suprématie locale, elle provoque parfois des affrontements violents entre groupes d'un même club[38].

---

37. Williams Nuytens, «La violence des supporters autonomes de football: à la recherche de causalités», in Jean-Charles Basson (dir.), *Sport et ordre public*, Paris: La Documentation Française/IHESI, 2001, p. 137.

Si les violences découlent surtout des tensions internes au monde des supporters extrêmes, les incidents liés aux aléas de la compétition sportive n'ont pas disparu pour autant. Les attaques du bus des joueurs adverses sont désormais exceptionnelles parce que les joueurs sont de mieux en mieux protégés par les forces de l'ordre et parce que de telles actions sont aujourd'hui déconsidérées dans le milieu des supporters extrêmes. Ces dernières années, l'insatisfaction des supporters par rapport à l'arbitrage ou à l'équipe adverse a essentiellement suscité des violences verbales, même si elle a pu engendrer des jets nourris de projectiles sur l'aire de jeu et quelques tentatives d'envahissement de terrain, entraînant l'arrêt temporaire du match. Ces actes sont cependant de plus en plus rares, la sécurité à l'intérieur des stades s'étant nettement améliorée.

Dans les enceintes, ce sont désormais essentiellement les engins pyrotechniques qui posent problème. L'utilisation potentiellement dangereuse de ces artifices, parfois jetés d'une tribune à l'autre ou lancés sur l'aire de jeu, a conduit en 1993 à leur prohibition, loin d'être partout respectée. Le 29 octobre 2006, lors de Nice-Marseille, un pompier a perdu deux doigts à cause d'un pétard. Bien que les ultras revendiquent l'usage des fumigènes, dont ils distinguent emploi festif et dangereux, les autorités demeurent hostiles à une autorisation contrôlée. De nombreux supporters sont donc poursuivis pour l'introduction de fumigènes dans le stade sans forcément qu'il y ait d'intention agressive.

L'essor des protestations envers les joueurs et les dirigeants du club soutenu est un autre phénomène marquant de ces quinze dernières années. Se positionnant comme acteurs critiques et comme garants de l'identité de leur club, les ultras n'hésitent pas à manifester leur mécontentement quand les résultats ne sont pas satisfaisants, quand les dirigeants leur paraissent trahir l'histoire du club ou quand la politique du club envers ses supporters ne leur convient pas. Les huées adressées aux joueurs locaux ne datent pas des années 90. Mais les protestations vont aujourd'hui beaucoup plus loin: «grèves» des encouragements; manifestations plus ou moins improvisées pendant les matchs, à la sortie du stade ou en semaine; envahissement du terrain ou du centre d'entraînement; agression de joueurs et dirigeants...

---

38. (Note de la p. 100.) Comme à Paris en 2005-2006: David Revault d'Allonnes, «Paris: guerre en tribunes», *Libération*, 21 novembre 2005, pp. 42-43; Nasser Mabrouk, «Paris brûle-t-il?», *So Foot*, N° 36, septembre 2006, pp. 46-49.

Quant aux forces de l'ordre public et aux services de sécurité privés (composés de «stadiers»), ils sont parfois pris pour cible par les supporters extrêmes, quand ils empêchent le contact physique entre groupes rivaux ou avec les arbitres, joueurs ou dirigeants, ou encore quand ils tentent d'interpeller un supporter. L'exemple sans doute le plus connu remonte à août 1993, lors d'un PSG-Caen. Intervenant de manière inappropriée dans le kop de Boulogne, des CRS se retrouvent encerclés: l'un d'eux est lynché par des *hools* devant les caméras de télévision. Suite à cet incident, les stadiers ont progressivement remplacé les agents publics à l'intérieur des stades, ce qui a permis de faire baisser les tensions, les stadiers étant généralement plus proches des supporters (parce qu'ils restent affectés au même lieu et qu'ils sont parfois eux-mêmes issus de la tribune). Cependant, le flou de leurs attributions, leur formation parfois insuffisante et l'agressivité de certains d'entre eux engendrent occasionnellement des bagarres avec les supporters[39]. Si les supporters extrêmes se plaignent de l'hostilité excessive des forces de l'ordre à leur égard, les tensions paraissent nettement moindres en France qu'elles ne le sont en Italie. Il faut généralement un événement déclencheur pour que des supporters extrêmes français s'en prennent aux forces de l'ordre, sauf à Paris où les matchs à hauts risques donnaient lieu (dans les années 80 et 90 plus qu'aujourd'hui) à une violence émeutière dirigée en partie contre les policiers et les gendarmes.

DES ULTRAS AMBIGUS

Hools et ultras tentent de justifier la violence en recourant en partie aux mêmes arguments. Elle s'exercerait entre adultes consentants connaissant les risques. Elle n'impliquerait donc que des supporters extrêmes, les tiers n'étant pas inquiétés. Elle suivrait certains codes: bagarres entre groupes numériquement équivalents, pas de lynchages des individus à terre, pas de volonté de blesser sérieusement... Il serait même inacceptable d'utiliser des projectiles et des «armes». Pourtant, ces règles (dont certains protagonistes remettent en cause l'existence) sont loin d'être toujours respectées. Quant à l'organisation et la planification des violences, elles sont

---

39. Ainsi, le 15 septembre 2007, un supporter toulousain a été sérieusement blessé par un stadier marseillais.

valorisées par les indépendants (d'où le développement des *«fights»* ces derniers mois) tandis qu'elles suscitent des controverses parmi les ultras, les uns affirmant qu'organiser la violence revient à lui accorder une place trop importante, les autres rétorquant qu'il n'y a pas d'autres moyens de régler les différends.

Car les *hools* et les ultras n'appréhendent pas la violence de la même manière. Autant les premiers affirment clairement qu'ils l'apprécient, autant les seconds ont un positionnement ambigu[40]. Auprès du grand public et des adhérents peu impliqués dans la vie du groupe, les responsables ultras expliquent que, contrairement aux hooligans, ils ne viennent pas au stade pour se battre. Ils prétendent que les incidents ne représentent qu'une part infime de leurs activités et ne concernent que le noyau. Ils affirment qu'ils contrôlent les plus excités afin d'empêcher les jets de projectiles et les débordements graves. Tandis que les *hools* racontent volontiers comment ils créent des incidents, les ultras déclarent que la violence vient à eux, qu'ils ne font que répondre à des provocations. Certains affirment même qu'ils préféreraient ne pas se battre mais qu'ils sont obligés d'en passer par là pour se faire respecter. Pourtant, à l'intérieur de leur monde, ils assument voire valorisent la violence. La propension à la violence des groupes ultras est certes très variable. Certains ne cachent pas qu'ils l'apprécient et qu'elle est fondamentale pour asseoir la réputation du groupe : ceux-là acceptent plus facilement les bagarres organisées dont les *hools* sont friands. D'autres ne recherchent pas les incidents tout en affirmant qu'ils sauront se défendre s'ils sont attaqués. Une banderole des Supras Auteuil («Non à la violence, non au racisme») a été vertement critiquée par les ultras français : refuser la violence reviendrait à s'exclure de ce monde.

Comme pour la politisation à l'extrême droite, le discours des ultras sur la violence ne saurait être qualifié simplement d'hypocrite. Effectivement, certains groupes cherchent avant tout à masquer les incidents, sans pour autant les condamner. Mais les ultras sont bel et bien tenus de limiter la violence afin de ne pas se couper des supporters de leur tribune et de continuer à être considérés comme des interlocuteurs par les dirigeants du monde du football. Tout en reconnaissant que la violence est leur «talon

---

40. Pour une analyse de la rhétorique des ultras : Nicolas Hourcade, «Virages au tournant», *So Foot*, février 2007, N° 41, pp. 50-52.

d'Achille» et qu'elle peut nuire à leurs revendications, les ultras ne parviennent pas à l'exclure, car ils craignent de perdre alors toute radicalité. La place de la violence est donc paradoxale dans le monde ultra. Elle est marginale, dans la mesure où elle ne concerne qu'une minorité de membres et où elle est relativement rare. Pourtant, elle est centrale en ce sens qu'elle ne peut être récusée et qu'elle permet de mettre à l'épreuve la solidarité du groupe et de trancher les conflits.

UN MONDE GÉNÉRATEUR DE VIOLENCES

Le monde des supporters extrêmes engendre la violence. Par sa définition du supportérisme comme une activité sérieuse et radicale. Par la compétition qu'il instaure entre les groupes. Par les valeurs d'honneur, de réputation et de virilité mises en avant. La consommation d'alcool ou de drogue, bien que fréquente et parfois abondante, est rarement la cause principale des débordements: d'ailleurs quelques supporters la refusent pour rester clairvoyants. Cela dit, elle participe à la mise en condition de certains et facilite leur passage à l'acte.

Comme nous l'avons vu, les manières de s'engager dans les violences sont diverses, entre ultras et *hools*, entre différentes tendances à l'intérieur de chacun de ces mouvements, ou encore entre sobres et alcoolisés. De plus, le profil social paraît jouer sur le passage à l'acte et sur les formes de la violence, un haut niveau d'études favorisant la prise de distance par rapport à la logique de l'honneur. Il semble également que certains protagonistes ne se battent que dans un contexte footballistique alors que d'autres sont violents de manière récurrente[41].

Au final, le football n'est-il qu'un prétexte pour ces supporters extrêmes, comme les médias l'affirment souvent? Quelques *hools*, notamment parisiens, reprennent effectivement la devise de leurs homologues allemands: «Le foot non, les émeutes oui», et fréquentent rarement les stades. Mais la plupart des indépendants et des ultras sont de véritables amateurs de football. Bien sûr, prétendre que la violence et la politique sont extérieures au football

---

41. Manuel Comeron établit le même constat concernant les *hools* liégeois: Serge Govaert, Manuel Comeron, *Foot et violence*, Bruxelles: De Boeck Université, 1995, p. 147

est un moyen pour les dirigeants de ce sport de se dédouaner de leurs responsabilités. Mais il y a plus : à écouter certains supporters et acteurs du football, on a parfois l'impression que les actes violents et racistes sont moins graves s'ils sont commis par de «vrais supporters»…

SUPPORTÉRISME
ET EXTRÉMISME DE DROITE EN SUISSE

THOMAS BUSSET, THOMAS GANDER, PASCAL PFISTER
ET RAFFAELE POLI

Cette contribution est le fruit d'un projet de recherche intitulé « Le stade de football, lieu de ralliement, de recrutement et de sociabilité de la droite extrême ? Le cas de trois villes suisses. » Réalisée dans le cadre du programme national de recherche « Extrémisme de droite – causes et contre-mesures », cette étude a eu pour objectif d'étudier les liens entre le supportérisme violent et l'extrémisme de droite. En effet, selon divers rapports officiels, émanant notamment de l'Office fédéral de la police, le milieu des supporters violents constituerait un potentiel bassin de recrutement de groupements ou de partis d'extrême droite. Par ailleurs, les médias relaient régulièrement des incidents racistes émaillant des rencontres de football. En revanche, plusieurs auteurs ont montré que dans leur pays, les supporters sont restés, de manière générale, réfractaires aux efforts de recrutement déployés par des groupes politisés, en Angleterre, en Allemagne ou en France par exemple[1]. Toutefois, en Italie, où les stades sont politisés de longue date et où nombre de clubs sont traditionnellement associés à un parti ou un mouvement politique, des groupes fascistes sont parvenus à contrôler plusieurs stades[2]. D'autres chercheurs encore estiment que les manifestations racistes et extrémistes relèvent

---

1. Cf. Nick Lowes, « Far out with the far right », in Mark Perryman (ed.), *Hooligan wars. Causes and effects of football violence*, Édimbourg; Londres: Mainstream Publishing, 2001, pp. 108-121, en particulier pp. 112-113; Wilhelm Heitmeyer, Jörg-Ingo Peter, *Jugendliche Fussballfans. Soziale und politische Orientierungen, Gesellungsformen, Gewalt*, Weinheim; Munich: Juventa Verlag, 1992 (v.o. 1988); Gunter A. Pilz et al., *Wandlungen des Zuschauerverhaltens im Profifussball*, Schorndorf: Hofmann, 2006 (Schriftenreihe des Bundesinstitutes für Sportwissenschaft, 114); Dominique Bodin, Luc Robène et Stéphane Héas, *Sports et violences en Europe*, Strasbourg: Éditions du Conseil de l'Europe, 2004.
2. Carlo Podaliri et Carlo Balestri, « The ultràs, racism and football culture in Italy », in Adam Brown (ed.), *Fanatics! Power, identity and fandom in football*, Londres; New York: Routledge, 1998, pp. 88-100.

essentiellement de la provocation et permettent aux groupes concernés de se démarquer de leur environnement[3]. L'extrémisme y serait donc instrumentalisé par les supporters, et non l'inverse. Qu'en est-il en Suisse?

Après une présentation succincte de la recherche sur laquelle s'appuie la présente contribution, nous ferons un survol historique de la présence extrémiste dans les stades. Nous montrerons ensuite comment se présente aujourd'hui la situation en Suisse, en nous focalisant notamment sur les valeurs véhiculées par les supporters. Ainsi, nous serons à même d'expliquer pourquoi les enceintes sportives suisses se sont dépolitisées au cours des dernières années et pourquoi il est peu probable que l'extrémisme de droite parvienne à inverser la tendance dans un proche avenir.

DÉMARCHE ET PRÉCISIONS TERMINOLOGIQUES

Notre étude a porté sur les supporters de trois équipes évoluant dans les ligues supérieures du football helvétique, à savoir le FC Bâle, le BSC Young Boys (Berne) et le Servette FC (Genève). Ces clubs ont été choisis parce que, selon les informations dont nous disposions lors de l'élaboration du projet, ils étaient ceux comptant le plus grand nombre d'extrémistes de droite parmi leurs fans. Notre démarche a consisté à suivre, durant la saison 2004-2005, une soixantaine de matchs, à raison de vingt par équipe dont la moitié disputés «à l'extérieur». Par ailleurs. Nous avons mené des entretiens approfondis avec des experts (responsables du service de sécurité, policiers, etc.) et une trentaine de supporters[4].

S'agissant des définitions, nous réservons l'appellation «extrémistes de droite» aux individus et aux groupes visant à établir un ordre politique et social calqué sur le principe de la hiérarchisation des groupes humains et de la «loi du plus fort»[5]. Toutefois, cette caractérisation ne tient pas compte du fait que des attitudes et des valeurs inhérentes à l'extrémisme sont également véhiculées par

---

3. Christian Bromberger, avec la collaboration de Alain Hayot et Jean-Marc Mariottini, *Le match de football. Ethnologie d'une passion partisane à Marseille, Naples et Turin*, Paris: Éditions de la Maison des Sciences de l'Homme, 1995.
4. Pour de plus amples détails concernant les aspects méthodologiques, cf. Thomas Busset et al., «Le ‹localisme› ou le bricolage identitaire des supporters de football en Suisse», *Bulletin de la Société neuchâteloise de géographie*, N° 50-51, 2007, pp. 67-80, en particulier pp. 68-69.
5. Birgit Rommelspacher, *«Der Hass hat und geeint.» Junge Rechtsextreme und ihr Ausstieg aus der Szene*, Francfort; New York: Campus Verlag, 2006, pp. 130-131.

d'autres acteurs sociaux. Pour les appréhender, nous empruntons au sociologue allemand Wilhelm Heitmeyer le concept d'«extrémisme de droite sociologique»[6]. Celui-ci repose sur deux dimensions fondamentales, soit, d'une part, la violence en tant que moyen légitime de résoudre les conflits et, d'autre part, une idéologie prônant l'inégalité entre les individus et les groupes humains, inégalité qui se décline en diverses facettes qui sont le nationalisme exacerbé, le racisme, la xénophobie, le sexisme, etc. Ces valeurs ou orientations *(«Wertorientierungen»)* se combinent et sont pondérées différemment selon le courant extrémiste. Il en ressort que le milieu des supporters violents et celui des extrémistes de droite ont en commun à tout le moins l'acceptation de la violence en tant que mode d'action[7].

Nous parlons ici de «supportérisme violent» pour désigner, de manière générale, un phénomène qui s'est fortement différencié au cours du dernier quart de siècle et connaît de ce fait de multiples expressions, au rang desquelles figure le «hooliganisme». L'expression «supporter militant» se rapporte à l'ensemble des supporters prônant l'action, et les termes «hooligans» et «ultras», sur lesquels nous reviendrons, à deux groupes connaissant des logiques d'actions différentes.

NAISSANCE ET DIFFUSION DU SUPPORTÉRISME VIOLENT

Les violences commises par des spectateurs lors de matchs de football sont documentées à partir de la fin du XIXe siècle déjà. Durant l'entre-deux-guerres, plusieurs événements tragiques en Europe, en Amérique du Sud et même en Inde, causent la mort de nombreux spectateurs. Si le drame du stade du Heysel, à Bruxelles, en 1985, lors de la finale de la Coupe d'Europe entre Liverpool et Turin, qui a provoqué la mort de 39 *tifosi*, a marqué plus que d'autres les esprits, il est vrai que des drames tout aussi sanglants ont eu lieu en d'autres pays et sous d'autres latitudes. Ainsi, en 1964, lors d'un Pérou-Argentine, a-t-on eu à déplorer plus de 300 morts et quelque 5000 blessés[8]. Au début des années 60 émerge en Grande-Bretagne un phénomène nouveau qui voit le

---

6. Wilhelm Heitmeyer, *Rechtsextremistische Orientierungen bei Jugendlichen. Empirische Ergebnisse und Erklärungsmuster einer Untersuchung zur politischen Sozialisation*, Weinheim; Munich: Juventa Verlag, 1995 (v.o. 1987), pp. 15-16.
7. W. Heitmeyer, J.-I. Peter, *op. cit.*, p. 33.
8. Eric Dunning, «Gewalt und Sport», in Wilhelm Heitmeyer, John Hogan (Hg.), *Internationales Handbuch der Gewaltforschung*, Wiesbaden: Westdeutscher Verlag, 2002, pp. 1130-1152, en particulier pp. 1142-1143.

passage d'une violence relative à la logique du jeu et à ses antagonismes à une violence préméditée[9]. Ce phénomène connaît alors un essor remarquable en Angleterre, ce dont témoigne une foison d'études donnant lieu à des débats parfois passionnés autour des interprétations et des modèles explicatifs[10]. Le continent est touché plus tard, dès la seconde moitié des années 70. Les déplacements d'équipes britanniques et les débordements qui les accompagnent contribuent à cette diffusion. C'est à cette époque qu'en Angleterre d'abord, des groupes de skinheads et des partis extrémistes vont investir les stades en vue d'y recruter des membres.

S'agissant de la Suisse, Marco Marcacci montre, à l'exemple du Tessin, que le pays connaît lui aussi, dans l'entre-deux-guerres, des incidents violents lors de rencontres de football[11]. Partant d'un dépouillement des rapports annuels de l'Association suisse de football (ASF), l'auteur dégage trois phases. Jusqu'au début des années 60, les bagarres et les voies de fait sont assimilées à une sociabilité de village ou de quartier. Par la suite, les actes de violence augmentent en nombre et en intensité. Considérés comme des incivilités, ils restent liés aux circonstances des matchs, les agressions prenant généralement pour cible l'arbitre et l'équipe adverse. Dans une troisième phase, à situer au début des années 80, soit un peu plus tôt que ne le suggère Marcacci, apparaît une «forme endémique de violence organisée», qui s'autonomise par rapport à l'enjeu proprement sportif et au déroulement de la partie. Elle est le fait de groupes qui se démarquent des autres supporters sur lesquels ils cherchent à prendre l'ascendant, et qui cherchent l'affrontement physique dans les stades ou qui s'adonnent à des actes de vandalisme. Les agressions prennent alors pour cibles les supporters rivaux, les forces de sécurité et les biens matériels.

LA PRÉSENCE EXTRÉMISTE DANS LES STADES SUISSES – SURVOL HISTORIQUE

En Suisse, on ne disposait jusqu'à présent d'aucune étude approfondie sur le supportérisme et, partant, sur la présence extrémiste

---

9. Dominique Bodin, *Hooliganisme. Vérités et mensonges*, Paris: ESF, 1999, p. 19.
10. Dominique Bodin, Luc Robène et Stéphane Héas, «Le hooliganisme entre genèse et modernité», in *Vingtième siècle*, 85, 2005, pp. 61-83.
11. Marco Marcacci, «Les violences sur les stades suisses dans une perspective historique», in *Revue internationale de Criminologie et de Police technique et scientifique*, LV, 2002, pp. 266-276, en particulier p. 275.

dans les stades et les patinoires. Les connaissances reposaient sur diverses sources, en particulier des rapports et divers autres documents émanant de sources officielles (police) ou non gouvernementales (groupements et organismes antiracistes). En outre, on a pu s'appuyer sur quelques publications journalistiques et scientifiques qui ont abordé la question dans un contexte plus général.

Il est établi que des contacts ont existé entre les milieux « hooligans » et skinheads dès le milieu des années 80[12]. Par la suite, des efforts en vue d'investir les enceintes sportives et d'y faire du prosélytisme ont été entrepris par des groupements politiques « néo-frontistes » prônant un patriotisme xénophobe et raciste et préconisant l'action violente[13] ; le « frontisme » renvoie à un ensemble hétéroclite de groupes politiques et de factions qui, dans les années 30, dénonçaient la démocratie parlementaire, se réclamaient d'idées corporatistes et exprimaient leur sympathie pour les gouvernements autoritaires[14]. Force est de constater que ces tentatives de séduction n'ont pas remporté le succès escompté, ce en quoi la situation suisse est conforme à celle d'autres pays. À la fin des années 90, les partis politiques extrémistes ont même pris leur distance, puisque, selon divers experts consultés, ils tenaient à ne plus être associés à des actes violents ou illégaux afin de gagner en respectabilité et de se présenter lors des échéances électorales à venir.

L'extrémisme de droite n'a pas disparu pour autant des enceintes sportives. En effet, selon la Police fédérale, le début des années 90 a été marqué par la politisation des skinheads et leur « ancrage [...] à l'extrême droite »[15]. Dans un rapport présenté en 1992 au Parlement, le Conseil fédéral suisse regroupe dans l'« extrémisme politique » les « orientations politiques rejetant les valeurs de la démocratie libérale et de l'État de droit »[16]. Au rang des groupes observés figurent les skinheads : « Si on les classe parmi les mouvements d'extrême droite, c'est moins en raison d'une attitude

---

12. Urs Altermatt et Damir Skenderovic (trad. Patrice Clerc), « L'extrême droite : organisations, personnes et développements au cours des années quatre-vingt et quatre-vingt-dix », in Urs Altermatt et Hanspeter Kriesi (dir.), *L'extrême droite en Suisse. Organisations et radicalisation au cours des années quatre-vingt et quatre-vingt-dix*, Fribourg : Éditions Universitaires, 1995, pp. 1-162.
13. Urs Frischknecht, « *Schweiz wir kommen.* » *Die neuen Fröntler und Rassisten*, Zurich : Limmat Verlag, 1991.
14. Hans Ulrich Jost, « Menace et repliement 1914-1945 », in *Nouvelle histoire de la Suisse et des Suisses*, tome III, Lausanne : Payot, 1983, pp. 142-147.
15. Police fédérale suisse (éd.), *Skinheads en Suisse*, Berne : Département fédéral de justice et police, 2000, p. 6.
16. Groupe de travail interdépartemental « Extrémisme de droite », *Bericht des Arbeitsgruppe Rechtsextremismus*, Berne : Département fédéral de justice et police, 2000, p. 206.

politique claire que de l'agressivité débridée, de la tendance à la violence et de la xénophobie exacerbée dont ils font preuve.»[17] Si le «hooliganisme» n'est pas mentionné dans la partie générale du rapport, on trouve par contre deux renvois dans la chronique d'incidents imputés à des extrémistes portant sur la période 1989-1991. Au début des années 90, le supportérisme violent n'était donc que marginalement associé à l'extrémisme de droite dans l'optique policière. Il n'en va plus de même au tournant du siècle. En effet, selon le rapport – déjà cité – publié en septembre 2000 par l'Office fédéral de la police sur les skinheads en Suisse, le noyau dur de ce mouvement comptait alors quelque 600 à 700 personnes, l'effectif croissant étant «dû en partie à un renouvellement des générations et à l'arrivée de très jeunes membres issus notamment des hooligans»[18]. Un autre document émanant du même office précise quant à lui: «La majorité des skinheads étant jeunes, les milieux révisionnistes pourraient essayer d'exercer une influence sur eux.»[19] Mis bout à bout, les passages cités suggèrent l'existence d'un continuum entre supporters et groupements politiques extrémistes. Le recours au conditionnel dans le second extrait révèle toutefois que ces liens ne sont pas clairement établis.

LA PRÉSENCE EXTRÉMISTE DANS LES STADES VUE PAR LES ACTEURS

Dans le cadre de notre recherche, nous avons interrogé nos interlocuteurs sur leur parcours en tant que supporters et sur l'historique du groupement auquel ils étaient affiliés. Il est ainsi possible de compléter les informations tirées des publications ou obtenues auprès d'experts. Si les protagonistes sont aujourd'hui soucieux – comme nous le verrons encore – de préserver autant que possible la neutralité politique dans les gradins, plusieurs d'entre eux se souviennent très bien d'un passé encore récent il est vrai.

Selon des avis concordants exprimés par plusieurs interlocuteurs, les «virages» – soit la partie du stade occupée par les supporters militants – étaient effectivement très marqués, dans les

---

17. *Ibid.*, p. 208.
18. Police fédérale suisse (éd.), *Skinheads en Suisse*, Berne: Département fédéral de justice et police, 2000, p. 8.
19. Office fédéral de la police (éd.), *Rapport sur la sécurité intérieure de la Suisse en 2001*, Berne: Département fédéral de justice et police, 2002, p. 27.

années 90, par les manifestations extrémistes (tenues vestimentaires, insignes, chants à teneur raciste, drapeaux avec la croix celtique, références plus ou moins explicites à Hitler ou au nazisme, cris de singe proférés à l'encontre de joueurs noirs, etc.) et la présence de groupements affichant ouvertement leurs penchants.

À Berne, le groupe East Side, fondé en 1992, constitue le bassin de ralliement des supporters orientés à droite. Le noyau dur noue rapidement contact avec des skinheads, et notamment les Schweizer Hammerskins. Il existe alors aussi un lien avec l'Action nationale, puis plus tard les Démocrates suisses, deux partis connus pour leurs tendances xénophobes. En 1995, deux membres du groupe participent à une attaque contre une fête interculturelle, attirant par là l'attention de la Police fédérale. En juillet 2000, trois jeunes tirent des coups de fusil contre un squat en ville de Berne; lors du procès, l'on apprend que deux d'entre eux s'étaient rapprochés du milieu de l'extrême droite en fréquentant le stade et la patinoire de la Ville fédérale. En outre, un de nos interlocuteurs rapporte qu'en 2001 quelques membres du groupe s'étaient associés à des skinheads et des membres de la Hardtturmfront de Zurich – soit des supporters du club des Grasshoppers – pour protester contre une manifestation antifasciste à Berne. Lors de notre travail de terrain auprès de supporters bernois, nous n'avons observé que quelques individus portant des vêtements de marque ou arborant des insignes signalant une appartenance extrémiste. Selon nos estimations, dix à vingt extrémistes suivaient encore assez régulièrement des matchs en 2005.

À Genève, il subsiste un groupe fédérant les supporters militants, la Section Grenat. Cette situation particulière est résultée de la disparition d'un groupement concurrent – les Supporters 88 – qui avait une orientation ouvertement extrémiste (le 8 se substituant à la huitième lettre de l'alphabet pour former le hh de «Heil Hitler»)[20]. Par ailleurs, les difficultés financières et sportives du club ont conduit de nombreux fans à déserter les gradins. Lorsque nous l'avons suivi, le groupe était formé de 30 à 40 actifs irréductibles, dont un noyau dur d'une quinzaine de membres. Toutefois, l'histoire du supportérisme genevois a connu plusieurs rebondissements.

---

20. Ce groupe est nommé dans le Rapport du 25 août 2004 du Conseil fédéral sur l'extrémisme donnant suite au postulat 02.3059 du 14 mars 2002 du groupe démocrate-chrétien. Outre les Supporters 88, seul un autre groupement hooligan, tessinois celui-ci, figure encore dans l'inventaire des groupes extrémistes cités dans le dit rapport.

En 1993-94, quelques membres de la Section Grenat font sécession pour former les Geneva Boys, dont les fondateurs s'inspirent d'un groupe ultra d'extrême droite de l'Inter de Milan. Les Boys naissent donc de la volonté d'introduire le modèle supportériste italien et de politiser le «virage». Comme une bonne partie des membres – des skinheads âgés de 20 à 25 ans – ne s'intéressent guère au football, le groupe sommeille. En 1997-98, il se reforme sous l'impulsion de jeunes extrémistes de droite de 15 à 20 ans, qui ne sont pas tous skinheads. Le noyau dur réunit dix à quinze individus. Au cours de cette seconde phase, plus structurée, plusieurs actes de violence sont commis. Des membres des Geneva Boys, des extrémistes de droite et des skinheads, dont plusieurs faisant aussi partie des Geneva Boys, se retrouvaient au sein des Supporters 88, un groupe matrice exclusivement politique. Le stade constituait un lieu de retrouvailles et permettait d'afficher publiquement une identité politique (à travers les banderoles notamment). Selon le supporter dont nous tenons ces informations, il n'y aurait jamais eu de prosélytisme politique, par exemple sous forme de distribution de tracts. En revanche, il estime que des jeunes sont devenus skins ou extrémistes de droite en fréquentant le stade. En ce qui le concerne, il précise que son adhésion était le fruit d'une fascination personnelle et non le résultat d'un «détournement» par des extrémistes. Les Supporters 88 réunissaient une vingtaine de personnes au plus, dont plusieurs étaient – comme indiqué – aussi affiliées aux Geneva Boys. Toutefois, cet engagement de nature politique était en partie mal vu. Même les membres de la Section Grenat qui ne cachaient pas leur sympathie pour la droite leur reprochaient de mêler stade et politique, et de suspendre une bâche portant la croix celtique à côté de la leur. Du fait des tensions croissantes entre les deux groupes, dues notamment aux détériorations commises dans les cars lors des déplacements, les Geneva Boys seront déclarés indésirables. Ils feront les voyages pour leur propre compte pendant une ou deux saisons encore. La troisième période des Geneva Boys est plus brève. En 2000-01, de très jeunes supporters se revendiquant d'extrême droite tentent d'insuffler une nouvelle vie au groupe, sans succès puisque le groupe se dissout peu à peu.

RESTRUCTURATION DU SUPPORTÉRISME EN SUISSE AU TOURNANT DU SIÈCLE

La plupart des supporters que nous avons interrogés réprouvent expressément l'association couramment faite entre leur milieu et celui de l'extrémisme politique. De profonds changements sont en effet intervenus au cours des dernières années, qui ont vu une forme de supportérisme, inspirée du modèle italien, s'étendre à l'ensemble de la Suisse. Déjà implanté au Tessin puis en Suisse romande, le mouvement s'est établi aussi en Suisse allemande, sans doute par le détour de l'Allemagne[21]. Ces «ultras» – c'est le nom qu'ils se donnent – privilégient la dimension émotionnelle. Ils revendiquent une place active dans le stade en soutenant leur équipe favorite par des actions parfois spectaculaires («tifos», «banderoles géantes», fumigènes, etc.) qui nécessitent des préparatifs importants et requièrent la participation d'un grand nombre de supporters. Ces groupes se différencient des «hooligans» qui s'inscrivent davantage dans une logique de confrontation. Alors que ceux-ci cherchent à en découdre avec des groupes rivaux, ceux-là disent ne faire usage de la violence qu'en dernier lieu, «en réponse à des provocations». En réalité, les comportements sont moins innocents. Une autre caractéristique du courant ultra – de la «mentalité ultra» – c'est l'identification avec le club et la ville, la région ou le canton que celui-ci représente; nous parlons de «localisme» pour désigner cette forme d'adhésion[22]. Ces diverses formes militantes d'adhésion à un club coexistent aujourd'hui. En termes quantitatifs, les ultras, qui sont portés par des générations plus jeunes, tendent à se substituer aux hooligans, dont les activités sont de surcroît plus ponctuelles.

Avant de s'interroger sur les incidences politiques de ces changements, il vaut la peine d'établir une digression afin de faire ressortir les liens entre cette classification empruntée aux supporters et d'autres typologies[23].

---

21. Andreas Böttger, *Gewalt und Biographie: Eine qualitative Analyse rekonstruierter Lebensgeschichten von 100 Jugendlichen*, Baden-Baden: Nomos Verl.-Ges., 1998, en particulier pp. 79-82 et 237-253.
22. Thomas Busset et al., «Le ‹localisme›…», *op. cit.*
23. Pour une critique des catégorisations courantes, voir David Zimmermann, *La xénophobie et le racisme chez les supporters de football et de hockey sur glace*, Berne: Service de lutte contre le racisme, 2005, pp. 8-12.

LA CLASSIFICATION POLICIÈRE

Pour leurs propres fins, les forces de l'ordre recourent à un classement axé sur le «risque» ou la dangerosité des fans en termes d'ordre public. Elles distinguent principalement trois groupes de *fans*. La *catégorie A* comprend les supporters qui viennent au stade par intérêt pour le football – ou le hockey sur glace – et pour encourager leur équipe favorite. Il est rare qu'ils soient mêlés à des incidents. La *catégorie B* regroupe les «supporters enclins à la violence», c'est-à-dire ceux pour qui le football prime, mais qui, si la situation s'y prête, participent aux échauffourées. L'alcool joue en l'occurrence un rôle important dans la mesure où il contribue à lever les inhibitions. La *catégorie C* est formée des «supporters violents» qui cherchent l'affrontement et pour qui le football passe clairement au second plan. Plus récemment, les communiqués mentionnent parfois une *catégorie E*, laquelle inclut des individus se rendant ponctuellement au stade dans l'attente d'émotions fortes et de troubles. Enfin, une catégorie spécifique est réservée aux *extrémistes de droite* fréquentant les stades.

UNE TYPOLOGIE SOCIOLOGIQUE DES FANS

Parmi les scientifiques qui ont travaillé sur le sujet, le sociologue allemand Wilhelm Heitmeyer opère une classification en fonction de la signification que revêt le football pour le supporter. S'appuyant sur des critères tels que l'importance accordée au résultat, la place occupée par le football dans la vie courante et durant les loisirs (primauté, divertissement interchangeable, etc.), la reconnaissance sociale, l'intégration au sein d'un groupe, la place occupée dans le stade, il distingue trois types de supporters[24].

Le *supporter fervent («Fussballzentrierter Fan»)* assiste à tous les matchs du club auquel il s'identifie et reste fidèle en toutes circonstances, même en cas de relégation ou suite à des défaites cinglantes. Ses états d'âme dépendent dans une forte mesure des résultats de l'équipe. Faisant partie généralement d'une association de supporters ou d'un groupe soudé, il prend place, lors des matchs, dans le «virage» (ou le «kop»). Le *supporter consommateur («Konsumorientierter Fan»)* se rend quant à lui au stade quand l'affiche est promet-

---

24. W. Heitmeyer, J.-I. Peter, *op. cit.*, pp. 30-34 [la partie théorique de l'ouvrage est de la plume du premier des deux coauteurs].

teuse et qu'il compte en «avoir pour son argent». La prestation est pour lui déterminante. Aussi le football constitue-t-il un divertissement parmi d'autres. Le *supporter passionnel* («*Erlebnisorientierter Fan*») assiste, lui aussi, à tous les matchs de son équipe favorite, envers laquelle il a, contrairement aux *fervents*, une attitude ambivalente. S'il est déçu, il se sent trahi. La sociabilité, les contacts avec d'autres jeunes revêtent une grande importance. La dimension émotionnelle prime – le terme «*Erlebnis*» renvoie bien à l'expérience ou l'événement vécus – il prône l'activisme qui peut, le cas échéant, déboucher sur la violence. Enfin, Heitmeyer range, lui aussi, dans une catégorie à part les jeunes organisés politiquement, au sein de groupes d'*extrême droite* en particulier.

L'ESPACE DU SUPPORTÉRISME EN SUISSE

De ce qui précède, il ressort que les supporters constituent un ensemble hétérogène et que les motifs conduisant les uns et les autres à suivre régulièrement des matchs et à se passionner pour le football varient considérablement. De surcroît, le supportérisme évolue sous l'influence d'échanges, de modes, mais aussi en réaction aux mesures sécuritaires déployées dans et autour des stades. Compte tenu des expériences, les groupes peuvent se repositionner. De surcroît, la reconstitution de trajectoires individuelles montre que le degré d'implication et, partant, les attitudes tendent à changer avec l'âge, une radicalisation durant l'adolescence étant généralement suivie par un apaisement des passions[25]. Nous inspirant des orientations établies par Heitmeyer et compte tenu des différenciations récentes, nous définissons quatre pôles qui structurent l'espace du supportérisme: le football, la consommation, les émotions et la violence.

Dans le schéma de la page 119, les trois ellipses renvoient aux catégories policières. Les mentions «ultras» et «hooligans» situent approximativement la position qu'occupent aujourd'hui les «noyaux durs» de ces mouvances, étant entendu que les groupements ultras représentent une nébuleuse difficilement délimitable. Bien que les catégories se superposent en partie, il est problématique de faire l'amalgame entre *hooligans* et la *catégorie C*, et entre *ultras* et la *catégorie B*. Au sein de la mouvance ultra en particulier, les avis sont partagés en ce qui concerne la participation à des actes

---

25. Thomas Busset et al., *op. cit.*, pp. 69-71.

violents. En termes de gestion du risque, la *catégorie C* ne présente pas davantage de problèmes que la *catégorie B*, dont les actions sont davantage situatives, c'est-à-dire dictées par les circonstances et donc difficilement prévisibles.

Un des effets de la nouvelle législation suisse en matière de lutte contre les violences commises à l'occasion de manifestations sportives[26] est qu'il n'existe désormais, aux yeux de la police, plus que deux genres de supporters: ceux qui ont posé ou sont susceptibles de lui poser problème et les autres. Dans cette optique, les supporters à risque couvrent désormais tout l'axe entre les pôles «violence» et «émotions». Les clubs et les sociétés exploitant les stades s'efforcent quant à eux d'attirer toujours davantage la clientèle des «consommateurs», et ceci au détriment du pôle émotionnel. En cela, ils cherchent à reproduire le processus accompli en Angleterre.

QUI SONT-ILS?

Les supporters que nous avons interviewés s'inscrivent majoritairement dans la mouvance ultra, ce qui est conforme aux forces en présence. Par ailleurs, les «hooligans» sont beaucoup plus réservés en ce qui concerne la participation à des enquêtes telles que la nôtre. À Bâle, le principal groupe concerné a du reste refusé de nous recevoir. La plupart de nos interlocuteurs étaient âgés de 15 à 25 ans. Toutefois, la participation aux activités des groupements commence aujourd'hui plus précocement déjà, vers 13 ou 14 ans, et peut se prolonger parfois au-delà de la trentaine. En Suisse, les femmes, bien que présentes, restent en marge. Seules deux se sont prêtées au jeu de l'interview, quelques autres ont refusé parce qu'elles estimaient être trop facilement identifiables. Dans notre corpus, tout l'éventail socioprofessionnel était représenté, ce qui renvoie au fait que les supporters militants sont, dans l'ensemble, bien insérés dans la vie professionnelle et les filières de formation. Nos interlocuteurs possédaient tous le passeport helvétique, quelques-uns ayant une deuxième nationalité. Sous réserve d'études plus étendues, le soutien militant et l'identification à un club sont donc essentiellement le fait d'une population autochtone et bien intégrée.

---

26. Au sujet de l'introduction de ce train de mesures législatives, voir, outre les contributions figurant au sommaire de la seconde partie du présent volume, Thomas Busset, «Qui a volé la mascotte du gardien?», *digma*, N° 6, 2006, pp. 128-131; Markus Schefer (avec la collab. de Patrick Gättelin), «BWIS I: Kompetenzen und Grundrechte», *digma*, N° 6, 2006, pp. 60-65.

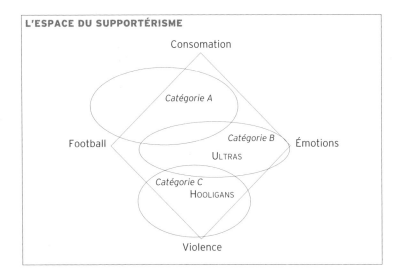

LE LOCALISME, UN SUBSTITUT AU NATIONALISME

Par le passé, les tournois internationaux tels que la Coupe du Monde ou les Championnats d'Europe ont été parfois le théâtre d'affrontements haineux entre supporters ou entre supporters et forces de l'ordre. Bien que les dernières compétitions aient été largement épargnées, ces violences demeurent un problème sérieux sur le plan sécuritaire. Cela concerne notamment les rencontres disputées par l'Allemagne et l'Angleterre, mais aussi des pays d'Europe de l'Est et des Balkans. Aussi le *nationalisme* figure-t-il parmi les valeurs fréquemment attribuées aux supporters militants. Pour cette raison, notre guide d'entretien comportait une question relative à l'intérêt porté à l'équipe suisse. De manière stéréotypée, la plupart de nos interlocuteurs ont affiché leur indifférence par rapport à la sélection nationale, car la soutenir reviendrait à conclure des alliances «contre nature» avec des fans d'autres clubs:

> «Oui, sportivement, elle [l'équipe nationale] nous intéresse. Mais ils n'iraient plus ou jamais au stade. Justement, parce qu'il y a trop de groupements rivaux qui sont représentés et que tu noues des amitiés et c'est totalement inutile. Il faut qu'il y ait une certaine rivalité entre les villes.» (BS02, 23)[27]

Car pour ces supporters, c'est le club et, partant, la ville ou le canton qui constituent la référence géographique et identitaire, comme l'a très clairement exprimé l'un de nos interlocuteurs genevois :

> « C'est vrai que ça exacerbe des régionalismes le mouvement ultra, t'es fier de ta ville, t'es fier de ta région, nous la frontière, c'est la Versoix, le canton de Vaud, c'est déjà l'étranger. » (GE03, 38)

Aussi vaut-il mieux suivre à la télévision les matchs disputés par l'équipe nationale. L'un de nos interlocuteurs (GE05) n'a pas manqué d'exprimer sa colère de voir des membres de la Jeune Garde – une faction de la Section Grenat – aller assister au match Suisse-France qui devait avoir lieu peu de temps après l'entretien. Toutefois, dans le cas des supporters genevois, les raisons du repli sont plus profondes encore, puisqu'il reflète également une hostilité à l'égard des Suisses alémaniques :

> « Mais, c'est une catastrophe cette équipe suisse : au niveau des supporters c'est pas la même mentalité, on se retrouve avec plein de sapins de Noël [= fans bigarrés], qui parlent un dialecte inaudible, je ne peux plus supporter les bourbines [terme injurieux pour désigner les Suisses allemands], carrément. Autant maintenant je me calme avec, je commence à apprécier les Italiens, les Espagnols, les Portugais, tout ce que tu veux, mais bientôt, je ne peux plus encadrer les bourbines. Je crois que ça va vraiment gentiment devenir mon premier racisme. Alors c'est illogique total, parce que malgré tout, je suis Suisse, alors je continue à aller voir cette équipe suisse, là je vais aller à Paris pour le truc, mais franchement, si d'un coup de baguette magique, on pouvait me faire anglais, pis me retrouver à parler la même langue, à avoir la même culture, vraiment la même culture, d'avoir la même façon de supporter une équipe, le même langage pour chanter dans les pubs et cette mobilisation, cette même culture, ouais, je serais heureux. » (GE10, 19)

---

27. (Note de la p. 119.) « Ja, also ich meine sportlich interessiert sie [die Nationalmannschaft] uns sicher. Aber ins Stadion würden sie mehr oder weniger auch nicht gehen. Eben, weil zu viele Fanszenen vertreten sind und dann bildest du Freundschaften und das ist völlig unnötig. Es muss einfach eine gewisse Rivalität hier sein zwischen den Städten. » Le sigle (ville et numéro d'identification) désigne l'interviewé, le chiffre qui suit renvoie à la page de la retranscription de l'entretien.

Cet avis est répandu, comme en témoignent deux autres extraits d'entretien :

> « C'est même pas que dans le foot, c'est en général, en Suisse romande, on n'aime pas les Suisses allemands, ni les Français d'ailleurs, puis les Suisses allemands, ils aiment pas trop les welches [terme dépréciatif pour désigner les Suisses romands] et les Allemands, donc, c'est en général, c'est pas que [3" de pause] ils sont bêtes les Suisses allemands. » (GE06, 14)
>
> « Déjà ils se permettent plus de trucs, on comprend pas ce qu'ils disent et puis ils font n'importe quoi. Tout les clubs romands, on n'a pas vraiment des gros groupes ultras, on est une centaine, ben voilà. Tous les petits groupes, ils se font à chaque fois emmerder, j'pense c'est plus facile d'emmerder des gens où il y a pas beaucoup de monde, que d'emmerder des milliers de mecs comme par exemple les Bâlois. » (GE 06, 15)

En matière sportive, les supporters servettiens estiment, plus généralement, que les clubs romands sont les victimes d'un complot alémanique :

> « Moi je pense que ce qui me motive encore plus, c'est que la ligue nationale et tout ça, toute la direction, donc la ligue, l'ASF [Association suisse de football], etc., etc. Tout ça, ça se trouve en Suisse allemande et ça a toujours défavorisé les clubs romands. Je veux dire, c'est une réalité, si tu regardes aussi un peu l'histoire, si tu regardes y'a deux ans je crois, Lucerne ils avaient eu trois points de pénalité ou cinq points de pénalité, comme par hasard à la fin du championnat on leur enlève des points, tu sais pas pourquoi [les points ont été restitués]. Après Lausanne, Sion, Lugano, faillite pour des raisons toujours étranges, enfin, je dis pas que c'est pas justifié, mais comme par hasard, c'est des clubs romands qui coulent, mais les clubs suisses allemands, ils coulent pas. Chaque fois qu'il y a des sanctions, que ce soit pour des suspensions après un carton, que ce soit l'arbitrage, tout, je veux dire tout... T'es supporter du Servette, en Suisse, t'es aigri contre tous les Suisses allemands. C'est même pas en fait que tu ne les aimes pas, c'est que t'es aigri. C'est même pas forcément... je pense que [2" de pause] comment dire, ouais, on nous fout tellement la haine, que ce soit par arbitrage, que ce soit par toutes les décisions

[incompréhensible], que ce soit, ouais, par tout ça, que de toutes façons on les aime pas [rires]. » (GE01, 12)

Pour autant, ce régionalisme ne conduit pas à des alliances entre les représentants des aires géographiques concernées. Au contraire même, puisque des animosités existent entre les supporters romands, anciennes entre ceux de Servette et de Sion, récentes entre ceux de Servette et de Neuchâtel Xamax. Dans le premier cas, le conflit est vivace, bien que les clubs n'évoluent plus, depuis plusieurs années, dans la même division. Il en découle que le chauvinisme local, inhérent à la « mentalité ultra », peut s'appuyer, selon les circonstances, à des clivages culturels dans le cas de la barrière linguistique, socio-économiques (ville-campagne), historiques (rivalités entre villes), etc. Autant de facteurs qui contribuent à la différenciation et font obstacle à un regroupement des forces et à un recrutement par des mouvements politiques cherchant à se fédérer au niveau national. Pour les supporters militants et en particulier les ultras, le nationalisme n'est pas, en Suisse aujourd'hui, une valeur mobilisatrice, alors même qu'une partie d'entre eux se disent très attachés à la Suisse et à ses institutions. Plusieurs interviewés ont en effet exprimé leur inquiétude face à la situation économique et leurs craintes face à l'avenir. Ils ont alors évoqué le bon fonctionnement des institutions helvétiques en regard de la situation en Allemagne ou en France par exemple. L'un ou l'autre a ajouté qu'il y avait des abus dans le domaine des institutions sociales, notamment de la part d'étrangers, pour préciser aussitôt qu'il y a bien sûr aussi des Suisses qui profitent du système. Ces propos tendent à montrer que le regard porté par les supporters sur la société correspond à celui des jeunes de leur âge et de leur condition sociale. Aussi le discours tenu en tant que supporter n'est-il pas forcément conforme aux points de vue défendus dans la vie courante, au travail, en famille, etc.

VERS UNE RÉSURGENCE DE L'EXTRÉMISME DANS LES STADES ?

Dans leur survol de l'histoire du mouvement ultra en Italie, Carlo Podaliri et Carlo Balestri montrent que, dans les années 80, le courant dominant était caractérisé par ses attaches locales et régionales, les conflits entre groupes étant légitimés par des rivalités géographiques et historiques[28]. Le souci de neutralité politique aurait alors permis à des groupes xénophobes et extrémistes, alors en expansion dans la Péninsule, de réinvestir les stades. Au cours de la première moitié des années 90, le «racisme local» − selon l'expression des deux auteurs − aurait coexisté avec le «racisme classique» dirigé contre les exclus de la communauté nationale (immigrants, roms, etc.)[29].

Compte tenu de l'évolution dans le pays d'origine du mouvement ultra, il se pose la question de savoir dans quelle mesure les «virages» helvétiques pourraient être repolitisés. Du reste, l'exemple genevois a montré que la présence de groupes extrémistes pouvait être épisodique ou fluctuante.

Si les supporters avec lesquels nous nous sommes entretenus insistent sur la neutralité politique des «virages», ils ne sont pas pour autant indifférents aux questions politiques. Interrogés sur leur participation aux scrutins populaires et électoraux, plusieurs interviewés ont précisé qu'ils suivaient les débats. Les propos recueillis révèlent que tout l'éventail d'opinions est représenté. De surcroît, ils ne permettent pas de dégager une orientation dominante, même si les points de vue conservateurs de droite l'emportent quantitativement. S'il existe un large consensus à propos du maintien du statu quo, les activités déployées dans les stades ne sont pas pour autant apolitiques. En témoignent les attaques virulentes à l'encontre du «foot business». À Sion par exemple, les membres des groupes Red Side et Ultras Sion s'opposent à la délocalisation du stade à Martigny, où le président sédunois, un architecte et promoteur immobilier, souhaite réaliser un grand projet multifonctionnel[30]. L'avis selon lequel le football est aujourd'hui régi par le capital est largement répandu. Or, comme le souligne Birgit Rommelspacher, l'anticapitalisme et l'antiglobalisation constituent des traits communs aux extrémistes de gauche et de droite[31]. Il existe en l'occurrence une convergence d'intérêts entre supporters de divers bords politiques. Autour de la critique des investissements et de la politique financière peuvent se tisser des alliances, notamment à propos du prix des places. À Genève, deux interviewés ont affirmé

---

28. (Note de la p. 122.) Carlo Podaliri, Carlo Balestri, *op. cit.*, pp. 94-96.
29. *Ibid.*, p. 96.
30. Jérôme Berthoud, «Les groupes ‹ultras› du FC Sion: entre rivalités et luttes communes», *Bulletin de la Société neuchâteloise de géographie*, N° 50-51, 2007, pp. 99-113, en particulier pp. 108-109.
31. Birgit Rommelspacher, *«Der Hass hat und geeint». Junge Rechtsextreme und ihr Ausstieg aus der Szene*, Francfort; New York: Campus Verlag, 2006, p. 106.

qu'ils se sentaient aujourd'hui plus proches de la gauche que de la droite, dont ils se réclamaient il y a quelques années encore. Ces conversions auto-déclarées sont bien sûr à prendre avec prudence, mais sont symptomatiques de la situation actuelle.

Quelle est alors la tendance qui se dessine? Plusieurs arguments conduisent à penser que l'extrémisme de droite ne parviendra pas, dans un proche avenir, à réinvestir les stades de la ligue supérieure du championnat suisse, la présence de quelques groupements n'étant toutefois pas à exclure. Premièrement, les mesures répressives engagées en amont de l'Euro 08 maintiendront leur effet au moins quelque temps encore. En outre, les autorités judiciaires sont aujourd'hui bien plus promptes à sanctionner les fauteurs de troubles qu'elles ne l'étaient il y a deux à trois années encore, notamment en invoquant la norme pénale antiraciste du Code pénal suisse (art. 261bis CP). Deuxièmement, des actions antiracistes contribuent à sensibiliser le public, mais aussi les autorités et les fédérations sportives à la question. Troisièmement, il y a, dans les stades, des acteurs – des supporters, les projets de fancoaching – qui font obstacle à une instrumentalisation des spectateurs à des fins politiques. Quatrièmement, les jeunes extrémistes de droite disposent aujourd'hui d'autres lieux ou forums où ils peuvent afficher leurs opinions sans être aussi exposés que dans une enceinte sportive. Enfin, il n'existe pas, dans les stades suisses, de groupes politisés à même d'inverser le mouvement. Cependant, le football n'est pas à l'abri d'actions isolées, voire, à plus long terme, à une recrudescence d'activités extrémistes.

Le revers de la médaille, c'est que les efforts déployés en vue d'enrayer les violences et les dérives idéologiques au niveau du sport d'élite tendent à refouler les problèmes vers les ligues inférieures et vers d'autres domaines d'activités, où les contrôles sont plus lâches, voire inexistants. À cet égard, on doit déplorer que les activités de sensibilisation portent essentiellement sur le sport d'élite et qu'elles restent souvent isolées et donc sans effet durable. En particulier, la lutte contre le racisme nécessite un engagement de longue haleine, auprès des juniors notamment.

CONCLUSION

Dans leur panorama du supportérisme en Europe, Bodin, Robène et Héas jugent que les extrémistes ne seraient «ni plus nombreux, ni plus dangereux [dans les stades] que dans le reste de la société», mais qu'ils seraient plus visibles et médiatisés[32]. À la lumière de notre étude, cette appréciation est valable aussi pour la Suisse. Si l'on y enregistre dans les stades une présence extrémiste fluctuante, elle reste proportionnellement modeste. L'influence des extrémistes n'a cessé de diminuer au cours des cinq à dix dernières années. Et comme en France, par exemple, les «virages» se montrent, de manière générale, réfractaires à un recrutement à des fins politiques. La répression a joué un rôle, mais sans doute aussi le fait que les extrémistes de droite disposent aujourd'hui d'autres espaces, moins exposés, où ils peuvent trouver des émules. Pour expliquer cette «imperméabilité», on a évoqué le caractère festif et rituel des activités supportéristes, essentiellement situatives, mais aussi la dimension émotionnelle du supportérisme qui se concilie mal avec des actions concertées à des fins politiques.

Des recherches menées dans les années 80 sur l'interface entre le supportérisme et l'extrémisme de droite avaient montré que le nationalisme et l'identité nationale constituaient des éléments récurrents dans les propos des supporters violents et autant de points de convergence avec l'extrémisme de droite[33]. Or, interrogés sur l'intérêt porté à l'équipe suisse, la plupart de nos interlocuteurs ont affirmé qu'un soutien à la sélection nationale était impensable, parce que cela signifierait faire cause commune avec des groupes rivaux. Les supporters s'identifient avec le club et, partant, la ville et la région que celui-ci représente. Bien que les supporters interrogés sont Suisses ou doubles-nationaux et bien que nombre d'entre eux ont affirmé leur attache à la Suisse, la «mentalité» ultra – telle qu'elle se définit aujourd'hui en Suisse – s'oppose à un regroupement des forces à un niveau territorial supérieur, ce qu'ont tenté de faire par le passé des groupes politisés, en Suisse romande notamment. L'adhésion à un modèle supportériste signifie donc aussi l'adoption de valeurs, qui peuvent être en contradiction avec des opinions exprimées hors du contexte du football. Dans la constellation actuelle, l'appartenance à un groupe ultra constitue, en Suisse, un correctif par rapport aux dérives nationalistes et extrémistes.

---

32. Bodin, Robène et Héas 2004, *op. cit.*, p. 66.
33. Wilhelm Heitmeyer, Jörg-Ingo Peter, *op. cit.*, pp. 41 et 158.

FOOTBALL ET SÉCURITÉ EN BELGIQUE : FORMES ET TRANSFORMATIONS

BERTRAND FINCOEUR

La violence associée au football est loin d'être un phénomène nouveau. Sur le terrain, le lien entre le football et la violence remonte aux origines du jeu. Dans les tribunes, les encouragements et le fair-play n'ont pas non plus toujours été de mise. Le matraquage médiatique dont font aujourd'hui l'objet les moindres débordements se déroulant dans un stade est donc à replacer dans le contexte d'une agressivité qui s'est toujours exprimée à travers les époques, quel que soit le niveau de compétition et de façon plus ou moins organisée. C'est sur ce point que se distinguent probablement bon nombre de manifestations de violence associée au football tout au long des dernières décennies. Notons ici que « le hooliganisme, ‹apparu› au début des années 60, marque un changement de paradigme : le passage d'une violence ritualisée et dionysiaque relative à la logique du jeu à une violence préméditée et organisée »[1].

Dans cet article, nous faisons le point sur l'évolution du phénomène en Belgique, détaillons la situation actuelle, avant d'aborder la question de l'éventuelle présence du racisme ou de toute autre forme de discrimination dans l'enceinte des stades du pays.

LA PASSION DU FOOT ET SES DÉBORDEMENTS

Selon Jules Rimet, le fondateur de la Coupe du Monde, « la musique et le football sont les deux plus puissants facteurs capables de vaincre tous les obstacles linguistiques et universels, et de soulever les foules sans distinction de race ou de nationalité »[2].

---

1. Dominique Bodin, Stéphane Héas, *Supportérisme et hooliganisme. Dépasser la question du handicap socio-violent*, Communication affichée au IXe Congrès international des chercheurs en activités physiques et sportives, Valence, 2001.
2. Bruno Genevois, « Le football, la gloire fragile d'un jeu », *Pouvoirs*, N° 101 (Le football), avril 2002, pp. 5-14.

Dans le même ordre d'idée, Éric Dunning affirme qu'on « pourrait soutenir, qu'avec la religion et la guerre, les sports constituent le meilleur vecteur de mobilisation collective jamais conçu par l'homme. […] Le sport assume jusqu'à un certain point des fonctions analogues à la religion et à la guerre, et en constitue peut-être même ‹une alternative fonctionnelle.» [3] Sans chercher à ressasser ce qui s'impose aujourd'hui comme une évidence, il nous semble toutefois utile de rappeler l'essentielle fonction intégratrice d'un sport dont la simplicité des règles de base, l'importance et l'aspect trépidant des aléas du jeu contribuent à un succès planétaire inégalé [4].

Propice à la confrontation des souvenirs et des expériences, le football favorise également, de par sa dramaturgie, le déchaînement des passions. Renforcé par le principe même de compétition, par des enjeux financiers devenus gargantuesques et par une pression médiatique non loin sans doute d'avoir atteint son paroxysme, le phénomène football réunit les conditions indispensables pour créer un climat d'euphorie ou de dérégulation normative au profit de la mise sur pied d'un microcosme aux codes et valeurs quelque peu différents de ceux ayant généralement cours dans notre société aux allures policées.

Le football constitue dans cette optique une des dernières soupapes où trouveraient à s'exprimer bon nombre de comportements considérés comme déviants dans tout autre contexte que celui du match de football : insultes diverses, provocations verbales ou gestuelles, comportements que l'on qualifiera d'incivilités (uriner n'importe où, par exemple), expression d'idéologies politiques généralement considérées comme indignes… Toutefois, si le football produit les conditions de telles actions, il devient parfois également le théâtre d'un déchaînement de violence qui trouve dans la relative anomie ambiante une possibilité de s'exprimer.

---

3. Éric Dunning, « Culture ›, ‹ civilisation › et sociologie du sport », *Les Cahiers de la Sécurité intérieure*, N° 26, 1996, p. 25.
4. Voyez Christian Bromberger, *Le match de football. Ethnologie d'une passion partisane à Marseille, Naples et Turin*, Paris : Maison des Sciences de l'Homme, 1995 ; Salomé Marivoet, « Le public des stades de football », in Manuel Comeron (dir.), *La prévention de la violence dans les stades de football en Europe*, Commission européenne, DG Justice et Affaires intérieures, Programme Hippokrates, 2002, pp. 22-28.

LE SUPPORTÉRISME VIOLENT EN BELGIQUE : GENÈSE ET ÉVOLUTION

HISTORIQUE

En Belgique, la « loi football » est arrivée en 1999[5] afin de venir (re)mettre de l'ordre dans ce capharnaüm. Non que la situation n'était jusqu'alors pas traitée – loin de là ! – mais ladite loi donne maintenant aux autorités, à savoir le SPF Intérieur[6], un instrument spécifique afin d'accomplir la politique souhaitée. Les actes de violence physique mais également les provocations, les incitations à la haine, l'utilisation d'objets pyrotechniques, la pénétration dans le stade sans ticket valide, les escalades de grillages, etc., peuvent désormais faire l'objet de poursuites et de sanctions (administratives) effectives, et ce de manière plus rapide que ne le permettrait la procédure classique en justice. La loi football est dès lors censée garantir la possibilité d'une sanction (amende et/ou interdiction de stade) dans les six mois à compter du fait reproché. Les grands clubs de football ont donc à présent leur liste d'interdits de stade, et les amendes assurent de substantielles rentrées à l'État en même temps qu'elles découragent – c'est du moins ce que ses défenseurs espèrent – les supporters de poursuivre leurs comportements incriminés. Signalons également que le lieu de ces infractions n'est pas limité à la seule enceinte du stade mais qu'est défini un périmètre de sécurité, sorte de champ d'action dans lequel la loi est susceptible de s'appliquer. Au dire de l'article 2 de la loi, ce périmètre est défini comme « [l']espace jouxtant la clôture extérieure du stade dont les limites géographiques sont fixées par le Roi, après consultation du bourgmestre, des services de police et de l'organisateur concernés ; cet espace ne peut excéder un rayon de 5000 mètres à partir de la clôture extérieure du stade ». La loi fait par ailleurs l'objet de retouches régulières, les dernières concernant par exemple la possibilité d'interdire aux supporters à risque de quitter le territoire. Mais revenons un instant sur l'apparition, puis l'évolution du phénomène.

Dans les années 60, le hooliganisme dans sa forme moderne se développe en Angleterre. Avec l'organisation des matchs de coupes

---

5. Loi du 21 décembre 1998 relative à la sécurité lors des matchs de football, *M.B.*, 3 février 1999.
6. Service public fédéral intérieur : nouvelle dénomination du ministère de l'Intérieur en Belgique. Suite à la réforme dite « Copernic », les Ministères ont en effet été rebaptisés SPF. L'appellation « ministre » est par contre conservée. Voyez www.belgium.be.

d'Europe et la médiatisation qui les accompagne, les clubs britanniques offrent à l'Europe continentale l'image de ses supporters violents. Des individus provenant de différents pays d'Europe se montrent alors «séduits» par le modèle de leurs homologues anglais et certaines organisations voient le jour un peu partout. La Belgique n'échappe pas au phénomène. On assiste à la formation des «kops», qui réunissent les inconditionnels du club, les supporters les plus fidèles. Ceux-ci se placent dans un endroit déterminé du stade – souvent derrière les buts – et se font remarquer par des chants et une identification forte au club soutenu. C'est aussi l'apparition des incidents entre supporters, offrant dès ce moment une compétition parallèle au jeu qui se déroule sur le terrain.

> «Le processus de mimétisme inter-groupes démultiplie le nombre de noyaux durs et augmente la détermination de chacun d'eux, de même que le phénomène de réaction et contre-réaction à la violence des groupes rivaux.»[7]

Au début des années 80, dans les clubs les plus importants, Anderlecht, Bruges, le Standard de Liège et l'Antwerp, naissent donc des *«sides»*[8] (nom donné en Belgique aux groupes de supporters violents); dans le même ordre, le O-Side, l'East-Side, le Hell-Side et le X-Side, ce dernier étant souvent considéré comme le premier à avoir vu le jour. D'autres noyaux durs verront ensuite le jour dans les différents clubs du pays. La police a dès lors à faire face à une «guerre des *sides*», la première violence perpétrée appelant revanche puis contre-revanche, etc. Les conduites agressives deviennent dans ce contexte régulièrement une réponse à des contentieux passés[9].

Les universitaires commencent alors à se pencher sur la problématique. Les *sides* font l'objet d'études diverses, les plus connues étant celles de Manuel Comeron, en Belgique francophone et essentiellement au Standard de Liège, et de Lode Walgrave, en Flandre. Les *sides* rassemblent donc les supporters les plus fidèles et se constituent par mimétisme et en réaction contre les vis-à-vis.

---

7. Manuel Comeron, «Pour une gestion sociopréventive du hooliganisme», in Jean-Charles Basson (dir.), *Sport et ordre public*, Paris: IHESI, La Documentation française, 2001, p. 148.
8. Serge Govaert, Manuel Comeron, *Foot et violence. Politique, stades et hooligans*, Bruxelles: De Boeck, 1995, pp. 143-170.
9. Williams Nuytens, «La violence des supporters autonomes de football: à la recherche des causalités», in Jean-Charles Basson (dir.), *op. cit.*, pp. 127-144.

> « [Les *sides* présentent] une structure idéale aux jeunes supporters désireux de défendre leur club d'une façon agressive et d'en imposer la suprématie dans les tribunes. Les plus virulents sont souvent des jeunes en rupture sociale ou familiale qui trouvent dans le groupe un moyen privilégié de se forger une identité sociale leur faisant défaut par ailleurs. Le *side* apporte à ses membres de fortes valorisations individuelles à travers une sous-culture véhiculant des valeurs où la violence est une règle d'action. »[10]

On doit à Walgrave et à son équipe une description assez précise des *sides*[11]. Tout d'abord, le groupe est dirigé par des meneurs qui gèrent les activités du *side*, en décidant par exemple des actions à mener et des stratégies à adopter.

> « Ils garantissent au groupe une adaptation permanente avec l'environnement extérieur, tout en lui permettant d'opérationnaliser ses aspirations. En effet, ils assurent au groupe un fonctionnement à long terme, d'abord en évitant et limitant les actions extrêmes et radicales qui entraîneraient une destruction inévitable du groupe ; ensuite, en ouvrant le groupe à l'extérieur, à des fins de facilité de fonctionnement, de nécessité évolutive et de publicité. Parallèlement, ils perpétuent des actions de violence ponctuelle et régulières dont l'essence est la source de cohésion du groupe. En l'absence de ce type d'action, le groupe perd son image de marque et les leaders leur crédibilité. »[12]

Walgrave et ses collaborateurs distinguent, à côté des meneurs, un noyau dur constitué des fidèles à la base de toutes les actions du groupe, de stagiaires, supporters un peu plus jeunes qui participent également aux comportements problématiques mais qui sont moins acharnés que leurs homologues du noyau dur, et enfin d'adolescents, qui ne se distinguent que lors des rencontres importantes et semblent moins directement impliqués dans les affrontements physiques mais se manifestent fréquemment par diverses provocations ou des jets de projectiles. Chaque catégorie

---

10. Serge Govaert, Manuel Comeron, *op. cit.*, p. 143.
11. Lode Walgrave, Kris Van Limbergen, « Le hooliganisme belge : description et essai de compréhension », *Revue interdisciplinaire d'études juridiques*, N° 132, 1988, pp. 7-31 ; Kris Van Limbergen, Lode Walgrave, *Sides, fans en hooligans : voetbalvandalisme, feiten, achtergronden en aanpak*, Leuven : Acco, 1998.
12. Serge Govaert, Manuel Comeron, *op. cit.*, pp. 146-147.

(meneurs, stagiaires, etc.) remplit alors une fonction bien précise (choix de la stratégie, repérages, échauffements…).

Ces différentes études, si elles ont grandement contribué à la compréhension du phénomène, ne collent cependant plus tout à fait à la réalité actuelle. Les capacités de recrutement des *sides* nés il y a vingt ans se sont en effet largement taries et l'activité des membres est moins importante, en raison notamment des mesures de sécurité mises en œuvre. La répartition des rôles est donc beaucoup moins claire, la cohésion que créent les expériences communes s'effrite et certains groupes connaissent des difficultés à se structurer en l'absence de meneurs, victimes temporaires d'interdictions de stade. La structure telle que celle que proposent Walgrave et Van Limbergen s'en retrouve par conséquent altérée. L'apparition du mouvement ultra a, nous allons le voir, également contribué à modifier la donne.

BASE SOCIALE

Se pose la question de savoir si la base sociale des groupements de supporters violents est constituée par une frange de la société victime de l'exclusion. La théorie de la vulnérabilité sociétale[13] tend à confirmer cette lecture: le hooligan était, dans les années 80, perçu comme un individu à la scolarité courte ou ratée, en tout cas frustrante, d'origine ouvrière et de famille instable. Ne disposant pas d'un emploi régulier, il compensait l'absence de perspectives sociales par une identification qu'il jugeait valorisante. Plutôt que de n'avoir aucune identité sociale, il préférait dès lors une identité «négative» et provocatrice[14]. Cette image est-elle encore d'actualité?

En Belgique, il est permis d'affirmer que cette image d'Épinal dépeinte avec ironie par D. Bodin et ses collègues, si elle n'a pas complètement disparu, doit être revue. En effet, le supportérisme violent réunit aujourd'hui un ensemble très hétéroclite d'individus qui se rassemblent autour d'une même cause. Si certains sont des marginaux, la plupart sont parfaitement insérés socialement. Les individus sans emploi cohabitent avec ceux ayant une activité pro-

---

13. Lode Walgrave, *Délinquance systématisée des jeunes et vulnérabilité sociétale: essai de construction d'une théorie intégrative*, Genève: Médecine et Hygiène, 1992.
14. Voir Dominique Bodin, Stéphane Héas, Luc Robène, «Hooliganisme: de la question de l'anomie sociale et du déterminisme», *Champ pénal*, mars 2004. www.champpenal. revues.org/document 25.html

fessionnelle très stable, tous les diplômes étant représentés. Certains ont fondé une famille quand d'autres en sont encore aux prémisses de l'âge adulte. Malgré cette diversité, toutes les caractéristiques personnelles observables durant la semaine s'effacent les jours des matchs au sein d'un groupe partageant un centre d'intérêt commun : la recherche de violence entre initiés. Loin d'apparaître comme des brutes sanguinaires frappant indistinctement, l'image du hooligan tranche donc sensiblement avec celle qu'en a le grand public. Des individus parfaitement intégrés dans la vie sociale, menant une vie «normale», se métamorphosent le temps d'une soirée footballistique. L'hétérogénéité des profils contraste en réalité avec une certaine uniformité des discours, puisqu'en dépit des différences individuelles, les protagonistes véhiculent un corpus très similaire de motivations et de valeurs.

Une caractéristique, évoquée par l'ensemble des professionnels que nous avons pu rencontrer et par les supporters eux-mêmes, est le profond attachement des supporters dits à risque à leur club, cet élément faisant l'objet d'un consensus parmi les chercheurs[15]. Le hooliganisme est donc bien une production interne au football et non un simple exutoire d'individus asociaux trouvant dans le climat du stade un lieu idéal pour commettre des méfaits et assouvir des pulsions. Preuve en est que les manifestations de violence sont dans la quasi-totalité des cas orientées vers des supporters adverses capables d'exactions identiques et motivés par les mêmes désirs. L'étude du hooliganisme peut en effet s'apparenter dans certains cas à l'analyse d'un jeu soumis à des règles déterminées, loin d'une bagarre de rue débridée et loin de hordes sauvages frappant indistinctement[16]. Selon une règle d'or, l'affrontement a lieu uniquement avec des semblables, les supporters «ordinaires» devant être ignorés et épargnés, sauf en cas de provocations de leur part.

> «[Si des dérapages existent,] ces comportements sont souvent l'apanage de très jeunes et provoquent la désapprobation du groupe. [...] À ce niveau, une double autorégulation prend place dans le *side* : d'une part, les individus manquant de détermination sont sujets à des railleries ou à des boycotts relationnels ; d'autre part, les individus trop virulents en dehors du contexte

---

15. Dominique Bodin, Stéphane Héas, Luc Robène, *op. cit.*
16. Bertrand Fincoeur, «De la déontologie des hooligans», *Revue de Droit pénal et de criminologie*, avril 2007, pp. 344-350.

footballistique ou enfreignant les normes du groupe sont sans cesse rappelés à l'ordre, et parfois mis à l'écart par le groupe. »[17]

LA MOUVANCE ULTRA

En termes d'attachement au club et d'agressions ritualisées, il convient de faire état de l'existence en Belgique, à côté du hooliganisme «à l'anglaise», d'une mouvance ultra. Si on peut évoquer une influence anglaise dans le milieu du football en général et dans le hooliganisme en particulier, c'est du modèle latin et spécialement des pratiques développées en Italie et en Espagne que s'inspire le mouvement ultra. Toutefois, ce phénomène ne se développe véritablement que dans la partie francophone, donc latine, du pays. Aussi est-ce à Liège, qui a une importante communauté (d'origine) italienne, que naît en 1996 le premier groupement ultra[18]. Suivront alors à Charleroi, La Louvière et Mons d'autres groupes du même type.

De façon générale, l'objectif des ultras est tourné vers l'animation du stade avant et pendant la rencontre. Contrairement aux hooligans, les ultras veulent s'investir dans la vie du club, et l'on peut observer parmi ces groupes une véritable structuration à travers notamment la réalisation de *tifos* ou chorégraphies, l'organisation de déplacements, des prises de position critiques face à la politique menée par la direction du club, etc. Comme leur nom l'indique, les ultras se comportent en fanatiques; ils suivent et encouragent leur équipe partout où elle joue.

> «À vrai dire, l'ultra italien et le hooligan anglais représentent deux types sociaux très différents. [...] À la différence des hooligans anglais, les tifosi italiens ont comme but premier la création d'événements spectaculaires, une chorégraphie et des rituels collectifs d'encouragement. [...] Le style ultra est fondé sur la visibilité et le folklore, sur des rites de masse impliquant un important travail de préparation, inimaginable dans le contexte anglais.»[19]

---

17. Serge Govaert, Manuel Comeron, *op. cit.*, pp. 151-152; Manuel Comeron, «Sécurité et violence dans les stades de football», *Revue de Droit pénal et de criminologie*, N° 9-10, 1992, p. 846.
18. Les Ultras Inferno. Voyez leur site internet: www.ui96.net.
19. Rocco De Biasi, «Ordre public et tifosi», *Les Cahiers de la Sécurité intérieure*, N° 26, 1996, p. 80.

S'il pose actuellement problème en raison notamment de l'utilisation d'engins pyrotechniques, le mouvement ultra semble en revanche moins attiré, en Belgique, par la violence que les hooligans classiques «à l'anglaise». La violence ultra existe, mais la logique de passage à l'acte est différente de celle propre aux hooligans. Alors que ces derniers reconnaîtront souvent eux-mêmes rechercher la violence, le supporter ultra la conçoit comme un moyen ultime pour affirmer son engagement. On ne se rend pas au football comme on irait à l'opéra. Au stade, le supporter prend ouvertement parti. En règle générale, le soutien inconditionnel à l'équipe et la disqualification de l'adversaire s'expriment à travers des formes rigoureusement codifiées et ritualisées. Dans ce contexte, les actes violents sont moins fréquents et plus souvent liés au déroulement de la partie.

> «Autant de formes ritualisées de soutien à son équipe et de disqualification de l'adversaire se substituant à l'agression directe de l'autre; à l'exception des chants, la théâtralisation de l'adhésion est beaucoup moins codifiée et organisée collectivement en Angleterre, [...]; l'indigence de la ritualisation a pour envers une expression plus immédiate de la violence.» [20]

En Belgique, malgré ce recours plus parcimonieux à la violence, les ultras semblent cependant devenus aujourd'hui une cible prioritaire des dépositaires de la loi football. Sont en réalité visés ici les feux de Bengale allumés dans les tribunes, le plus souvent à l'entrée des joueurs sur la pelouse ou à l'occasion d'un but de l'équipe soutenue. En dépit de l'indéniable aspect festif de ces mises en scène, les risques de brûlure ou d'intoxication sont bien réels.

Une caractéristique du mouvement ultra est sa conception du rôle des supporters. Garants de l'identité du club, ils se voient comme ses meilleurs défenseurs, les seuls à même de savoir ce qui est bon pour lui. À ce titre, ils jouent un rôle pouvant être assimilé à celui d'un syndicat. Pierre Lanfranchi se demande d'ailleurs si, avec l'effritement du militantisme syndical et politique, certains jeunes ne sont pas à la recherche d'un engagement substitutif, trouvant dès lors un ersatz dans le supportérisme acharné[21].

---

20. Christian Bromberger, «La passion partisane chez les Ultra», *Les Cahiers de la Sécurité intérieure*, N° 26, 1996, p. 37.
21. Pierre Lanfranchi, «Point de vue», *Les Cahiers de la Sécurité intérieure*, N° 26, 1996, p. 12.

« [Les ultras] veulent être des interlocuteurs du club et pouvoir affirmer leur point de vue, même (voire surtout) s'il ne rejoint pas celui des dirigeants ou des joueurs. Ils adoptent une attitude contestataire ; les groupes les plus importants tentent de se positionner en une sorte de syndicat défendant les intérêts des supporters. [...] Les ultras forment des associations, souvent qualifiées d'‹indépendantes›, qui n'hésitent pas à critiquer joueurs et dirigeants et à afficher les désaccords qu'ils ont avec eux. »[22]

En Belgique, les différents groupes ultras sont réunis au sein d'une association dénommée «Tribunes Libres»[23]. Un de leurs credo consiste à se poser en victimes de la loi football, qui les brime dans leurs actions, et du système répressif en général, soit la police, la direction de la sécurité des clubs et le SPF Intérieur.

Alliant liesse débridée et stricte discipline, le mouvement ultra se caractérise également par une forte ambivalence. Il prône l'enthousiasme inconditionnel mais a des allures d'organisation militaire. Comme le souligne très justement Nicolas Hourcade, les ultras naviguent entre rébellion et dialogue, tanguent entre institutionnalisation et radicalisation[24]. Souhaitant être pris très au sérieux, ils adoptent des positions modérées tout en développant une logique extrémiste. Les ultras refusent la morale du fair-play, le football étant vécu comme un combat. Pour cela, la violence pourra à l'occasion être acceptée, au risque de décrédibiliser le groupe.

Comme nous l'avons évoqué, le mouvement ultra ne suit pas une trajectoire identique de part et d'autre de la frontière linguistique. Pour des raisons culturelles et parce qu'elle abrite une importante population d'origine italienne, la Wallonie est beaucoup plus tentée par la mouvance ultra que la Flandre, restée plus attachée au modèle anglais. Il importe, dans ce contexte, de se demander si des problématiques différentes ne doivent pas recevoir des réponses différenciées. Ne devrait-on pas envisager une réponse spécifique aux problématiques d'une région qui ne partage pas toujours les mêmes aspirations ni les mêmes logiques d'action

---

22. Nicolas Hourcade, «Supportérisme : les ultras face au monde du football», in Manuel Comeron (dir.), *La prévention...*, *op. cit.*, p. 44.
23. www.tribuneslibres.tf.be.
24. Nicolas Hourcade, «L'engagement politique des supporters ‹ultras› français», *Politix*, N° 50, 2000, pp. 107-125.

que sa voisine? Contrairement aux hooligans, les ultras sont en effet beaucoup plus dans une demande de dialogue et appellent dès lors des réponses incluant des processus de médiation.

ÉLÉMENTS DE DIAGNOSTIC ET PERSPECTIVES

Du côté francophone en tout cas, les jeunes préfèrent aujourd'hui intégrer le mouvement ultra plutôt que les groupes hooligans. Ces derniers sont composés en majorité d'éléments vieillissants, présentant toujours un potentiel de dangerosité manifeste, mais tempérés par la réduction des opportunités de laisser libre cours à leur agressivité. D'autres facteurs, comme le fait d'avoir fondé une famille ou d'avoir trouvé un emploi stable, contribuent également à cet assagissement. Un objectif des organes qui concourent à la sécurité des stades est d'ailleurs de veiller à enrayer le recrutement de jeunes par les anciens noyaux durs. Cette volonté semble porter ses fruits. Désormais, l'objectif est d'éviter une radicalisation du mouvement ultra.

Une question se pose dès lors: assiste-t-on actuellement, en Belgique, aux signes avant-coureurs de la mort du hooliganisme? De prime abord, nous serions tentés de dire que la loi football a en effet en partie atteint le but visé. En compliquant sensiblement la tâche des fauteurs de troubles, en décourageant certains membres des noyaux durs par la politique de répression menée et en assommant quelques agitateurs au moyen d'amendes répétitives, elle a marqué les esprits, bien que certains irréductibles prétendent qu'elle n'a et n'aura aucun impact sur leurs agissements. Un grand nombre de hooligans reconnaissent toutefois que cette législation leur a mis des bâtons dans les roues. Pour plusieurs d'entre eux, les opportunités de bagarre ont été pratiquement réduites à néant et les amendes sont décourageantes.

Les sanctions de la loi football sont par ailleurs perçues par l'ensemble des supporters comme disproportionnées par rapport aux faits visés. L'incompréhension à l'égard de cette volonté de combattre le phénomène est d'autant plus grande que celui-ci ne fait pas de victimes, puisque ses protagonistes sont là de leur plein gré, assument les risques de blessures, et que les plaintes sont par conséquent inexistantes. Beaucoup estiment être l'objet d'une persécution et s'interrogent sur les raisons de la sévérité des mesures prises à leur encontre, alors que la délinquance de droit commun est, selon eux, traitée avec laxisme.

En entravant l'action des supporters désireux d'en découdre, les mesures mises en œuvre sont parvenues à pacifier l'enceinte des stades et leurs alentours directs. Force est en effet de constater que l'on assiste aujourd'hui de moins en moins fréquemment à des scènes de violence physique opposant les hooligans de clubs disputant une simple partie de football, la bagatelle la plus sérieuse du monde, selon la jolie expression de Christian Bromberger. L'accalmie est-elle toutefois réelle ou ne faudrait-il pas plutôt parler de déplacement des problèmes? La vérité est sans doute à situer entre les deux. La fréquence des affrontements a indéniablement chuté si l'on se réfère à la situation d'il y a dix ou quinze ans, mais la qualité a changé elle aussi, les rivalités prenant des formes plus sophistiquées. À la spontanéité d'antan fait aujourd'hui place la planification. L'organisation de rendez-vous, malgré une grande part fantasmatique[25], est une réalité. Une meilleure organisation a également entraîné une radicalisation des affrontements[26]. Les effets pervers de la prévention situationnelle trouvent ici une certaine confirmation.

La paix relative n'est cependant pas attribuable au seul génie des concepteurs des politiques de sécurisation des lieux publics. Les trublions des décennies 80 et 90 prennent en effet de l'âge et la stabilisation professionnelle ou familiale semble jouer un rôle important dans la réduction des incidents. Il convient donc de se demander si l'accalmie est la conséquence des mesures mises en œuvre ou si elle résulte de la fin et/ou de la transition d'une génération de supporters à risque. Ainsi, les améliorations en matière d'ordre public ne seraient pas dues aux mesures répressives, mais à l'évolution naturelle des individus. Le phénomène du hooliganisme a en effet connu son âge d'or il y a quelques années et ses

---

25. La mise sur écoute des téléphones, les repérages qui renseignent un camp sur les effectifs de l'autre, les provocations verbales, les obstacles divers d'ordre pratique, les fuites d'informations dont profitent les spotters, les renseignements donnés par les éventuelles « taupes », le défaut de motivation, le manque d'organisation, les craintes de dernière heure, etc., font des rendez-vous la plupart du temps des événements plus virtuels que bien réels. Ces occasions manquées contribuent également à échauffer les esprits et à attiser les rancœurs.

26. Anastassia Tsoukala, « Vers une homogénéisation des stratégies policières en Europe? », *Les Cahiers de la Sécurité intérieure*, N° 26, 1996, pp. 108-117; Anastassia Tsoukala, « La gestion policière du hooliganisme: Angleterre, Italie, Pays-Bas », in Jean-Charles Basson (dir.), *op. cit.*, p. 171. L'auteure attire notre attention sur le fait que la mise en œuvre de la prévention contribue également à l'aggravation du phénomène, puisqu'elle entraîne un déplacement spatio-temporel des violences ainsi que leur planification et leur radicalisation.

acteurs ont mûri, rencontré le grand amour, fondé une famille, stabilisé leur situation professionnelle, etc. Plusieurs personnes interrogées dans le cadre de nos recherches nous ont ainsi confié qu'elles s'étaient assagies suite à certains événements auxquels elles attachent une importance particulière. Le poids des ans joue parfois aussi un rôle et amène à une prise de recul critique par rapport aux activités déployées dans une jeunesse caractérisée par une plus grande insouciance. Ces changements biographiques n'entraînent toutefois pas un arrêt de la participation à d'éventuels incidents. L'envie reste prégnante malgré le fait que bon nombre de hooligans aient désormais plus à perdre qu'auparavant. La vérité est probablement à rechercher entre les deux explications. Ce qui vaut pour un individu ne vaut pas nécessairement pour un autre. Il convient par conséquent de se garder de vouloir fournir à tout prix des explications monolithiques et simplificatrices.

Toujours est-il que chaque club compte son noyau dur de supporters violents. Sans retracer l'historique de chaque groupe, citons parmi les plus connus : le BCS (Brussels Casual Service Anderlecht), le Hell-Side (Standard), le BCF (Bruges Casual Firm – Bruges), l'ACC (Antwerp Casual Crew – Antwerp), les Kielse Hools et la Jonger Gaart (Germinal Beerschot Antwerpen), le Rebel Side (La Gantoise) ou les Wallon's Boys (Charleroi). Chaque noyau dur entretient par ailleurs des alliances avec un ou plusieurs groupes étrangers. Les moyens mis en œuvre pour dissuader les supporters de créer des incidents en Belgique ont pu en effet pousser certains à aller voir si l'herbe n'est pas plus verte ailleurs. Profitant de législations plus lâches à l'étranger, certains individus souhaitant participer à des actions violentes ne rechignent pas à faire des kilomètres pour décharger leur adrénaline lors de rencontres avec des supporters français, néerlandais ou allemands. Des jumelages, durables ou de circonstance, ont donc vu le jour et le plaisir d'assister à des matchs de championnat plus attrayants se conjugue avec celui d'organiser des compétitions de bagarre de rue. Une harmonisation des législations au sein d'une Europe qui se crée décidément plus vite entre supporters qu'entre politiques est dans ce contexte ardemment souhaitée par certains.

Sur le plan national, une conciliation entre les différents noyaux durs belges semble par contre peu réalisable. Des incidents se sont déjà produits à ce propos et toute union nationale apparaît pour l'heure impossible. Les intérêts des uns et des autres et les rancœurs de longue date conduisent inexorablement à des impasses ou à des situations de blocage. La situation belge est pourtant assez étonnante. Le territoire, de taille modeste, et la concentration des clubs de l'élite – les distances kilométriques entre les clubs sont parfois très faibles – sont des facteurs qui pourraient jouer en faveur d'un certain rapprochement, mais c'est l'inverse qui se produit. Il est pourtant remarquable de noter que certains villages – nous pensons particulièrement à quelques localités de la province flamande du Limbourg qui, pour des raisons inexpliquées, rassemblent une concentration extraordinaire de supporters violents – voient cohabiter des individus de noyaux durs adverses. Il arrive d'ailleurs que certaines familles comptent des membres dans des *sides* rivaux. Pourtant, toute union nationale se révèle utopique, notamment à cause de problèmes politiques ou communautaires qui se manifestent également entre noyaux durs et qui empêchent une entente entre individus présentant pourtant bon nombre de points communs.

L'asymétrie communautaire se retrouve par ailleurs dans une divergence d'optique observable auprès des agents du maintien de l'ordre. Sans remettre en cause une collaboration qui n'est pas considérée comme problématique, certains déplorent toutefois une différence de conception du travail entre policiers néerlandophones et francophones. Selon eux, il y aurait des polices «plus laxistes» et d'autres «plus répressives». Le clivage correspondrait grosso modo à la répartition linguistique. Des voix wallonnes s'élèvent ainsi contre la «tentation Robocop» d'une partie de leurs collègues du nord du pays quand ces derniers s'étonnent parfois d'une relative complaisance de leurs homologues francophones à l'égard de leurs propres fans.

DE L'ÉVENTUELLE PRÉSENCE DU RACISME OU DE TOUTE AUTRE FORME DE DISCRIMINATION

À Madrid, où les Ultras-Sur se présentent comme héritiers du franquisme, à Rome, où les supporters *laziale* font régulièrement l'actualité pour leurs dérives extrémistes, ou à Paris, où les événements de la fin de l'année 2006 nous rappelaient qu'une frange du public situé en tribune Boulogne a des accointances marquées avec les mouvements néonazis, les problèmes d'invasion politique fascisante dans le stade font fréquemment la une des journaux. D'autres clubs sont également victimes d'une montée en puissance d'un supportérisme porteur d'idéologies politiques largement réprouvées. L'actualité footballistique devient en outre de plus en plus souvent entachée par l'annonce d'une nouvelle manifestation raciste ou xénophobe à l'encontre de joueurs de couleur du club adverse. Qu'en est-il en Belgique et quelle portée attribuer à ces gestes dont l'imbécillité n'a d'égale que la méchanceté?

Déjà en 1987, le criminologue belge Manfred Zimmermann, dans une analyse toujours d'actualité traitant des comportements négatifs à l'égard de certains groupes sociaux (homosexuels, juifs, immigrés...), évoquait la question:

> «La présence de cette tendance dans le milieu des supporters doit être considérée comme le reflet des tendances générales dans notre société. Ainsi, lorsqu'on parle de xénophobie de la part des supporters, il s'agit là de la reproduction de slogans agissant sur ces derniers à partir de leur entourage quotidien et repris par eux sans aucune analyse critique. Nous en avons eu la preuve à Dortmund, où les supporters criaient à haute voix des slogans xénophobes, alors que les deux joueurs étrangers du club étaient manifestement les vedettes préférées des spectateurs.»[27]

Dans le même ordre d'idée, Christian Bromberger souligne qu'il convient d'insister...

> «(...) surtout sur la portée relative de ces affiliations, slogans ou gestes politiques dans le contexte d'un match de football, [...]. Il faut tenir compte de deux propriétés essentielles du spectacle du match de football. D'une part, la partisanerie est, dans ce type de confrontation, la condition nécessaire de la plénitude de l'émotion. [...] D'autre part, contrairement à d'autres formes de représentation (un film, une pièce de théâtre, par exemple), l'histoire d'un match de football se construit devant le public qui peut peser, par sa participation, sur le déroulement et le dénouement de l'affrontement. [...] Dans un tel contexte, tout stigmate qui peut choquer ou contrarier l'adversaire est mis à profit et l'on aurait tort de surcharger de sens ces débordements verbaux et gestuels qui participent de la nature oppositive du spectacle.»[28]

---

27. Manfred Zimmermann, «La violence dans les stades de football: le cas de l'Allemagne fédérale», *Revue de Droit pénal et de criminologie*, N° 5, 1987, p. 454.
28. Christian Bromberger, «La passion partisane...», *op. cit.*, p. 38.

Il faut donc se garder de conclure, à chaque expression d'allure raciste ou xénophobe, à la manifestation d'une idéologie déviante ancrée dans l'esprit de ces intermittents hurleurs de haine. Dans une logique d'étiquetage, il importe également, selon nous, d'éviter de tomber dans le piège de la catégorisation hâtive. L'aspect débridé du football peut amener certains à proférer des paroles non réellement pensées. Les supporters les plus fervents ont comme objectif premier de casser le moral de l'adversaire. Derrière cette volonté se cache le désir de voir triompher ses couleurs. En effet, «une équipe nationale est bien plus qu'une sélection de onze joueurs, elle est la représentation symbolique d'une nation opposée à une autre nation durant quatre-vingt-dix minutes. Et chacune des deux se doit de représenter les qualités dans lesquelles sa population se reconnaît.»[29] Pour cela, l'utilisation de stéréotypes disqualifiant l'adversaire est fréquente. Dans le cadre du championnat belge, les Wallons seront donc traités de «chômeurs»[30] ou de «pédophiles»[31] quand les Flamands se verront affublés du titre péjoratif de *«boeren»* (paysans, fermiers)[32]. L'on retombe ici sur l'image du match de football comme moment où la ville se rassemble et se donne en spectacle[33]. Les travaux du géographe John Bale[34] montrent ainsi que le stade focalise plus que tout autre édifice un sentiment de patriotisme local, laissant de ce fait éclater les problèmes d'identité et de représentation idéale des communautés. Le football serait ainsi «le sport qui incarne le mieux le sens de la représentativité des unités territoriales, permettant de laisser libre cours aux entités locales, régionales ou nationales»[35]. Les supporters trouvent dès lors «dans les gradins du stade qui demeure un des rares espaces où nos sociétés tolèrent le débridement de la parole, une tribune privilégiée pour

---

29. Pierre Lanfranchi, «Football, cosmopolitisme et nationalisme», *Pouvoirs*, N° 101, Seuil, avril 2002, p. 20.
30. Le taux de chômage est plus élevé en Wallonie qu'en Flandre et à Bruxelles. Les revendications indépendantistes flamandes se basent par conséquent très fréquemment sur cet état de fait.
31. Les grandes affaires de pédophilie qui ont secoué le pays ces dernières années se sont principalement déroulées en Wallonie (Dutroux, Fourniret, Stacy & Nathalie…). Voyez par exemple: *L'affaire Dutroux. La Belgique malade de son système?*, Bruxelles: Complexe, 1997.
32. Stéréotype du Flamand qui vient du XIXe siècle où le français était la langue dominante de la bourgeoisie de tout le pays, le néerlandais n'étant parlé que par les classes populaires flamandes.
33. Christian Bromberger, *Le match de football. Ethnologie d'une passion partisane à Marseille, Naples et Turin*, Paris: Maison des Sciences de l'Homme, 1995.
34. Cf. Pierre Lanfranchi, «Point de vue», *op. cit.*, p. 13.
35. Salomé Marivoet, «Le public…», *op. cit.*, p. 22

proclamer crûment des valeurs dont l'expression est socialement proscrite dans le quotidien »[36].

La variété des idéologies défendues est toutefois importante: racisme, promotion ou défense d'une identité régionale ou locale, contestation gauchiste... C'est ainsi qu'en Belgique, les discours sont parfois très différents d'un groupe de supporters à l'autre. Au Standard de Liège, les supporters sont, malgré quelques voix discordantes, réputés pour leurs sympathies gauchistes. Les portraits à l'effigie de Che Guevara foisonnent et avec eux toute la panoplie du jeune contestataire: drapeaux jamaïquains, basques ou palestiniens, slogans universalistes, etc. À l'opposé, les supporters violents du Brussels, de Charleroi, du GBA ou du Club de Bruges véhiculent une idéologie d'extrême droite, donc diamétralement opposée. Il arrive également que l'orientation d'un mouvement soit la cause d'une scission au sein d'un groupe de supporters. Mentionnons ainsi le départ d'une partie de supporters du Wolf-Side (noyau dur du club de La Louvière) dérangés par la «gauchisation» du groupe.

Le discours tenu en privé par des membres de ces groupes ne souffre d'aucune ambiguïté, et certains propos feraient frémir même les plus ardents défenseurs de la liberté d'expression. *De facto*, les personnes de couleur ne sont pas les bienvenues dans certaines tribunes. Des affrontements ont par ailleurs parfois lieu avec des groupes d'immigrés, le plus souvent maghrébins. Il n'est d'ailleurs pas inutile de se pencher sur les liens entre les milieux nationaliste et hooligan. Certaines valeurs communes y sont en effet préconisées: la virilité, la haine de l'autre, etc. Il serait ainsi intéressant de se pencher à l'avenir de manière spécifique en Belgique sur les connexions qui peuvent exister entre ces deux univers. À la lumière des connaissances actuelles, on peut affirmer que ces orientations idéologiques sont assez répandues au sein du mouvement hooligan, même si la situation change d'un club à l'autre. Les tentatives de récupération par un parti politique, quel qu'il soit, sont en revanche rejetées par l'ensemble des groupes.

En dépit de la réalité du racisme et de la xénophobie dans les stades de football belges, il convient de ne pas dramatiser la situation en exagérant les proportions d'un problème dont une poignée

---

36. Christian Bromberger, «La passion partisane... », *op. cit.*, p. 37.

de trublions est à l'origine[37]. De manière générale, ce problème reste ciblé et propre à quelques individus, même si ces derniers se font parfois plus entendre que les masses de supporters respectueux des différences et des appartenances. Le phénomène, porteur d'une forte dimension symbolique, se pose par conséquent davantage en termes qualitatifs que quantitatifs.

Si l'on adopte une position non partisane, en observant la problématique de manière globale et dépassionnée, faut-il dès lors voir dans nos stades l'inquiétante expression d'idées situées aux extrémités de l'échiquier politique ou convient-il de se prémunir de toute dramatisation abusive, conduisant à voir le mal là où il n'est question que de tentatives déplacées voire choquantes de déstabilisation de l'adversaire? Il n'y a pas de réponse simple à cette question. Sans doute nos stades sont-ils fréquentés par des supporters aux idées fascistes ou altermondialistes, mais en cela, ils sont le reflet de la société. Vouloir laver les stades de toute expression déviante à coups d'amendes et de poursuites judiciaires revient selon nous à combattre les symptômes sans chercher à atteindre les fondements du fléau. Pour cela, il faudrait envisager la mise en place de programmes socio-éducatifs auprès d'un jeune public. En l'état des connaissances, rien ne permet de confirmer la réalité en Belgique d'un problème généralisé, d'une mainmise politique sur les *sides* ou d'un parti quelconque qui aurait réussi à instrumentaliser une frange importante des tribunes. Tout au plus relève-t-on de rares tentatives avortées de quelques leaders d'opinion en quête d'audience. Néanmoins, les exemples étrangers cités et les quelques manifestations observables sur le sol belge incitent à la prudence et nous rappellent le danger qu'il y aurait à fermer les yeux sur les évolutions à venir.

---

37. Voyez à ce sujet le rapport «Analyse des observations des matchs de football», réalisé par le Centre pour l'égalité des chances et la lutte contre le racisme (CECLR). Ce rapport tente de dresser un bref tableau de la situation belge, confessant d'ailleurs que «compte tenu du nombre total de supporters, on a constaté relativement peu de comportements racistes flagrants dans la plupart des clubs» (p. 11).

SIGNIFICATION CULTURELLE DU DISCOURS SUR LE HOOLIGANISME ET RACISME ORDINAIRE DANS LE MILIEU DU FOOTBALL[1]

DARIUŠ ZIFONUN

La scène suivante s'est déroulée il y a quelque temps, au début d'un atelier universitaire consacré aux thèmes de l'extrême droite, du racisme et de la violence dans le sport. Tandis qu'il présentait deux participants l'un à l'autre, l'organisateur de l'événement a précisé que le plus jeune des deux, que nous appellerons « A », étudiait les clubs de football « turcs » en Allemagne. Les deux participants se sont assis l'un à côté de l'autre. Après avoir rassemblé ses notes, le plus âgé, que nous appellerons « B », s'est adressé au plus jeune, A. Évoquant le nom de A, B suggéra qu'il était impossible que A fût Turc. Ayant entendu la réponse négative de son interlocuteur, B poursuivit sur sa lancée et fit remarquer que, s'il ne se trompait pas, le nom de A semblait plutôt arménien. A se résolut alors à préciser dans quel pays était né son père. Il semble que B n'ait remarqué ni la faible tentative de A de mettre un terme à ces interrogations en disant « non » de manière défensive, ni son air résigné. Et pour quelle raison aurait-il dû les remarquer ? Quand B aurait-il pu réaliser le caractère inapproprié de son comportement, ou considérer cette conversation comme un échec ? Le malaise du jeune homme était à peine manifeste en raison de son très haut degré d'adaptation aux exigences de situations interactives telles que celle-ci. Le plus âgé des deux avait simplement, de son propre point de vue, exprimé avec sympathie son intérêt pour l'origine de son voisin. Au travers de cette conversation, il lui semblait avoir suscité l'intimité nécessaire pour passer les heures suivantes assis côte à côte à une table, dans une posture

---

1. J'aimerais remercier Gamal Abdel-Shedid de m'avoir incité à écrire cet article, ainsi que Thomas Busset pour son ouverture face à ce sujet. Je suis particulièrement reconnaissant à l'Institute for the Study of Global Issues, Hitotsubashi University, pour son hospitalité et sa générosité.

générant une certaine proximité physique. Du point de vue de A, cependant, B avait réussi à ethniciser A en lui collant l'étiquette de « l'étranger » de la table. Le comportement de A n'avait pourtant à aucun moment laissé supposer qu'il souhaitât discuter de son ethnicité. Que ce soit au travers de ses vêtements, de son langage ou de toute autre forme d'expression, jamais il n'avait laissé entendre qu'il se sentît d'une manière ou d'une autre « différent » ou qu'il souhaitât se démarquer. Le « processus d'altérité » entrepris par son interlocuteur n'était basé que sur une interprétation du nom de famille de A et de la pigmentation de sa peau.

Si l'interlocuteur le plus âgé avait simplement souhaité initier une conversation dans le but d'établir les bonnes intentions de chacun, il aurait par exemple pu parler de la pluie et du beau temps ou encore demander à son interlocuteur s'il appréciait son hôtel. Il aurait également pu demander à A s'il était déjà venu dans cette ville auparavant, s'il travaillait depuis longtemps sur son projet de recherche, où ce dernier était mené ou pourquoi il avait choisi d'étudier les clubs de football turcs. Au lieu de cela, B a choisi de catégoriser A selon des critères ethniques, un choix impliquant de vastes conséquences. En se basant sur son nom, B a classifié A comme « non-Turc ». De plus, en mettant en doute le fait que A puisse être Turc et en suggérant qu'il devait être Arménien tout en écartant la possibilité que A fût Allemand, B a implicitement proclamé cette dernière option comme étant, de fait, impossible. En fait, B en est arrivé à cette conclusion bien qu'il connaisse un certain nombre d'éléments sur son interlocuteur – il avait entendu, lors des précédents échanges, que A parlait l'allemand et on lui avait indiqué qu'il travaillait dans une université allemande – laissant entendre qu'il était Allemand. « Avec un nom comme le vôtre, vous ne pouvez pas être Allemand » : c'est de cette manière que B a rendu son collègue victime de racisme ordinaire, le marginalisant ainsi socialement[2].

Nous pouvons proposer une analyse encore plus détaillée de cette séquence. L'utilisation par B d'attributs à caractère ethnique

---

2. Cf. Mark Terkessidis, *Die Banalität des Rassismus. Migranten zweiter Generation entwickeln eine neue Perspektive*, Bielefeld: Transcript, 2004. Pour une reconstruction du changement historique que le racisme a suivi, voir Étienne Balibar, Immanuel Wallerstein, *Race, Nation, Class. Ambiguous Identities*, London: Verso, 1991, et Pierre-André Taguieff, *The Force of Prejudice: On Racism and its Doubles*, Minneapolis: University of Minnesota Press, 2001. Pour une étude du racisme dans le sport, voir Gamal Abdel-Shehid, *Who Da Man? Black Masculinities and Sporting Cultures*, Toronto: Canadian Scholar Press, 2005.

(« non-Turc », « nom arménien » et, de manière implicite, « pas Allemand ») repose sur l'idée que les individus peuvent être identifiés comme membres de groupes spécifiques et que ces groupes se distinguent clairement les uns des autres sur la base d'un réservoir de noms distinct[3]. En suivant cette logique, B interprète le nom de A comme une expression objective de son indéniable appartenance à un groupe de cet ordre. L'hypothèse sous-jacente, c'est que la transmission de noms d'une culture à une autre (transfert culturel) résultant du déplacement de personnes d'un groupe à un autre (migration) – c'est-à-dire une relation non déterminée entre « culture » et « société » – est impossible. B conçoit les sociétés comme des unités closes assurant le maintien de leur existence au travers de l'auto-régénération, c'est-à-dire grâce à un système de reproduction biologique interne, en transmettant leur culture d'une génération à l'autre selon un processus entièrement internalisé[4]. En d'autres termes, B voit les sociétés comme des communautés liées par descendance, dépositaires d'un patrimoine culturel inaltérable. Dans cette séquence, il interprète la communauté composée d'Allemands (et celles composées de Turcs ou d'Arméniens) comme une collectivité dont les propriétés se transmettent au travers de la langue et de la culture, qui trouve ses fondements dans une descendance commune et se perpétue au travers des noms qu'elle donne à ses membres. Dans ce contexte, une personne identifiée comme étant « d'origine différente » en raison de son nom, attribué à une autre culture, ne saurait appartenir à la même collectivité. La connaissance que B a des catégories qui déterminent l'adhésion à un groupe (« les sociétés sont des communautés homogènes clairement liées par leur origine, nourries par des caractéristiques culturelles ») est si rigide, sa représentation typologique (« les

---

3. Le fait que A ne confirme pas la supposition de B selon laquelle il aurait pu être Arménien, mais qu'il indique à la place un autre « lieu d'origine » n'affecte en rien la crédibilité de la conception de B. Cette erreur de classification s'explique en effet aisément par un « manque de culture générale » de la part de B. Du reste, ce dernier a lui-même indiqué que sa supposition quant à l'origine arménienne du nom de son interlocuteur pourrait être erronée (« s'il ne se trompait pas »). En réalité, le fait que A révèle l'origine de son père, donnant ainsi une réponse précise, semble plutôt confirmer le bien-fondé de l'idée, induite par B, de l'absence de toute ambiguïté socioculturelle.

4. Le fait que cette supposition soit empiriquement incorrecte n'a aucune incidence sur son utilité immédiate dans la vie quotidienne. Il n'est pas question ici d'un discours académique en quête de vérité, questionnant sans cesse la véracité d'une connaissance donnée (« falsification »). Dans le monde de tous les jours, le savoir n'est remis en question que lorsqu'il semble ne plus pouvoir résoudre les problèmes quotidiens (cf. Alfred Schütz, Thomas Luckmann, *The Structures of the Life-World*, Evanston : Nortwestern U. P., 1973).

personnes portant ce nom doivent être Arméniennes») si profondément enracinée que dans ce contexte, des conclusions pourtant bien plus probables lui sont inaccessibles. A pourrait être «germano-arménien», auquel cas la représentation de B serait insuffisante. B aurait tout aussi bien pu considérer l'appartenance de son interlocuteur à un groupe «ethnique» particulier comme peu digne d'intérêt dans le cadre d'un atelier universitaire (au contraire d'une «école théorique» à laquelle il aurait, par exemple, pu adhérer), faisant ainsi apparaître la vision de B comme peu pertinente dans ce contexte. Dans chaque cas, cependant, la connaissance de B en la matière devrait être revue. Comme B ne prend pas en considération ces possibilités, sa représentation se révèle être un stéréotype et sa connaissance un préjugé[5].

L'homme que nous nommons «B» dans cette anecdote est connu pour être un expert réputé des questions liées à la violence, à l'extrême droite et au racisme dans les milieux du football. Il est apparemment parvenu à étudier le «mal» dans l'univers social du football durant plusieurs années sans soupçonner que lui-même, en tant que membre de cet univers social, puisse faire partie de son «côté sombre». Savoir dans quelle mesure la violence d'extrême droite et le racisme ordinaire dans le sport peuvent, de manière significative, être liés l'une à l'autre: tel est le sujet que j'entends traiter dans cet article, quoique sans continuer à me référer au cas qui nous a occupés jusqu'ici. Mon argumentation tend à démontrer qu'en mettant l'accent sur le phénomène (marginal) de l'extrémisme de droite et de ses associations avec le racisme et le hooliganisme, on fait passer au second plan une forme (largement répandue) de «racisme ordinaire». Plus encore, en se révoltant contre l'horreur morale du hooliganisme, les gens parviennent à se libérer symboliquement du racisme ordinaire. Je vais ensuite démontrer comment l'extrémisme de droite (dans le discours sur le hooliganisme tenu par l'élite) et le racisme ordinaire (dans le football amateur) – chacun individuellement, mais aussi par leurs interactions – permettent au noyau de la société de diffuser une image d'ordre et de stabilité. Pour y parvenir, je vais tout d'abord devoir différencier plusieurs phénomènes qui sont, dans le monde

---

5. Cf. Gordon W. Allport, *The Nature of Prejudice* – Unabridged 25th Anniversary Edition, Reading MA: Addison-Wesley Pub. Co., 1954-1979. Partant du fait que B choisit d'opposer «Arménien» et «Turc», nous pourrions reconstituer assez précisément sa conception de l'appartenance ethnique. J'y renonce pour l'instant.

du football, souvent associés dans le discours général. Nous verrons ainsi que le hooliganisme et le mouvement ultra ne peuvent être systématiquement reliés à l'extrémisme de droite. Pour illustrer et développer mon propos, je m'inspirerai d'observations et de résultats qui sont le fruit d'une recherche que j'ai menée dans le milieu du football à Mannheim.

ASPECTS CULTURELS DU FOOTBALL

Mannheim est un centre industriel du Sud de l'Allemagne qui compte plus de 300 000 habitants, des usines importantes, une université réputée, ainsi que deux célèbres équipes de football : le VfR Mannheim, champion d'Allemagne en 1949, et SV Waldorf Mannheim, dont les titres de noblesse remontent à l'époque qui avait précédé la Seconde Guerre mondiale, gloire renouvelée dans les années 80, lorsque l'équipe rejoignit pour sept ans (de 1983 à 1990) la Bundesliga, la première division du football allemand. Durant cette période, le SV Waldorf Mannheim s'est fait une réputation nationale, non seulement pour son attitude rude et brutale, mais également pour comprendre parmi ses supporters une large frange d'extrémistes de droite, particulièrement violents.

En mai 1999, après que le SV Waldhof avait rétrogradé en deuxième division, un match contre l'équipe de la ville voisine d'Offenbach, un autre club traditionnel allemand, fut le théâtre de violences particulièrement brutales. Avant et après le match, des groupes de hooligans et de néonazis venus de toute l'Allemagne mirent à sac un quartier résidentiel d'Offenbach en se rendant de la gare au stade. Ils s'en prirent même à des voitures de police. Durant le match, des supporters néonazis de l'équipe de Mannheim attaquèrent des supporters de l'équipe d'Offenbach et arrachèrent de larges pans de bois du sommet non sécurisé des tribunes et les projetèrent sur les fans d'Offenbach. Cent trente personnes furent blessées, l'incident fut retransmis sur les chaînes nationales et eut pour conséquence la démission du chef de la police d'Offenbach.

À cette époque, des membres dirigeants des organisations néonazies de la région faisaient partie des fan's clubs du SV Waldorf. Ils avaient tenté de prendre le pouvoir du stade de Waldorf par leur présence massive et en cherchant à dominer symboliquement les gradins, scandant des chants fascistes, déployant des bannières, arborant des badges nazis, etc. Ils pensaient que cette attitude fascinerait les jeunes fans. Les organisations nazies imaginaient pouvoir ainsi les mobiliser, les recruter et les politiser.

Vu que des incidents de ce type font partie de la réalité actuelle du football, il est parfaitement justifié que des chercheurs en sciences sociales et l'opinion publique se penchent sur les activités d'extrême droite pratiquées dans le cadre et autour du football. Le sujet n'est cependant pas aussi simple qu'il pourrait apparaître à première vue. La «logique» de cette violence d'extrême droite ainsi que du racisme dans l'univers du football, tout comme la «logique» et la structure du milieu des supporters sont en effet beaucoup plus complexes que le portrait qui en a parfois été dressé.

EXTRÉMISTES DE DROITE, HOOLIGANS ET ULTRAS

Par le passé, les hooligans ont servi à personnifier le noyau dur du milieu des supporters comme un phénomène uniforme et homogène auquel le racisme pouvait facilement être associé. Qui aurait peine à croire que quelqu'un qui prend part à des émeutes telles que celles d'Offenbach peut également scander des slogans comme *«Hey, hey, hey, NSDAP»* et être raciste? Récemment, cependant, des auteurs comme Gary Armstrong[6] ont démontré qu'au contraire, l'on trouve au cœur de ce qui constitue l'univers social du hooliganisme d'autres caractéristiques que les comportements et attitudes associés à l'extrême droite.

De ce point de vue, le hooliganisme doit être compris comme un phénomène incluant la rivalité, la compétition et la mesure de son courage[7]. En effet, bien que l'on imagine souvent le contraire, le but et la raison d'être du hooliganisme n'est pas de commettre des actes de violence. Le but est plutôt d'humilier un rival perçu comme son égal et de démontrer, par ce moyen, sa propre supériorité[8]. Comme l'a fait apparaître Armstrong dans son étude des *Blades* (lames) de Sheffield, il existe un grand nombre de moyens d'atteindre ce but, qui peuvent être déployés devant des publics très différents. Un tel «phénomène expressif»[9] peut, par exemple,

---

6. Gary Armstrong, *Football Hooligans. Knowing the Score*, Oxford: Berg Publishers, 1998.
7. *Ibid.*, pp. 233 ss.
8. *Ibid.*, p. 234.
9. *Ibid.*, p. 247.

consister à surgir sur le territoire de son opposant (dans son quartier, dans ses gradins, etc.) et ce, même lorsque la présence de patrouilles de police rendant impossible toute utilisation de la force pouvait être présumée. Bien qu'exempte de confrontation physique, du point de vue d'un hooligan, ce genre d'apparition est considéré comme une réussite. L'élément le plus éloquent et, de ce fait, l'enjeu vraisemblablement le plus important de cet exercice de confrontation consiste à faire fuir le groupe rival («adversaire en fuite»), qu'un combat ait ou non eu lieu. C'est pourquoi le hooliganisme ne peut être appréhendé comme une forme de violence dénuée de toute règle. Au contraire, c'est une compétition dans laquelle les participants adhèrent à des règles normatives et tacites[10]. De même, Armstrong a montré que l'importance réelle de la violence ainsi que le degré de gravité des actes violents sont tout deux limités.

Un exemple tiré de mon étude à Mannheim met en évidence comment le comportement des hooligans se plie à des règles et comment la violence est ainsi limitée. Lors d'un match de deuxième division entre le SV Waldhof Mannheim et une équipe des environs de Francfort, les hooligans venus de l'extérieur ne purent pas tous obtenir de billet pour le bloc des supporters réservé aux visiteurs. Certains d'entre eux se rendirent dans le bloc des places debout principalement fréquenté par les fans de Mannheim qui préféraient justement ne pas suivre le match depuis la zone réservée aux supporters ou les gradins. Parmi les supporters de Francfort se trouvaient les *«junior hools»* qui, dès leur arrivée, se mirent à provoquer, par des insultes, un groupe de fans plus âgés de Mannheim. Ces derniers étaient furieux et d'autres fans de Mannheim durent les empêcher d'en venir aux poings avec les jeunes supporters de Francfort. Après quelques frottements, un *«senior hool»* indigné de Francfort s'interposa subitement, poussant violemment les adolescents de côté. Il déclara leur comportement inacceptable et honteux, dans la mesure où ils se trouvaient dans une tribune neutre de l'équipe hôte non occupée par des hooligans de Mannheim. Ici, l'on était tenu de se comporter comme un invité et de respecter la préséance des hôtes comme ceux-ci respecteraient, à leur tour, celle de leurs visiteurs. S'ils cherchaient à

---

10. *Ibid.*, pp. 234 ss.

se battre, ils devaient se rendre dans le bloc des supporters de Mannheim. Finalement, il les menaça de leur ficher une «raclée» s'ils ne cessaient de harceler les supporters de Mannheim.

Armstrong a également dépeint les hooligans qu'il a étudiés comme étant égalitaires et individualistes[11]. Dans les groupes de hooligans, aucune hiérarchie claire ne peut être établie. Car une hiérarchie pourrait ouvrir la porte à des risques de conflits de position et de scissions. Or, le conflit interne ne correspond pas à l'image que les hooligans se font d'eux-mêmes. De plus, et cela compte encore davantage, une organisation hiérarchique entrerait fondamentalement en contradiction avec l'esprit de «bande» des activités des hooligans[12]. Comme l'explique Joachim Kersten:

> «Les bandes n'existent qu'au travers du mouvement [...] Le sentiment d'appartenance résulte de l'action collective de la bande. [...] Lorsque la violence éclate, que la chasse est ouverte et que les coups se mettent à pleuvoir, chaque hooligan agit pour son propre compte. Il a besoin de la bande parce qu'elle crée des occasions de violence et sert de bouclier pour ne point coup férir et ne pas se faire attraper trop facilement. Wolfgang Sofsky écrit au sujet des bandes: ‹Durant la chasse, la coopération entre les membres de la bande est réduite au minimum. La répartition du travail est un acte spontané. Quand la bande est en marche, les hiérarchies s'effacent. Une bande peut recevoir l'ordre de se mettre en mouvement; cependant, elle n'est pas guidée par des ordres, mais par des individus qui donnent l'exemple. Ils agissent et leur action devient visible pour les autres. Quelqu'un prend l'initiative et tout le monde suit en essayant d'être aussi rapide que l'initiateur. La bande crée des meneurs qui lui ouvrent ensuite la voie.»[13]

De plus, le mode de vie des hooligans est caractérisé par un «dérèglement très contrôlé des émotions et des expressions»[14]. Lorsqu'une bande est en action, les individus qui la composent ressentent un «sentiment d'intensité» et d'«invincibilité»

---

11. *Ibid.*, p. 231.
12. Le terme «mob» (que nous avons traduit par «bande») est largement utilisé dans les milieux hooligans pour désigner le groupe en action.
13. Wolfgang Sofsky, *Traktat über die Gewalt*, Francfort-sur-le-Main: S. Fischer, 1996, p. 165.
14. «Highly controlled decontrolling of emotions and expressions», cité in G. Armstrong, *op. cit.*, p. 295.

grisant[15]. Cette «décharge d'adrénaline» est également caractéristique des sports extrêmes, à risque et d'aventure, ainsi que des «comportements induisant une décharge d'adrénaline»[16], parmi lesquels Hubert Knoblauch classe le surf, les courses de voiture ou encore le saut à l'élastique. Ainsi, plutôt que de représenter le hooliganisme comme une culture déviante d'expression violente, nous ferions mieux de le considérer comme faisant partie d'une «culture postmoderne de l'extase»[17]. Cette culture est en opposition avec l'«ascétisme actif du sport intrinsèquement lié à la performance, à la compétition et à la discipline» caractéristique de l'époque moderne «classique»[18] qui constituait le pendant athlétique de l'ascétisme séculier issu de l'éthique protestante. Le but poursuivi par les individus impliqués dans cette nouvelle culture de l'extase «n'est plus la performance, qui devient plutôt un moyen de tester ses propres limites»[19]. Mettre à l'épreuve ses limites (celles de son propre corps, mais également celles que nous impose la loi) est un moyen de construire son identité personnelle dans une société qui a dévalué le corps masculin, aux formes athlétiques, et son aptitude pour le travail physique pénible, d'une part, et comme symbole de la domination et de la supériorité masculine, d'autre part. Cette culture de l'extase s'adresse à ce corps «problématique» en lui accordant une valeur renouvelée.

La problématique de la virilité physique joue un rôle fondamental dans le hooliganisme. Selon Armstrong, l'image que les hooligans ont d'eux-mêmes est celle d'une «entité masculine appartenant à l'élite»[20]. Nous n'avons cependant pas affaire ici à une forme classique de masculinité «excessive» dans laquelle la *position* patriarcale et la *représentation* masculine s'harmoniseraient. Cette *performance* de la masculinité au sein de la culture hooligan doit

---

15. «Feeling of intensity (and of (invincibility»), cité dans Joachim Kersten, «Groups of Violent Young Males in Germany», in Malcolm. W. Klein et al. (dir.), *The Eurogang Paradox: Street Gangs and Youth Groups in The U. S. and Europe*, Dordrecht; Boston; Londres: Kluwer Academic Publishers, 2001, p. 251.
16. «Risky kick behaviour» cité in Hubert Knoblauch, «Ekstatische Kultur. Zur Kulturbedeutung der unsichtbaren Religion», in Achim Brosziewski, Thomas S. Eberle, Christoph Maeder (dir.), *Moderne Zeiten. Reflexionen zur Multioptionsgesellschaft*, Constance: Universitäts Verlag Konstanz, 2001, p. 160.
17. *Ibid.*
18. «Active asceticism of sport semantically linked to performance, competition and discipline», cité in Hubert Knoblauch, «Asketischer Sport und ekstatische Askese», in Gabriele Sorgo (dir.), *Askese und Konsum*, Vienne: Turia + Kant, p. 238.
19. «No longer performance. Instead, performance serves as a way of testing one's limits», cité in H. Knoblauch, *Asketischer Sport…, op. cit.*, p. 240.
20. G. Armstrong, *op. cit.*, p. 243.

plutôt être comprise comme une réaction à la crise de la domination sociale masculine dans les sociétés capitalistes d'après guerre. Depuis la guerre, les femmes n'ont cessé d'engranger des succès pour obtenir des positions auparavant presque exclusivement réservées au domaine public masculin. Les hommes des classes moyenne et ouvrière ont, chacun à leur manière, été affectés par cette perte de domination sociale. D'une part, pour citer à nouveau Kersten, « la masculinité se rebelle (…) car une grande partie de la population masculine doit renoncer à l'accès à la domination et à des privilèges jusqu'alors considérés comme allant de soi. Dans le cas du hooliganisme, les personnes menant ces rébellions n'appartiennent pas à des classes défavorisées, marginalisées ou issues de ghettos, mais sont des jeunes de la classe moyenne. »[21] D'autre part, « les jeunes issus des classes défavorisées ou d'origine ouvrière sont aujourd'hui, dans le meilleur des cas, destinés à des emplois dans le secteur tertiaire, autrement dit à un travail féminisé qu'ils détestent profondément et trouvent dévirilisant, ce qui alimente leur haine et leur agressivité »[22]. Par réaction, ces hommes expriment et rehaussent leur virilité et leur propre statut de manière à s'affranchir des frontières entre les classes sociales[23]. Ce fonctionnement n'étant pas vécu au quotidien, il tend à s'exprimer plutôt lors d'événements ritualisés.

Cet aspect du fonctionnement du mode de vie hooligan ne peut cependant, comme nous l'avons déjà dit, être réduit à la seule représentation de la masculinité. Globalement, la culture hooligan trouve son sens dans l'observation publique de sa performance et les commentaires qui s'y rapportent. De nombreux groupes différents peuvent former ce public, dont les adversaires et les supporters ordinaires, mais également la police et – via les médias – le grand public, sans oublier les autres hooligans de leurs cercles de connaissances, au travers de vidéos amateurs et de photos de leurs activités. Nous retrouvons là une caractéristique présente de

---

21. « [R]ebellions of masculinity occur […] because hitherto taken-for-granted access to dominance and privilege go forsaken for a larger part of the male population. The carriers of the rebellion are in the case of hooliganism not down and out underclass or ghetto kids, but middle class youths. » Cité in J. Kersten, *op. cit.*, p. 253.
22. « [T]he current underclass and former working class youth are presently – at best – booked for tertiary sector jobs, feminized work that they deeply detest and find unmanly. This fuels their hate and their aggression », cité in *Ibid.*, p. 249.
23. Armstrong a remarqué que le groupe de hooligans qu'il a étudié était composé d'une structure sociale mixte et que la culture hooligane n'était pas limitée à une couche spécifiquement basse de la société. Voir Armstrong, *op. cit.*, pp. 150 ss.

manière plus générale dans les sociétés postmodernes: dans les sociétés accordant une large place au spectacle, en effet, seuls les événements médiatisés existent. Dans une situation sociale de ce type, les membres de la société ne se satisfont pas d'être les observateurs «passifs» des actions d'autrui relayées par les médias, ce qui reviendrait à devenir «inexistants». Au contraire, ils s'efforcent de prendre directement part à ces spectacles médiatisés.

En résumé, nous observons que le hooliganisme est profondément ancré dans notre culture post-capitaliste. Le mode de vie hooligan est orienté de manière *agoniste*, c'est-à-dire qu'il est déterminé par le principe culturel primaire de compétition ouverte. En même temps, ce mode de vie structuré de manière rationnelle (utilisation planifiée de la violence selon une règle établie, extase contrôlée) réduit le risque effectif de compétition. De plus, il est caractérisé par une *représentation de par les médias* ainsi que par l'*interprétation et l'exagération de la masculinité*. Ainsi, le hooliganisme peut être redéfini comme installé «au cœur même de notre société». Dès lors, ce mouvement réagit en reproduisant les structures des sociétés capitalistes en général. En les mettant à l'épreuve, les hooligans font apparaître ses structures, provoquant par ce biais les autorités morales et politiques.

Cette quête de plaisir, ce désir de représentation publique de soi et de charismatisation face à l'autorité (étatique) est partagée par les mouvements que nous avons pour habitude de nommer *ultras* et que j'aimerais maintenant aborder afin d'approfondir mon argumentation. Alors que la domination physique (qu'elle soit territoriale ou violente) et ses interactions avec l'univers hooligan sont les activités dominantes qui donnent sens à l'univers social du hooliganisme, le milieu ultra reste plus en lien avec le match de football lui-même.

Ses membres accomplissent des chorégraphies complexes avec d'énormes banderoles de fabrication artisanale parfois déployées sur toute la largeur d'un bloc de gradins, ils utilisent des fumigènes prohibés et des feux d'artifice dans le but de transformer le stade en un contre-monde qui semble échapper au contrôle. Toutes ces activités sont destinées à attirer l'attention des médias publics. Tandis que les hooligans s'engagent dans des conflits physiques avec leurs homologues d'autres villes, les ultras s'adonnent entre eux à une compétition uniquement symbolique. Les ultras s'identifient fortement à leur équipe et à leurs couleurs. Cette dévotion conduit de nombreux groupes ultras à entreprendre des activités quasi politiques dans le but de promouvoir leurs intérêts ainsi que ceux de leur club de football. Les «ultras de Mannheim», par exemple, ont participé à une initiative de supporters coordonnée au plan national, «Pro 15 h 30» visant à obtenir que le coup d'envoi des rencontres de division supérieure soit uniformément fixé le samedi après-midi à 15 h 30, soit à l'heure convenant le mieux aux supporters. Des ultras ont occupé des positions clés au sein du club Pro Waldhof, qui s'est lancé dans une véritable bataille contre la fusion de leur club avec son rival local, le VfR Mannheim; dans la finalité, leurs efforts n'ont cependant pas abouti. De surcroît, les ultras de Mannheim ont proposé d'offrir gratuitement leurs services comme membres du service d'ordre du stade lorsque le club traversait une crise financière. Enfin, le «coordinateur du Waldhof Mannheim pour les questions liées aux supporters et à la sécurité» est un membre fondateur des ultras de Mannheim.

L'attirance pour la représentation et la charismatisation de soi observée tant parmi les hooligans que parmi les ultras restreint cependant très clairement les tentatives des *organisations d'extrême droite* de prendre le contrôle de ces milieux de supporters pour les mobiliser à des fins politiques. Des coalitions à court terme peuvent certes s'établir, comme l'illustre bien l'exemple des incidents planifiés et coordonnés d'Offenbach. Des hooligans avaient alors agressé d'autres hooligans d'Offenbach, des néonazis attaqué des fans ordinaires, des ultras déclenché un incendie, propageant fumée et chaos dans le stade, et ensemble, ils s'en étaient pris à la police. Toutefois, cette opposition à l'autorité de l'État et un mode de pensée résolument antagonique «eux et nous» sont probablement les seules attaches qui lient les hooligans et les ultras aux extrémistes de droite.

Un examen plus approfondi révèle que les hooligans et les ultras ont des tendances et poursuivent des objectifs qui diffèrent radicalement de ceux des organisations d'extrême droite. En effet, tant les hooligans que les ultras perçoivent la politique comme un sujet dangereux, puisqu'il renferme toujours un risque de fractionnisme menaçant leur cohésion interne. Pour les hooligans, le groupe représente une structure propice à l'action individuelle et à la protection contre les attaques et la persécution. Des hooligans peuvent se trouver être des extrémistes de droite dans d'autres secteurs de leur vie. Néanmoins, en tant que hooligans, leurs critères de pertinence les mènent ailleurs et leur font apparaître l'idéologie politique comme une source de compétition indésirable. Vu sous cet angle, exclure un possible partenaire dans les activités de hooliganisme en raison de son orientation politique d'extrême droite ou de la couleur de sa peau, c'est-à-dire en se fondant sur des motifs idéologiques, apparaîtrait donc comme insensé. Le soutien à leur club et à leur équipe est une caractéristique essentielle de la culture des ultras. Les ultras essaient d'attirer et d'intégrer autant d'adeptes inconditionnels de leur équipe que possible dans le but d'accomplir leurs chorégraphies élaborées. Tout ce qui est susceptible de menacer l'unité du soutien apporté à leur équipe est considéré comme dangereux, raison pour laquelle les ultras regardent avec beaucoup de suspicion l'intrusion de la politique, fût-elle de gauche ou de droite, dans le football.

Ainsi, comme nous venons de le voir, l'extrême droite n'est pas en position d'imposer aux autres ses critères de pertinence. Au contraire, les extrémistes de droite doivent eux-mêmes s'adapter au milieu du football moderne et à ses règles de représentation médiatique.

Ni les hooligans, ni les ultras n'ont besoin d'idéologie ou d'identité politique, puisqu'ils recherchent avant tout la visibilité et la représentation de soi. Ce dont ils ont besoin, c'est d'une audience, que ce soit auprès du grand public, par l'entremise des médias, ou auprès de leurs pairs. Comme les extrémistes de droite, ils savent parfaitement que pour attirer l'attention, dans une société de représentation de soi hyper-médiatisée comme la nôtre, la meilleure chose à faire est de briser un tabou. De ce point de vue, les organisations d'extrême droite, les hooligans et les ultras ne sont pas tant des alliés que des concurrents cherchant à focaliser l'attention du public. On observe néanmoins certaines similitudes entre les bandes de hooligans et les bandes néonazies. Ces dernières sont moins caractérisées par leur vision du monde hermétique d'extrême droite et leur politique organisée que par le style de vie néonazi qu'ils affichent de manière emblématique[24]. Les hooligans peuvent donc nouer des coalitions avec le style de vie d'extrême droite. Cependant, comme l'a souligné Kersten, «les jeunes appartenant à ces bandes ne sont pas ce que recherchent les

---

24. Cf. Hans-Volkmar Findeisen, Joachim Kersten, *Der Kick und die Ehre. Vom Sinn Jugendlicher Gewalt*, Munich : Kunstmann Verlag, 1999, p. 111.

partis d'extrême droite, car ils ne s'intéressent ni au pouvoir, ni à s'organiser, ni à adhérer à un parti »[25].

LE DISCOURS SUR LE HOOLIGANISME

En dépit de ces contradictions, de ces différences et de ces conflits récurrents, immédiatement apparents, entre les différents groupes que nous avons évoqués, le *discours public* est dominé par un fort amalgame entre extrémisme de droite, racisme et hooliganisme. À ce propos, je souhaiterais reprendre notre exemple de Mannheim afin de décrire plus précisément la structure du discours public. Après les incidents d'Offenbach en mai 1999, les responsables des émeutes ont été emprisonnés. Le conseil d'administration du club, qui avait par le passé été accusé de minimiser les activités néonazies menées parmi ses fans, bannit les activistes du stade et se mit à lancer des campagnes de lutte contre la violence et le racisme en procédant à des annonces par haut-parleur dans le stade et en déployant de larges bannières où l'on pouvait lire : « Arrêtez la violence et le racisme. » Les journalistes et les commentateurs de la presse locale et nationale exprimèrent leur dégoût et déclarèrent que ce qui s'était produit allait bien au-delà de ce qu'ils imaginaient possible. Ils soutenaient avec véhémence que de tels comportements ne pourraient plus être tolérés et entraîneraient de graves conséquences pour leurs auteurs. À la suite de ces événements, des groupes gauchistes de la région organisèrent une « Journée contre le fascisme pour stopper le racisme et les néonazis dans la rue et au Waldhof Club ». Cette manifestation a eu lieu à Mannheim en septembre 1999.

Ces réactions sont d'autant plus surprenantes que le racisme n'avait joué aucun rôle dans les événements d'Offenbach ! La violence y avait été dirigée contre les forces de police ainsi que contre les supporters du Offenbach FC. Il est vrai que, comme je l'ai déjà mentionné précédemment, des groupes politiques d'extrême droite avaient tenté d'inciter des fans du SV Waldhof à la violence et de les recruter. On est pourtant autorisé à émettre de sérieux doutes quant à la pertinence de parler de prédominance de l'extrême droite dans le milieu des supporters. Il subsiste aujourd'hui très peu d'extrémistes de droite parmi les milieux

---

25. Cf. J. Kersten, *op. cit.*, p. 253.

proches du SV Waldhof Mannheim. Même les groupes de supporters d'extrême gauche estiment leur nombre inférieur à une trentaine. Ces personnes ont très peu d'influence sur les supporters ou sur ce qui se passe dans les tribunes du stade. Néanmoins, il est peu probable que les campagnes de lutte contre l'extrême droite menées par le club ou le tollé médiatique contre la violence ni même l'activisme d'extrême gauche aient véritablement contribué à ce changement. Compte tenu de ce que nous avons établi au sujet de la culture hooligan et ultra, des extrémistes de droite auraient eu très peu de chances d'obtenir une emprise durable dans ces milieux en raison de la *nature* de ces groupes. Si tant est que des influences *extérieures* fussent responsables de cette évolution, alors peut-être s'agissait-il des mesures de prévention de la police et des tribunaux ; ou du fait que le club joue maintenant en quatrième division, à l'écart des caméras et des grandes foules de supporters, ce qui en fait un terrain peu propice à l'agitation politique.

En résumé, nos sentiments sont partagés. Car, aussi inquiétants que puissent être des événements tels que ceux qui se sont déroulés à Offenbach, ils ne constituent qu'un élément isolé du large éventail des activités menées par les fans inconditionnels de football, dans un domaine ambivalent, objet d'une vaste polémique. Surtout, la situation de Mannheim met en lumière un phénomène que je serais tenté d'appeler le *discours sur le hooliganisme*. Les médias se concentrent sur la présentation d'événements exceptionnels et dramatiques tels que ceux d'Offenburg ou l'attaque presque fatale de hooligans allemands contre un policier français durant la Coupe du Monde de football de 1998 [26]. De plus, la focalisation de l'attention du grand public créée par les médias fait entrer en scène les élites pédagogiques professionnelles, appelées à s'exprimer sur les dimensions morales de ces événements. Marchant la main dans la main avec les médias, politiciens, éducateurs, psychologues, sociologues et autres experts fournissent leurs interprétations des événements, dépeignant les actes de violence comme étant commis par de dangereux hooligans d'extrême droite racistes et violents. La menace sous-jacente de ces événements est perçue dans le fait qu'un potentiel de danger social habituellement dissimulé surgit sous forme de violences prétendument motivées par

---

26. Cf. Thomas Lau, « Die Hooligan-Schande », in Anne Honer, Ronald Kurt, Jo Reichertz (dir.), *Diesseitsreligion. Zur Deutung der Bedeutung moderner Kultur*, Constance : Universitäts Verlag Konstanz, 1999.

des desseins politiques et apparemment incontrôlables et excessives, et que leur potentiel latent pourrait également être éveillé dans d'autres circonstances. Les élites réagissent à cette menace *symbolique* d'une manière tout aussi symbolique. En *qualifiant* les événements de *scandale*, ils confirment, aussi bien pour eux-mêmes que pour le grand public, leur conscience du problème, leur compétence pour interpréter les causes et la signification qui le sous-tendent et leur volonté de maintenir l'ordre social. En *moralisant* le problème, les déficiences morales des «sujets déviants» sont contrées – et ainsi compensées – par une indignation morale. À la fin du cycle, l'élite moralisante confirme sa propre légitimité aussi bien que celle de l'ordre social établi.

Définir le problème du hooliganisme comme un scandale et le présenter comme un problème moral a aussi d'autres répercussions. Ces perspectives font apparaître les problèmes surgissant dans le monde du football, à l'instar de la violence et du racisme, comme le résultat d'une politisation forcée «depuis l'extérieur» de ce milieu, manifestée par des groupes marginaux comme les hooligans, au sein desquels elle serait confinée. Implicitement et explicitement, le reste du monde du football ressemble à une île de paisible sportivité et d'harmonieuse sociabilité. L'indignation dirigée contre certains phénomènes et le romantisme attribué à d'autres entraînent la banalisation d'une réalité qui, bien qu'elle ne soit pas toujours mise en relation avec le hooliganisme, n'a jamais véritablement été mise en évidence dans cette subculture: le racisme dans le sport. En stigmatisant les hooligans (et certains clubs de football comme le SV Waldhof), l'attention de la société est détournée des lieux de l'univers du football dans lesquels le racisme fait véritablement partie du bagage standard ainsi que du répertoire comportemental de ceux qui le pratiquent.

RACISME ORDINAIRE DANS LES MILIEUX DU FOOTBALL AMATEUR

Contrairement aux suppositions induites par le discours sur le hooliganisme, qui attribue symboliquement le racisme à certains groupes de supporters, certaines équipes et certains événements, le racisme est enraciné dans la structure profonde de la société, ce que je vais tenter de démontrer en utilisant le vaste terrain d'exploration qu'offrent les milieux du football amateur. Tandis que le paysage des supporters allemands évolue autour d'une trentaine, voire une quarantaine d'équipes, les activités des acteurs de ces milieux sont bien moins symboliques et elles ne visent pas à attirer l'attention des médias ou des autorités politiques ou morales. Chaque week-end, des centaines de rencontres ont lieu dans les divisions inférieures. Le racisme y est exprimé dans des situations d'interaction en face à face avec des joueurs désignés «étrangers». À cet égard, j'estime qu'il est nécessaire de distinguer au moins trois types de comportements racistes, dont aucun n'est restreint à des groupes sociaux marginaux. En réalité, ces comportements relèvent même tous de la pratique sociale dominante subie, en particulier, par les émigrés turcs évoluant dans les ligues amateurs inférieures. Le prochain point que je vais aborder a trait une nouvelle fois aux observations faites dans le milieu du football à Mannheim.

En premier lieu, les joueurs et supporters des équipes «d'ethnie turque» sont confrontés au *racisme comme vision du monde*. Cette perspective fournit à ses adeptes une clé d'interprétation et d'appréhension du monde. Relevant d'un *savoir tacite*[27], elle définit leurs dispositions comportementales et autorise les actes racistes quasi «automatiques» et «naturels». En particulier lors de rencontres disputées à la campagne, les joueurs des équipes turques de Mannheim sont confrontés à tout un univers d'absolue altérité comprenant la manière dont leurs «hôtes» les regardent, la latence de leurs expressions faciales, la subtilité de leurs insinuations et leurs débordements collectifs, apparemment «incontrôlés», d'insultes racistes.

Secundo, il existe une forme très répandue d'*utilisation instrumentalisée du racisme fondée sur une idéologie raciste*[28]. Contrastant avec le racisme comme vision du monde, le racisme idéologique ne détermine pas véritablement les dispositions comportementales. Les personnes qui y recourent sont capables de justifier leurs actes racistes avec une certaine distance de réflexion. Cette forme de racisme est instrumentalisée dans le but spécifique d'induire certains comportements chez soi-même comme chez autrui. Sur le terrain, les joueurs allemands s'adressent à leurs adversaires en faisant appel à des stéréotypes racistes et à des expressions dégradantes («*Scheißtürke*», «*Kümmeltürke*», etc.). Ces propos visent à provoquer les joueurs turcs, considérés comme particulièrement sensibles aux offenses à leur sens de l'honneur. Les joueurs sont censés

---

27. Cf. David L. Altheide, John M. Johnson, «Tacit Knowledge: The Boundaries of Experience», *Studies in Symbolic Interaction*, Vol. 13, 1992, pp. 51-57.
28. Cf. P.-A. Taguieff, *op. cit.*, pp. 145 ss.

soit réagir agressivement, ce qui obligera l'arbitre à les pénaliser, soit au moins perdre leur concentration.

Tercio, en cas d'interaction directe entre équipes turques et allemandes à Mannheim, à l'heure actuelle, l'utilisation de *stéréotypes partagés* pourrait constituer le principal mécanisme de «communication interculturelle». En d'autres termes, le racisme existe également sous la forme d'un *mode d'interaction consensuelle dans les contacts interculturels de tous les jours*. Le stéréotype des «gens du Sud qui ont le sang plus chaud» revêt ici une importance déterminante. À titre d'exemple, lorsqu'un certain nombre de cartons rouges est distribué au cours d'une rencontre contre une équipe grecque, lorsque l'arbitre est contraint d'interrompre une partie entre deux équipes turques parce qu'une bagarre a éclaté entre les joueurs présents sur le terrain, lorsqu'un commentateur souligne le nombre élevé de cartons jaunes distribués à des joueurs espagnols au cours d'une saison, l'explication avancée aussi bien par la partie allemande que par les équipes ethnicisées elles-mêmes est que les Européens du Sud «ont le sang plus chaud» (au comparatif).

Ce stéréotype comporte des caractéristiques structurelles qui méritent d'être mises en évidence:

1. La différence ici exprimée est graduelle (le sang plus chaud là-bas, le sang moins chaud ici). Une inégalité entre les parties en interaction est ainsi établie, bien qu'il ne s'agisse pas d'une inégalité de valeur ou de statut[29].

2. Cette différence est définie comme naturelle plutôt que sociale. Cela signifie, d'une part, qu'elle est considérée comme innée et donc immuable. Simultanément, elle est traitée comme n'ayant pas d'incidence directe sur la vie sociale, puisqu'elle n'a pas forcément de répercussions sur le comportement social.

3. Les «gens du Sud au sang plus chaud» est aussi bien un auto-stéréotype qu'un hétéro-stéréotype, puisqu'il est endossé et utilisé par la partie stigmatisée. Il constitue une sorte d'acquis partagé en matière de différences ethniques.

---

29. Cf. Sighard Neckel, Ferdinand Sutterlüty, «Negative Klassifikationen. Konflikte um die symbolische Ordnung sozialer Ungleichheit», in Wilhelm Heitmeyer, Peter Imbusch (dir.), *Integrationspotenziale einer modernen Gesellschaft*, Wiesbaden: VS Verlag für Sozialwissenschaften, 2005, pp. 409-428.

4. En relation directe avec le point que je viens d'évoquer, ce stéréotype est transmis dans des situations de contact interethnique et non pas uniquement en l'absence du groupe stigmatisé.

5. Finalement, examinée sous l'angle empirique, cette forme de préjugé offre d'intéressants parallèles avec d'autres genres de stéréotypes. Des qualificatifs tels qu'«agressifs», «brutaux», «violents» (relatifs à des catégories de comportements) sont évités et dissimulés par le préjugé selon lequel les Européens du Sud «ont le sang plus chaud». D'autre part, des attributs comportementaux comme: «Ils restent toujours entre eux», «Ils se serrent les coudes», etc., qui ne sont pas inclus dans le stéréotype du «sang plus chaud», mais expriment plutôt des différences ethniques et culturelles, sont très souvent énoncés du côté allemand. Les pratiques marquant des différences culturelles et des sentiments d'appartenance ethnique, à l'exemple de la «solidarité turque», décrite en ces termes, sont réputées problématiques et critiquables.

Comme nous l'avons indiqué, les attributs flagrants, méprisants ou discriminatoires sont fréquents dans le milieu du football. Ils sont cependant rejetés par la collectivité et, lorsqu'ils sont prononcés, ils se heurtent à l'indignation ou à des réactions de contre-stigmatisation (comme «nazi» ou «paysan»). Dès lors, ils ne peuvent être librement communiqués sans risque d'être contredits qu'en cercle clos. Qui plus est, de tels cercles sont de plus en plus rares dans le milieu du football.

Comment expliquer la propagation de cette forme particulière de stéréotypes? Il faut en chercher la clé dans le contexte social où elle est pratiquée et que nous pouvons décrire comme suit. Ce milieu est caractérisé par des contacts répétés entre des groupes de participants dans des contextes où ils s'organisent en tant que groupes. En outre, un aspect essentiel du monde du football est l'évolution constante de la composition des équipes. Un joueur sud-européen défendant les couleurs de l'équipe adverse pourrait être intégré demain à l'équipe soutenue, ce qui signifie que le succès de l'équipe pourrait dépendre de sa coopération. Une autre caractéristique est le chevauchement des adhésions dans les différents univers de ce milieu. À condition d'être qualifié comme arbitre, le membre d'un club d'Europe méridionale peut simultanément être membre, par exemple, d'une association d'arbitres. Pour assurer et maintenir la réussite de leurs activités principales, les participants de cet univers social dépendent les uns des autres.

Ils doivent pouvoir s'appuyer sur la certitude que le joueur «étranger» ou «allemand» sera bien présent comme prévu le dimanche suivant pour disputer la rencontre. De même, au plan interne, les équipes «allemandes» dépendent également de leurs immigrés. Nombreux sont les clubs qui seraient dans l'impossibilité de former une équipe sans recourir à des joueurs étrangers. De fait, les différentes divisions (et les communautés qui la composent) sont totalement tributaires de clubs et de joueurs étrangers, sans qui des rencontres régulières ne seraient plus possibles. Par ailleurs, il est fréquent que des immigrés assument des postes importants dans le milieu du football. Athlètes ayant connu le succès, ils sont des membres importants de leur équipe. Les équipes pluriethniques remportent des succès, accèdent aux divisions supérieures et gagnent des trophées et des championnats. Au bout du compte, les «étrangers» sont capables de se défendre dans des situations de crise grâce aux moyens relativement importants dont ils disposent, aux positions qu'ils ont obtenues dans le milieu au fil des ans, de même qu'à leur connaissance des règles formelles et informelles de ce milieu. Nous avons déjà mentionné un type d'autodéfense, la contre-stigmatisation. Un autre aspect non négligeable est le fait que les immigrés du football n'hésitent pas à porter une affaire devant les tribunaux en cas de conflit.

Au vu de ce qui précède, nous pouvons affirmer sommairement que des stéréotypes interculturels tels que «les gens du Sud ont le sang plus chaud» servent à maintenir des images fixes de soi-même et des autres, de même que des limites «ethniques» claires dans des situations d'interaction continuelle, de changement et de diversité dans la composition des groupes et de dépendance mutuelle typiques des milieux du football amateur en région urbaine. Il n'en demeure pas moins que la prédominance du racisme consensuel dans l'interaction interethnique n'a aucune incidence sur l'asymétrie sociale globale des relations interethniques. Les personnes appartenant à des «minorités ethniques» sont toujours perçues comme le reflet de la majorité de leur ethnie et une déviation de la condition indigène considérée comme «normale». Aussi, elles sont définies comme fondamentalement ethnicisées. Par contraste, l'ethnicité des Allemands reste invisible, à l'exception des situations de contre-stigmatisation ethnicisée. On le constate notamment du simple fait qu'un stéréotype comparativement aussi fort et répandu que celui des «gens du Sud au sang plus chaud» n'existe pas au sujet des Allemands. Les membres d'une majorité sociale ne sont pas définis au travers de catégories ethniques, mais plutôt par des termes se référant à leur individualité, à leurs structures sociales ou à leur mode de vie.

CONCLUSION

Le comportement des *hooligans* ne se rapporte pas au monde politique institutionnel, il n'a pas pour finalité un changement social et peut ainsi, au sens strict, être qualifié d'apolitique[30]. Bien que leurs attitudes politiques puissent en partie être associées à l'extrême droite[31], les hooligans, en tant que tels, ne se conduisent pas activement comme des extrémistes de droite. Les hooligans et les *ultras* ne sont politisés que par extension, au sens large du terme. Ils sont actifs dans la «politique de la vie» étant donné qu'ils saisissent les opportunités qui leur sont offertes en raison de l'absence de règles comportementales strictes définies par les institutions politiques – caractéristiques des sociétés «postmodernes» – et de l'obligation qui en découle pour diriger individuellement le cours de leur propre vie afin de trouver les réponses aux questions existentielles posées par leurs vies quotidiennes. Ce faisant, les hooligans, qui portent en particulier leur attention sur des sujets en rapport avec leur propre corps et avec ceux des autres, font usage de leurs propres capacités créatives pour façonner le monde qui les entoure[32].

L'*extrémisme de droite* constitue un problème épineux pour l'ordre social des démocraties modernes vu qu'il se propose

---

30. Pour une reconstitution de la conception de la politique, cf. Dariu Zifonun, «Politisches Wissen und die Wirklichkeit der Politik. Zum Nutzen der Wissenssoziologie für die Bestimmung des Politischen», in Birgit Schwelling (dir.), *Politikwissenschaft als Kulturwissenschaft. Theorien, Methoden, Problemstellungen*, Wiesbaden: VS Verlag für Sozialwissenschaften, 2004, pp. 255-275.
31. Le pourcentage de hooligans souscrivant à l'*idéologie* d'extrême droite fait l'objet d'un débat entre les chercheurs. Armstrong l'estime plutôt bas (cf. G. Armstrong, *op. cit.*, pp. 153 ss.). Lösel et al. parviennent à une estimation supérieure. Lösel fait cependant également remarquer que la majorité (63%) des hooligans objets de cette étude se définissent eux-mêmes comme apolitiques (cf. Friedrich Lösel et al., *Hooliganismus in Deutschland: Ursachen, Entwicklung, Prävention und Intervention*, Berlin: Bundesministerium des Innern, 2001, p. 119).
32. Cf. Ulrich Beck, Anthony Giddens, Scott Lash, *Reflexive Modernization: Politics, Tradition and Aesthetics in the Modern Social Order*, Cambridge: Polity Press, 1994; Anthony Giddens, *Modernity and Self-Identity: Self and Society in the Late Modern Age*, Cambridge: Polity Press, 1991. Cette forme de «politique apolitique» de la vie quotidienne est typique des mouvements sociaux de l'après-mai 68.

d'instituer un ordre social différent, et remet en question la société actuelle dans son ensemble. En Allemagne, l'extrême droite est perçue comme un phénomène particulièrement périlleux, puisqu'il y est toujours interprété à la lumière du passé nazi de ce pays, où il ne va pas sans déclencher de vives inquiétudes. Par contraste, le *racisme ordinaire* ne remet pas en cause l'ordre social existant. Il est restreint à l'univers de la vie quotidienne et ne tente pas de modifier l'ordre institutionnel. Là où l'auto-organisation ethnique et l'attribution mutuelle d'une différence sont maintenues par de larges franges de la société – en dépit de tous les efforts bienveillants entrepris pour «éclairer» les populations auxquelles nous appartenons tous au même titre – les stéréotypes et les préjugés permettent la régulation et l'organisation des contacts interculturels. Tantôt conflictuels, tantôt mutuellement consensuels, en règle générale, dans la société allemande, ces contacts tournent à l'avantage du groupe dominant. De ce fait, le racisme ordinaire restreint les chances des immigrés dans la vie tout en stabilisant la hiérarchie des groupes sociaux. Du point de vue de la société dans son ensemble – en considérant la perspective des groupes sociaux dominants aussi bien que du maintien de l'ordre – le racisme ordinaire s'avère plus productif que problématique. Le vrai racisme observé dans les divisions régionales n'attire pas la publicité, au contraire sans doute de hordes imaginaires de hooligans d'extrême droite censés menacer des manifestations sportives majeures[33].

En qualifiant «le déshonneur du hooliganisme»[34] de scandale et en recourant à une rhétorique moralisante, les élites universitaires, politiques, pédagogiques et médiatiques se mobilisent et se légitiment elles-mêmes aussi bien qu'elles mobilisent et légitiment l'ordre social actuel. Tant le discours sur le hooliganisme que le racisme ordinaire quotidien dans les milieux du football amateur semblent fonctionner, à différents niveaux, comme des moyens de consolidation et de pacification culturelles, fonctions qui témoignent de leur signification culturelle *(Kulturbedeutung)*. De surcroît (et c'est là qu'intervient l'interaction entre les discours sur

---

33. Je pense avoir clairement démontré que je ne tente en aucune manière de banaliser l'extrémisme de droite ou la violence lors d'événements footballistiques majeurs. Cependant, tant l'un que l'autre relèvent du domaine de la responsabilité des représentants de la loi concernés et tendent à subir, dans le discours de l'élite, la distorsion que j'ai évoquée.

34. T. Lau, *op. cit.*, 1999.

le hooliganisme et le racisme ordinaire objets de ma recherche), en marginalisant le racisme et la violence, le discours sur le hooliganisme sert à purifier un monde du football supposément pacifique au « langage international » *(« Sport spricht alle Sprachen »)*, pour citer une récente campagne médiatique du Deutscher Sportbund DSB (Fédération sportive allemande). Ainsi, le discours sur le hooliganisme dissimule le racisme ordinaire et étaie la dominance du discours de l'élite morale ainsi que son monopole sur la représentation médiatique du « mal » dans le sport, au détriment de ceux qui souffrent réellement du racisme et n'ont pas voix au chapitre.

C'est la raison pour laquelle, en dépit de sa compétence académique en matière sportive, le sociologue B évoqué en guise d'introduction n'a pas été sensibilisé par le phénomène du racisme ordinaire lors de ses recherches sur le hooliganisme et l'extrémisme de droite dans le football. Au lieu de cela, il a ainsi pu déployer innocemment son répertoire. Toutes les personnes et les groupes – hooligans, ultras, spectateurs et footballeurs amateurs, ainsi que B – cités dans cette étude se conduisent en conformité avec les règles établies comme normes comportementales dans le milieu du football. En conséquence, elles empruntent l'acquis social répandu dans ce milieu, lequel est truffé de relations de pouvoir et de hiérarchie, qui constituent le fondement de la société. Mais la part de cet acquis social présente chez le jeune universitaire A mérite également d'être mise en lumière: en révélant la nationalité de son père en réponse à la question posée sur son appartenance ethnique, il a démontré avoir lui-même internalisé le préjugé qui a suscité la conduite de B, confirmant par là même sa propre situation de non-appartenance sociale.

Traduction: Mireille Sapin et Isabelle Henchoz

FOOTBALL ET CONFLITS ETHNIQUES À L'EXEMPLE DES LIGUES JUNIORS DE BASSE-SAXE

GUNTER A. PILZ

Le football est – comme nous le rappellent des nouvelles tantôt enthousiasmantes tantôt inquiétantes qui nous parviennent des quatre coins du monde – un vecteur de l'identité nationale. Comme l'ont rappelé de manière éclatante les médias à l'occasion des obsèques de l'idole Fritz Walter en 2002, c'est toute la nation allemande prostrée qui s'est redressée suite à la victoire de la Coupe du Monde de 1954, à Berne. Nombreux sont du reste ceux qui estiment que la conscience de soi des Allemands s'est trouvée délivrée grâce à ce succès, qui aurait en quelque sorte donné le coup d'envoi au miracle économique. Chacun est libre d'interpréter l'événement à sa manière, mais force est de retenir que le football et plus particulièrement les victoires peuvent jouer un rôle essentiel dans la construction des identités collectives. La question identitaire est également au cœur de la présente contribution.

Ce texte s'appuie sur les enseignements tirés d'un projet pilote intitulé «Conflits ethniques dans le football junior. Intégration, prévention de la violence et intervention par le biais d'une mise en réseau des associations sportives, de l'école et du travail social», que l'auteur a réalisé à Hanovre en collaboration avec la Fédération de football de Basse-Saxe et les collectivités régionales. Ce soutien a permis de financer, pour la durée du projet, un poste de travailleur social. Les citations sont tirées d'interviews et d'entretiens approfondis que notre collaborateur Hasan Yilmaz a menés, dans ce cadre, avec des jeunes footballeurs turcs et kurdes, ainsi qu'avec leurs parents.

Deux constats sont à l'origine de ce travail. Premièrement, l'on a enregistré une recrudescence de la violence dans les ligues juniors. Deuxièmement, il s'est avéré que les sanctions les plus sévères, allant de la suspension de longue durée prononcée à l'encontre des auteurs d'actes violents à l'exclusion d'équipes entières, touchaient plus fréquemment des clubs kurdes et/ou turcs. Ainsi, les déclarations publiques vantant la « parfaite intégration » de groupes marginaux et des ressortissants de nationalité étrangère dans les associations et clubs sportifs allemands se trouvaient sérieusement remises en question.

Le texte comprend trois parties. La première présente les résultats du dépouillement et de l'analyse des débats des Tribunaux sportifs relevant de la Fédération de football de Basse-Saxe, qui ont été tenus pendant la saison 1998-99[1]. Un deuxième volet s'interroge sur les causes des conflits et des violences, alors que le troisième propose diverses mesures visant à prévenir la violence et favoriser l'intégration des joueurs de nationalité étrangère.

CONFLITS INTERETHNIQUES

Le dépouillement de quelque 4000 actes ou jugements émanant de tribunaux sportifs ou arbitraux a fait apparaître que deux tiers environ des interruptions de jeu ayant conduit à l'ouverture d'une procédure étaient imputables à des joueurs n'ayant pas la nationalité allemande, en majeure partie des Turcs et des Kurdes. Par ailleurs, il en est ressorti que les victimes d'actes commis par des joueurs allemands étaient majoritairement d'autres joueurs, alors que les footballeurs d'origine étrangère s'en prenaient surtout aux arbitres.

Une autre différence importante concerne le type d'infraction : alors que 60 % des fautes commises par des joueurs étrangers sont sanctionnées pour « jeu dangereux » *(« rohes Spiel »)* ou « voies de fait sans blessure » *(« Tätlichkeiten ohne Verletzung »)*, ces deux motifs ne forment que 39,7 % des fautes commises par des Allemands. S'agissant des chefs « menace » *(« Bedrohung »)* et « voie de fait avec blessure » *(« Tätlichkeit mit Verletzung »)*, les joueurs d'origine étrangère dominent également nettement. En revanche, leurs homologues allemands l'emportent de beaucoup s'agissant des « insultes et comportements antisportifs ». En d'autres termes, plus le délit est grave, plus la probabilité qu'un joueur étranger y soit mêlé est grande.

---

1. Pour une analyse détaillée, voir Gunter A. Pilz, Henning Schick, Hassan Yilmaz, *Zwischenbericht des Projektes « Vernetzung von Fussballvereinsjugendarbeit und aufsuchender Jugendsozialarbeit »*, Manuscrit non publié, Hanovre, 2000.

Une comparaison entre sanctionnés allemands et non allemands révèle que les voies de fait dont sont accusés les premiers sont généralement à mettre en lien avec un climat fébrile provoqué par des décisions d'arbitre et des provocations par des entraîneurs ou des officiels, alors que dans le cas des joueurs non allemands, ce sont plutôt les railleries et les provocations verbales des spectateurs qui sont évoquées.

L'analyse des incidents directement à l'origine des voies de fait révèle des différences plus accentuées encore. S'agissant des joueurs allemands, ce sont surtout les «jeux dangereux» et les «voies de fait sans blessure» qui sont en cause, alors que pour les joueurs étrangers la proportion des «voies de fait avec blessure», des décisions d'arbitre et des provocations de nature ethnique ou raciste est beaucoup plus grande.

Ces résultats sont conformes à ceux obtenus dans le cadre de la Fair Play Cup de Basse-Saxe auprès de juniors B et C. En effet, les témoignages recueillis lors de notre enquête montrent que la pratique consistant à provoquer de manière ciblée le joueur adverse est monnaie courante au niveau junior déjà. En particulier, la fréquence des provocations intentionnelles croît de manière significative lors du passage de la catégorie C à la B. En comparant l'attitude des juniors allemands avec celle de leurs homologues turcs, l'on constate que ceux-ci sont deux fois plus nombreux à déclarer qu'ils répondent à des provocations; ils sont également deux fois plus nombreux à affirmer qu'ils se sentent régulièrement provoqués verbalement.

Un aspect problématique de la juridiction sportive est que les provocations précédant les voies de fait ne sont pas prises en considération par les tribunaux sportifs ou alors seulement de manière accessoire. De même est-il très rare que les provocateurs aient à rendre des comptes. Ce qu'un joueur d'origine turque commente comme suit:

> «Si l'on continue à ne sanctionner que les joueurs qui se laissent provoquer et non ceux qui provoquent, alors nous ne parviendrons jamais à changer les choses. Semaine après semaine, des équipes appliquent cette tactique, lorsqu'elles réalisent qu'elles ne sont pas à même de rivaliser sur le plan du jeu. Il faut que les spectateurs, les officiels et les entraîneurs rendent également des comptes. Je n'arrive pas à comprendre pourquoi l'inspecteur des

arbitres enregistre les infractions commises par notre joueur mais n'entend pas les provocations de l'officiel. Même avec beaucoup de bonne volonté, je ne parviens pas à l'expliquer. »

En ce qui concerne la sanction – qui renvoie bien sûr à la gravité de la faute mais devrait nous préoccuper surtout sous l'angle pédagogique et dans la perspective de l'intégration – il est frappant de constater que les sanctions prononcées contre des juniors A, B ou C ne possédant pas la nationalité allemande sont pour moitié des suspensions supérieures à six semaines, alors que celles-ci ne représentent que 12,9 % des peines prononcées contre des joueurs allemands. Si l'on prend en considération l'ensemble des joueurs, la proportion des suspensions supérieures à six semaines représente 55,2 % des sanctions prononcées contre des non-Allemands, alors qu'elle est – tout de même – de 40,3 % pour les Allemands.

Si l'on compare maintenant les voies de fait et les sanctions en regard de la nationalité, il en ressort une image pour le moins problématique. En effet, les joueurs non allemands sont sanctionnés plus sévèrement pour des actes comparables ou, en d'autres termes, les peines prononcées à leur égard sont plus lourdes. Aussi, le nombre de joueurs étrangers qui se voient frappés d'une suspension de quatre semaines pour une voie de fait sans blessure est-il nettement inférieur à celui des joueurs allemands. Il est en revanche bien plus élevé en ce qui concerne les suspensions de quatre à six semaines ou supérieures. La différence de traitement est encore plus manifeste s'agissant des sanctions suite à des voies de fait avec blessure. Dans ce cas de figure, 54 % des joueurs d'origine allemande contre 25 % des non-Allemands se voient infliger une suspension jusqu'à quatre semaines, mais la proportion s'inverse en ce qui concerne les suspensions supérieures à six semaines, puisqu'elle est alors de 50 % pour les joueurs non allemands et 20 % seulement pour les Allemands!

Certes, il se pourrait que les actes imputables aux joueurs d'origine étrangère soient plus brutaux et que la distinction que nous opérons entre voies de fait avec ou sans blessure consécutive ne soit pas assez différenciée, mais notre dépouillement des procès-verbaux de débats devant les tribunaux sportifs font ressortir un autre facteur bien plus significatif, à savoir le soutien dont bénéficient ou non les joueurs mis en cause. Lorsque des juniors allemands se présentent au tribunal sportif, ils sont habituellement accompagnés par l'entraîneur et un membre du staff du club, souvent par le président. En général, ceux-ci reconnaissent les faits et expriment des regrets. À l'inverse, les jeunes étrangers viennent le plus souvent seuls, sans entraîneur, sans officiel et sans président, et cela même lorsqu'ils sont inscrits dans un club allemand. Ils éprouvent parfois des difficultés à comprendre ce qui leur est dit et à s'exprimer, font face à un juge allemand qu'ils suspectent d'antipathie, rechignent en général à reconnaître les faits, et il n'est pas rare qu'ils s'insurgent contre les reproches qui leur sont adressés. En conséquence, le juge applique sa marge d'interprétation dans un sens ou dans l'autre. Questionné au sujet du tarif des sanctions, le père d'un joueur turc ayant écopé d'une suspension de six mois nous a confié :

> « Il faut naturellement faire comprendre aux jeunes que leur comportement n'est pas en ordre, mais on aurait dû procéder autrement si l'on avait voulu être juste. Premièrement, les trois joueurs ont reçu la même sanction, bien qu'un joueur ait été reconnu comme le principal responsable. Deuxièmement, il n'est pas juste de suspendre des jeunes aussi longtemps et de les mettre à la rue. J'ai vraiment eu peur de la manière dont il organise son temps libre et je dois t'avouer qu'il est resté pendant un certain temps avec des gars peu recommandables et que j'ai dû faire des pieds et des mains pour que mon fils s'en sépare de nouveau. Tu vois qu'il se donne corps et âme au football – ça a été un moment difficile pour lui. »

CAUSES

L'attribution des causes susceptibles d'expliquer ces scores diffère selon les acteurs, comme le montrent également d'autres études[2]. Les représentants des fédérations et clubs allemands renvoient au « tempérament méridional » (sic!) des immigrants, mais aussi à leur insoumission face aux décisions de l'arbitre. En outre,

---

2. Voir de même Marie-Luise Klein, Jürgen Kothy, « Entwicklung und Regulierung ethnisch-kultureller Konflikte im Sport. Migranten im Spannungsfeld von deutschem Vereinssport und ethnischer Kolonie », in Wilhelm Heitmeyer, Rainer Dollase, Otto Backes (Hg.), *Die Krise der Städte*, Francfort sur le Main : Suhrkamp, 1998, pp. 416-442.

ils estiment que la constitution, par les immigrants, d'équipes et de clubs propres est à l'origine de bon nombre de conflits. Les membres des associations formées par des minorités ethniques déplorent quant à eux surtout la discrimination et les provocations verbales des joueurs allemands et le fait qu'ils sont désavantagés par les arbitres et les instances sportives, qui prononcent des sanctions plus sévères à l'encontre des joueurs étrangers, ce qu'ils mettent au compte de la xénophobie.

Mais comment expliquer que des rencontres sportives entre des équipes ou des clubs formés d'individus d'ethnies différentes soient aussi conflictuelles et susceptibles de connaître l'escalade? À première vue, l'accroissement de la violence sur les terrains de football peut s'expliquer par la propension croissante des individus à se battre, voire, selon les circonstances, par une moindre retenue face à la violence de la part des étrangers. Cependant, pour comprendre l'irrespect envers son vis-à-vis et les violences dans le sport, il faut invoquer d'autres causes encore, comme le montrent également Marie-Luise Klein et Faruk Sen[3]. Selon Klein, des différences de mentalités, par exemple le tempérament plus «chaud» des méridionaux, peuvent influer sur le déroulement des rixes[4]. À juste titre, l'auteure estime cependant que cela ne saurait expliquer de manière satisfaisante l'acuité de la plupart des incidents, notamment lorsque ceux-ci font suite à des provocations verbales ou des décisions arbitrales jugées incorrectes. Il faut en effet prendre en considération que la compétition sportive remplit des fonctions substitutives, qu'elle tient lieu aussi de lutte pour la reconnaissance sociale et l'égalité de traitement. Le sport constitue alors l'espace d'un conflit social entre la société d'accueil et les immigrants ayant pour enjeux la hiérarchie sociale, la distribution des ressources et la reconnaissance de normes culturelles. La très grande sensibilité dont les migrants font preuve vis-à-vis du non-respect de l'intégrité personnelle et face à l'inégalité de traitement dans le football s'explique en regard de l'inégalité des chances d'accès aux acquis sociaux et de la xénophobie ambiante.

---

3. Marie-Luise Klein, «Integrationsprobleme durch kulturelle und ethnische Konflikte», in DFB-Sportförderverein (Hg.), *Dokumentation der Fachtagung «Toleranz und Fairness. Gewaltprävention im Fussball»*, Francfort, 2001, pp. 31-35; Faruk Sen, «Integrationsprobleme durch kulturelle und ethnische Konflikte», *ibid.*, pp. 24-31.
4. Marie-Luise Klein, «Integrationsprobleme...», *op. cit.*, p. 34.

Les conflits interethniques et interculturels, qui sont de plus en plus fréquents dans les aires urbaines, ont également atteint le football dans les catégories juniors et les ligues amateurs. Il s'avère que les adolescents étrangers recourent d'autant plus fréquemment à la violence qu'ils vivent depuis longtemps en Allemagne. S'ils considèrent que les problèmes d'intégration sont inévitables durant la phase suivant l'entrée dans le pays, ils éprouvent de plus en plus de difficulté à les accepter à mesure qu'ils prennent conscience des désavantages sociaux et ont le sentiment que les efforts d'intégration qu'ils déploient ne sont pas payés en retour. En d'autres termes : la disposition à recourir à la violence croît lorsque les exigences sont disproportionnées par rapport aux perspectives[5]. Le fait d'être perdant dans les situations conflictuelles amplifie encore le phénomène :

> « Le football en tant que sport national en Allemagne et dans les pays de provenance des principales minorités offre l'occasion de mener symboliquement des conflits d'autre nature. La victoire ou la défaite deviennent des symboles de la supériorité ou de l'infériorité ethnique. »[6]

Les fêtes spontanées des supporters allemands mais aussi et surtout turcs ayant suivi les victoires de leur équipe nationale respective lors de la Coupe du Monde de 2002 en sont une expression.

Disposant d'une base organisationnelle de plus en plus étendue dans le domaine du sport, les minorités prennent conscience de la force collective qu'ils tirent de leur communauté sociale. Aussi sont-elles beaucoup plus enclines à lutter, dans le sport comme ailleurs, contre les désavantages et les discriminations réels ou supposés. En témoigne l'extrait d'un entretien mené avec le père d'un joueur turc évoluant dans un club « allemand » :

> « Je ne fais aucun compromis. Si j'avais fait des compromis au cours de ma vie, la société [allemande] m'aurait anéanti [...].

---

5. Christian Peiffer, Peter Wetzels, « Zur Struktur und Entwicklung der Jugendgewalt in Deutschland. Ein Thesenpapier auf Basis aktueller Forschung », in *Aus Politik und Zeitgeschichte* (supplément de l'hebdomadaire *Das Parlament*, B 26/99, 25 juin 1999 ; Peter Wetzels, Dirk Enzmann, Eberhard Mecklenburg, Christian Peiffer, *Jugend und Gewalt. Eine repräsentative Dunkelfeldanalyse in München und acht anderen deutschen Städten*, Baden-Baden : Nomos Verlag, 2001.
6. Marie-Luise Klein, « Integrationsprobleme... », *op. cit.*, p. 34.

Mon frère, tu as peut-être étudié, mais tu n'as aucune idée de la vie réelle [...]. Quand je suis arrivé en Allemagne, je n'avais rien et je suis parvenu à quelque chose malgré les embûches. Crois-moi, on peut travailler ici, payer des impôts et suivre toutes les règles, et ils ne nous considéreront quand même jamais comme des citoyens ayant les mêmes droits. La nationalité allemande, c'est une farce. Les autorités ont tout essayé pour m'empêcher de devenir citoyen allemand. Ils m'ont renvoyé de côté et d'autre jusqu'à ce que j'explose. Alors je leur ai dit que s'ils en avaient la possibilité, ils nous gazeraient, comme ils l'ont fait avec les Juifs [...]. Ma femme est aveugle à 90 % sur un œil. On a dû faire avorter à deux reprises, parce qu'une invalidité a été constatée en cours de grossesse. Est-ce que tu arrives simplement à imaginer ce que cela représente pour un père ? Des médecins très intelligents nous ont conseillé de renoncer à une nouvelle grossesse, cela ne nous a pas empêchés de mettre au monde deux enfants. Aujourd'hui, des gens très intelligents viennent me dire ce qui est bon pour mes fils. Moi je dis, c'est bon pour mon fils, pour son amour-propre et pour son avenir s'il joue et ne reste pas assis sur le banc. Là vous pouvez me dire tout ce que vous voulez [...]. Mais les deux entraîneurs doivent être au clair que ce ne sont pas des joueurs professionnels, mais des enfants qui veulent simplement jouer [...]. On est désavantagé partout ! Qu'est-ce que la Turquie a fait pour nous ? Que fait l'Allemagne pour nous ? Partout on est exploité ! »

À cela s'ajoute autre chose encore. L'équipe ethniquement mixte au sein d'un club allemand, dans laquelle des jeunes Allemands et étrangers jouent ensemble, constitue encore le modèle d'intégration dominant, auquel les fédérations de football reconnaissent de nombreuses vertus[7]. Or, ce modèle est en voie de transformation. En effet, divers facteurs structurels, socioculturels et individuels contribuent à renforcer la ségrégation ethnique dans le football junior et amateur. Ce phénomène a pour corollaire une violence latente accrue et un changement des conditions d'intégration sociale dans et par les clubs.

S'agissant des changements structurels, l'environnement des clubs est en pleine restructuration, dans les grandes agglomérations d'Allemagne de l'Ouest surtout :

---

7. *Ibid.*, pp. 32-33.

« Outre un nombre croissant de clubs étrangers, turcs surtout, on constate également des changements structurels dans les anciens clubs allemands. Ces transformations sont le corollaire de la ségrégation spatiale et sociale de la population. La présence des étrangers et des familles étrangères dans certains quartiers s'accentue encore du fait du départ de familles allemandes qui y résidaient depuis longtemps, d'où une croissance de la proportion des enfants et adolescents étrangers. À l'instar des écoles et des institutions de loisirs destinées à la jeunesse, les clubs sportifs enregistrent une augmentation du nombre et de la proportion des membres étrangers, ce qui conduit à la formation d'équipes et de sections formées exclusivement de ressortissants étrangers, voire une inversion des relations majorité-minorité. Le milieu socioculturel des associations se modifie sous le coup d'une concurrence sportive accrue au sein du club et d'une plus forte participation des membres étrangers à la vie associative. Les entraîneurs et le staff sont davantage sollicités, car ils doivent officier comme médiateurs entre différentes mentalités et différentes attitudes face au jeu, mais aussi créer au sein des équipes un climat social qui soit à même d'intégrer tous les membres. […]

» Sur le plan individuel, on assiste également à des changements. La probabilité de contacts amicaux entre joueurs allemands et étrangers diminue en cas d'existence parallèle de clubs formés uniquement d'étrangers. Même en cas d'appartenance à une même équipe, il est rare que des liens amicaux existent hors du sport. »[8]

L'étude de Richard Münchmeier ainsi que nos enquêtes confirment ces faits puisqu'elles montrent que les contacts entre jeunes étrangers et allemands de même âge sont inexistants hors du domaine strictement sportif[9]. Selon les propos recueillis, les jeunes Allemands entretiennent nettement moins de contacts réguliers avec leurs collègues étrangers du même club que ceux-ci le souhaiteraient.

---

8. *Ibid.*, p. 33.
9. Richard Münchmeier, « Miteinander – Nebeneinander – Gegeneinander ? Zum Verhältnis zwischen deutschen und ausländischen Jugendlichen », in Deutsche Shell (éd.), *Jugend 2000*, Vol. 1, Opladen: Leske und Budrich, 2000, pp. 221-260, en particulier pp. 230 ss.

> « À cela s'ajoute que, selon la situation de la relève au sein du club, il existe une concurrence ouverte ou latente pour les places de titulaires. Enfin, le sentiment d'appartenir à une culture étrangère en raison d'autres formes de sociabilités et de normes corporelles [...] peut conduire le jeune à abandonner sa carrière sportive ou à rejoindre un club de la même ethnie. »[10]

Quelques citations en guise d'illustration.

Le président d'un club allemand à son ancien entraîneur, de nationalité turque :

> « Nous n'avons pas besoin d'un pareil trou du c... dans notre club. »

L'entraîneur visé :

> « Au cours des deux dernières années, j'ai amené environ 40 joueurs à ce club et ai veillé seul à ce qu'ils se comportent correctement. Dix-huit joueurs ont été exclus du club pour des motifs disciplinaires, parce qu'ils fumaient, venaient en retard ou irrégulièrement aux entraînements ou se comportaient mal sur le terrain.
> » Le club n'a pris aucune initiative tenant compte de la situation des joueurs issus de familles socialement défavorisées.
> » Environ 80 % de l'effectif des juniors est formé de joueurs étrangers, mais on ne peut pas parler pour autant d'une intégration dans le club ou d'une identification des joueurs avec ce club. Les problèmes dans les locaux du club et ceux avec les joueurs désirant le quitter sont des développements qui produisent exactement l'effet contraire.
> » La maison du club n'offre aucun point de chute pour les juniors, ils n'y sont pas désirés parce qu'ils dérangent paraît-il les hôtes. Il est dès lors difficile de s'identifier avec le club. De leur côté, les joueurs viennent volontiers sur les terrains du club même en dehors des jours d'entraînement. Il suffit que le club fasse des offres dans ce sens. Quelques joueurs aident le responsable des terrains dans son travail. »

---

10. Marie-Luise Klein, « Integrationsprobleme... », *op. cit.*, p. 33.

Quelques citations tirées d'un entretien mené avec un autre entraîneur de juniors turc officiant auprès d'un club allemand :

> « Les entraîneurs devraient régulièrement entreprendre quelque chose avec l'équipe. Des excursions ou des courses favorisent la cohésion de l'équipe. »
>
> « Les clubs doivent mettre à disposition des jeunes des locaux et leur offrir des activités de loisir. »
>
> « L'atmosphère devrait être amicale et familière. Beaucoup de nos joueurs qui changent de club finissent par revenir un jour parce que nous ne travaillons pas que dans l'optique des résultats. »

Parmi les exigences ou les attentes formulées figurent donc la possibilité de pouvoir disposer de lieux de réunion, de bénéficier d'offres de loisirs et de se sentir à l'aise dans un climat amical et familier. Les désavantages réels ou subjectifs auxquels les étrangers, jeunes ou adultes, sont confrontés ainsi que leur expérience de l'altérité au sein des associations sportives allemandes ne sauraient toutefois expliquer à eux seuls l'attrait croissant qu'exercent sur eux les clubs d'immigrants. S'étant établis et différenciés, les clubs d'immigrants ne sont plus des phénomènes transitoires. Aussi les organisations de migrants font-elles valoir leur travail sociopédagogique auprès des jeunes auxquels elles offrent une activité éducative au sein de clubs sportifs[11].

Cet aspect figure également parmi les thèmes abordés lors des entretiens que nous avons menés :

> « L'Allemagne favorise la création de bars à café, parce que c'est la meilleure façon de former des groupes apolitiques, qui passent leur temps devant des écrans sans se demander comment ils pourraient prendre en main leur vie et améliorer leur situation. Pour cette raison, je trouve très bien que vous cherchiez à sortir les jeunes des cafés et à leur organiser des locaux qui soient conformes à leur âge – je trouve que tu as raison, nous devons nous engager activement, que ce soit dans le sport, en politique ou dans le domaine culturel. »

---

11. *Ibid.*

Toutefois, la concurrence avec les associations allemandes joue également un rôle, ce qui se manifeste notamment dans les efforts déployés en vue de recruter les jeunes talents étrangers. Enfin, l'auto-organisation ethnique dans le football doit également être replacée dans le contexte plus général de la re-éthnisation, c'est-à-dire d'un repli volontaire ou involontaire de parties de la population étrangère sur leur propre groupe ethnique. Un processus que Klein résume comme suit :

> « Les clubs de football étrangers parviennent manifestement à offrir à leurs membres un climat social qui, d'une part, procure à chacun, sur le plan émotionnel, une reconnaissance et une confirmation et, d'autre part, favorise l'intégration intra-associative en raffermissant l'identité collective. Reprocher a priori aux membres d'équipes de football et d'associations d'étrangers de ne pas faire preuve de volonté de s'intégrer revient à méconnaître la forte pression assimilatrice et les mécanismes de sélection sociale au sein des associations et clubs allemands. Il est manifestement plus attractif de pratiquer des activités de loisir dans les conditions moins contraignantes du milieu culturel familier (langue, contact corporel, boire et manger). »[12]

PRÉVENTION DE LA VIOLENCE ET ACTIVITÉS INTÉGRATIVES – QUELLE ACTION SOCIOPÉDAGOGIQUE ?

Les travaux de Marie-Luise Klein et Faruk Sen ainsi que nos propres enquêtes et le suivi sociopédagogique de clubs de football ethniquement homogènes ou mixtes à Hanovre nous amènent à formuler diverses recommandations en vue d'une action préventive en matière de violence et d'intégration dans le milieu du football.

Lorsque les instances du football réagissent aux actes violents en infligeant des suspensions et des sanctions drastiques aux auteurs, elles ne font que déplacer le problème en prenant le risque d'exclure les concitoyens étrangers et d'aggraver les conflits interethniques. Dans une telle constellation, le football ne peut plus assumer sa fonction intégratrice. Pour cette raison, il faut envisager

---

12. *Ibid.*

des actions à large portée et non plus seulement ponctuelles. Dans cette perspective, on pourra notamment :

> – adopter des mesures pédagogiques favorisant l'intégration ;
> – étudier plus précisément les causes des comportements fautifs, et
> – sensibiliser les entraîneurs, les membres du staff, les moniteurs, les arbitres et les tribunaux sportifs à ces questions et les former afin qu'ils soient en mesure d'agir de manière préventive et non plus seulement répressive.

Pour souligner l'importance de telles mesures, l'on peut citer l'extrait d'un entretien mené avec un joueur turc qui, la veille, avait été exclu du terrain pour avoir traité l'arbitre de « fils de p… » :

> « L'arbitre a voulu que je m'excuse. À ce moment, je n'ai pas pu m'y résoudre, parce qu'il y avait trop de joueurs de mon équipe autour de moi et que ma fierté m'interdisait de le faire. Si je le rencontre encore une fois, je me rattraperai. »

Il s'agit de consentir davantage d'efforts encore en vue de promouvoir l'esprit de fair-play. En guise d'exemple, on peut citer la campagne de prévention *« Friedlich miteinander! Der Gewalt die rote Karte »* (« Pour un football pacifique ! Carton rouge à la violence »), qui ne se contente pas de dénoncer simplement la violence, mais fournit des aides pédagogiques et esquisse des voies permettant d'enrayer les agressions et les violences dans le football junior. Les actions proposées cherchent à inclure les auteurs des faits délictuels dans les démarches pédagogiques et non à les exclure. À cet égard, Marie-Luise Klein définit trois exigences, auxquelles l'auteur de ce texte souscrit entièrement :

> « Les clubs de football allemands sont invités à renforcer leurs efforts en vue d'intégrer durablement les jeunes immigrants et de veiller à ce qu'ils soient traités sur un pied d'égalité avec les autres membres. Le travail social, dans les domaines sportif et non sportif, auprès de groupes ethniquement hétérogènes au sein de clubs allemands et d'associations allemandes doit s'orienter davantage selon les principes de l'apprentissage et de

la cohabitation interculturels afin d'ouvrir la voie à une résolution non violente des conflits (éducation au fair-play). Les minorités ethniques doivent, dans leurs propres associations sportives, mais aussi dans les familles, lutter plus fermement contre la propension à se battre qui anime une partie des membres de leur communauté. Elles devraient accepter aussi le vœu de nombreux enfants et adolescents issus de l'immigration de faire partie, avec leurs amis ou camarades d'école allemands, d'associations formées majoritairement d'Allemands.

»Le modèle d'intégration idéal-typique des fédérations sportives, selon lequel l'intégration se fait par le biais des associations allemandes, ne correspondant plus que très partiellement à la réalité, les organisations formées de représentants d'autres origines ethniques doivent être reconnues comme partenaires à part entière. Les clubs des minorités ethniques sont moins l'expression d'un repli faisant obstacle à l'intégration que celle d'une offre légitime de loisir au sein d'une population multiethnique. À travers ces clubs s'exprime néanmoins le souhait d'une revalorisation culturelle au sein d'une société d'accueil qui attend des minorités ethniques qu'elles s'assimilent. La reconnaissance de la différence doit inclure la reconnaissance de l'égalité des chances lors de la répartition des ressources matérielles et immatérielles, par ex. à l'occasion de l'attribution des terrains de sport par les services du sport ou en matière d'encouragement et de conseil par les organes des fédérations.

»Enfin, il s'agit de développer le dialogue, de promouvoir la défense des intérêts des immigrants au sein des fédérations et de garantir que les instances chargées de régler les conflits le fassent avec doigté et de manière neutre (arbitres, tribunaux arbitraux). De leur côté, les associations de migrants devraient accepter les offres de dialogue des fédérations, mettre en œuvre fidèlement les directives organisationnelles de ces dernières, défendre leurs intérêts au sein de la fédération et contribuer à asseoir l'autorité des arbitres parmi leurs membres.»[13]

Étant donné que les organes du football ne sont pas en mesure de résoudre seuls ces problèmes, il y a lieu de recourir, davantage que par le passé, aux réseaux œuvrant à la prévention de la violence

---

13. Marie-Luise Klein, «Integrationsprobleme...», *op. cit.*, pp. 34 ss.

et de coopérer plus étroitement avec les services communaux de travail social auprès de la jeunesse et les autres institutions de prévention de la violence.

C'est dans cet esprit que la Fédération de football de Basse-Saxe a lancé un projet pilote animé par un travailleur social d'origine kurde. En étroite collaboration avec des clubs de football mono ou pluriethniques aux prises avec de graves problèmes, il a réalisé et évalué de nouveaux types de projets (socio-)pédagogiques mettant en réseau les sections juniors concernées, l'école et les services socio-éducatifs auprès de la jeunesse. Une attention particulière a été portée aux spécificités ethniques et aux conflits à composante ethnique. Il s'est également agi de s'engager dans de nouvelles voies basées sur l'intégration et la prévention qui soient à même d'enrayer la spirale de violence. L'extrait d'un entretien entre un père italien et des jeunes d'origine turque prouve, si nécessaire, la pertinence et la portée de ce projet :

> Adolescent turc : « C'est leur mentalité... Je les connais les jeunes – ils se fichent de tout et n'ont envie de rien faire. »
>
> Père italien : « Il y a quelques semaines, mon fils était totalement abattu, parce qu'il n'a pas pu entrer à la disco. Alors je te pose la question : pourquoi est-ce qu'ils ne l'ont pas laissé entrer ? Je vais te le dire, parce qu'il est étranger. Alors je me demande ce que l'attitude a à faire là-dedans et comment il doit s'intégrer ici... J'ai dit à mon fils, prends la nationalité allemande pour que tu aies les mêmes droits que les Allemands. Mais il ne suffit pas que le passeport change de couleur. Tu as raison quand tu dis que nous aurons moins de conflits seulement lorsque, quand je te verrai, je dirai que tu es un copain du foot et pas un Turc, un Italien, etc. »

Les panacées en matière d'intégration et de prévention de la violence se révèlent rapidement être des chimères. De beaux slogans comme « Le sport rapproche, il parle toutes les langues »[14], « Le sport intègre sans problème les groupes marginaux et les concitoyens étrangers » suggèrent – comme le constate fort à propos Faruk Sen – que le sport en soi a la faculté d'intégrer. Et quand

---

14. Le sport parle-t-il véritablement toutes les langues ou seulement celles de l'Occident chrétien, comme le suggère Johann Galtung, « Sport as Carrier of Deep Culture and Structure », in *Current Research on Peace and Violence*, Vol. V, 1982.

cela ne fonctionne pas, l'on recourt généralement à des schémas explicatifs boiteux pour rendre compte de l'attitude des jeunes Allemands ou étrangers qui ne se comportent pas comme ils le devraient[15]. Les spectateurs enclins à la violence ou racistes sont disqualifiés verbalement: «Ce ne sont pas de vrais supporters.» Les joueurs de nationalité étrangère dont le comportement n'est pas conforme à l'esprit de fair-play et de camaraderie censé animer les sportifs «n'ont pas su s'intégrer» ou «ont un tempérament bouillant». Aussi, pour Diethelm Blecking le slogan «Le sport parle toutes les langues», qui reposait sur une bonne intention, «nie carrément nos connaissances sur la relativité historique et culturelle du phénomène social qu'est le sport»[16]. Les joueurs allemands et turcs ne pratiquent-ils qu'en apparence le même sport? Et quelle influence les différents langages corporels ont-ils sur l'interprétation du jeu? Selon Blecking, les nombreux conflits entre footballeurs allemands et turcs pourraient avoir leur origine dans ces questions. De toute évidence, le sport ne rapproche pas les êtres humains aussi naturellement qu'on le prétend parfois, et il ne parle pas toutes les langues (corporelles). L'intégration et la prévention de la violence dans et par le sport ne sont pas aisées à réaliser. Toutefois, elles constituent à la fois une chance et un défi pour les acteurs du sport, un précepte normatif dans la mesure où elles indiquent de quelle manière les possibilités de prévention et d'intégration qu'offre le sport doivent être mises en œuvre, ce qui peut être exigé et ce qui doit être encouragé mais ne saurait se faire automatiquement. Ou, dans les termes de Blecking:

> «1. L'intégration ne se fait pas naturellement, mais elle signifie travail. Les différences entre les cultures sont à respecter et ne doivent pas être fondues en un même moule.
> »2. L'association de type mono-ethnique a sa raison d'être et ne constitue pas un obstacle à l'intégration, pour autant que l'intégration s'inscrive dans une perspective pluraliste et non pas assimilatrice.

---

15. Faruk Sen, *op. cit.*, p. 29.
16. Diethelm Blecking, «Sport und ethnische Minderheiten in Deutschland. Zur Geschichte einer schwierigen Beziehung», in Dieter H. Jütting, Peter Lichtenauer (Hg.), *Ausländer im Sport*, Münster: Lit-Verlag, 1995, pp. 108-119 (Schriften zur Körperkultur, 23).

»3. [...] Il convient de développer, notamment dans le domaine scolaire[17], une pédagogie sportive interculturelle conçue de manière à ce que d'autres techniques corporelles puissent y trouver place.»[18]

Tous sont concernés, tant les immigrants que la société d'accueil. Il reste un long chemin à parcourir. Ce faisant, il faudra se souvenir que l'intégration et la prévention de la violence ne doivent pas servir de prétexte à la création et la mise en scène d'événements médiatiques ou à lancer des formules creuses, mais qu'elles doivent s'inscrire dans un processus de longue haleine, qu'elles constituent en d'autres termes une tâche durable.

Traduction: Thomas Busset

---

17. C'est bien sûr valable aussi pour le domaine du sport organisé.
18. Diethelm Blecking, *op. cit.*, p. 117.

SECONDE PARTIE

LES RÉPONSES

DISPOSITIF DE SÉCURITÉ CONTRE LE HOOLIGANISME ET DROITS DES SUPPORTERS EN EUROPE

ANASTASSIA TSOUKALA

Depuis son apparition dans les stades de football anglais[1], au cours des années 60, le hooliganisme a fait l'objet de nombreuses études, menées initialement par des chercheurs britanniques et, plus tard, par d'autres chercheurs européens. Toutefois, malgré leur nombre croissant, leurs origines épistémologiques variées et leurs divergences conceptuelles, ces études restent d'une ampleur limitée car leur quête d'une explication causale du phénomène s'est traduite par une focalisation quasi exclusive sur le comportement des supporters. Penchée ainsi sur un seul aspect de son objet d'étude, la communauté scientifique européenne a essentiellement écarté de son champ de travail les questions liées au contrôle social du hooliganisme. Par conséquent, l'étude du cadre de réglementation du phénomène, l'analyse des modalités de sa gestion policière aux niveaux national et transnational, et l'examen de son inscription dans le champ de la sécurité intérieure en général n'occupent, jusqu'à présent, qu'une place marginale dans l'ensemble des travaux européens sur le hooliganisme.

Mis à part ses effets néfastes sur la compréhension du tissu d'interactions et des dynamiques sociales déterminant l'évolution du hooliganisme en Europe, ce manque d'intérêt scientifique pour la conception et la mise en œuvre des politiques publiques de contrôle du phénomène a fini par passer pratiquement sous silence le fait que l'application de ces politiques avait impliqué la violation croissante des droits et libertés des supporters à travers l'établissement progressif d'un vaste contrôle de la déviance. Manifesté par l'extension des dispositifs de surveillance vers les fauteurs

---

[1]. Sous sa forme moderne, à savoir en tant que forme de violence rationnelle et organisée, susceptible de se déclencher à l'intérieur et/ou à l'extérieur des stades, à l'occasion d'un match de football.

de troubles potentiels, voire vers les supporters ordinaires, ce contrôle s'est renforcé davantage suite à l'introduction de restrictions à la liberté de circulation des personnes, à l'intérieur ou à l'extérieur d'un pays donné, en vertu des mesures d'interdiction de stade applicables en l'absence de toute condamnation, sur de simples présomptions fondées sur des rapports de police [2].

Depuis peu, la violation des droits des supporters anglais suite à l'application des mesures d'interdiction de stade a attiré l'attention de certains chercheurs britanniques, qui ont mis en cause le bien-fondé juridique de celles-ci [3]. Tout en partageant leur avis, nous estimons que, loin de marquer un tournant récent, l'introduction de ces mesures s'inscrit dans un dispositif de sécurité attentatoire aux droits et libertés des supporters, qui a été mis en œuvre un peu partout en Europe dès le milieu des années 80. La place prépondérante qu'occupe le contrôle de la déviance au sein de ce dispositif ayant déjà été abordée dans nos travaux antérieurs [4], nous tâcherons de montrer ici que cette mise en jeu des droits et libertés des supporters ne constitue pas un effet indésirable quelconque mais que, au contraire, elle est intrinsèquement liée aux principes régissant les politiques de gestion du crime en général, faisant ainsi partie intégrante des logiques structurant le cadre même de réglementation du hooliganisme.

Nous ne retracerons pas ici toutes les étapes évolutives de ce cadre normatif, pour nous concentrer sur l'étude des phases situées avant et après le tournant de 1985, en analysant les textes adoptés aux niveaux national [5], européen et communautaire à la lumière du processus d'évolution des politiques de contrôle social en Europe.

---

2. De durée et d'ampleur différentes d'un pays à l'autre, ces mesures sont prononcées par des tribunaux, en dehors du cadre d'un procès pénal, ou résultent des décisions administratives. À présent, elles sont appliquées dans plusieurs pays européens, tels que la Belgique, l'Italie, l'Allemagne, la Grande-Bretagne et la France.

3. Geoff Pearson, «Qualifying for Europe? The Legitimacy of Football Banning Orders ‹On Complaint› under the Principle of Proportionality», *Entertainment & Sports Law Journal*, 1, 2005 (www.warwick.ac.uk/eslj); Clifford Stott, Geoff Pearson, «Football Banning Orders, Proportionality, and Public Order Policing», *The Howard Journal*, 3, 2006, pp. 241-254.

4. Anastassia Tsoukala, *Sport et violence. L'évolution de la politique criminelle à l'égard du hooliganisme en Angleterre et en Italie, 1970-1995*, Athènes; Bruxelles: Sakkoulas/Bruylant, 1995; Anastassia Tsoukala, «La gestion policière du hooliganisme: Angleterre, Italie, Pays-Bas», in Jean-Charles Basson (dir.), *Sport et ordre public*, Paris: IHESI/La Documentation française, 2001, pp. 159-174; Anastassia Tsoukala, «Le hooliganisme et la protection de la sécurité intérieure en Europe. Quels enjeux?», *Revue internationale de Criminologie et de Police technique et scientifique*, 3, 2002, pp. 310-322; Anastassia Tsoukala, «Les nouvelles politiques de contrôle du hooliganisme en Europe: de la fusion sécuritaire au multipositionnement de la menace», *Cultures & Conflits*, N° 51, 2003, pp. 83-96.

En raison des mêmes restrictions pratiques, notre choix de nous focaliser sur les mesures de sécurité attentatoires aux droits des supporters nous empêchera de juxtaposer leur logique à celle sous-tendant divers programmes de prévention sociale, mis en œuvre dans certains pays européens, dès les années 80[6].

LA RÉGLEMENTATION GÉNÉRALE

De la deuxième moitié des années 60 jusqu'à 1985, le hooliganisme est considéré comme un phénomène d'ordre public ordinaire, qui ne nécessite pas l'adoption de lois spéciales. Dans les pays héritiers du droit romain, sa répression s'effectue en vertu des dispositions de leur Code pénal respectif, alors qu'en Angleterre elle s'appuie sur de nombreuses *common law* et *statutory offences*, prévues par des lois sur la protection de l'ordre public en général.

La prédominance de cette modération législative ne reflétait pas une attitude laxiste des autorités vis-à-vis du hooliganisme. Au contraire même, dans les pays le plus touché par le phénomène, à savoir la Grande-Bretagne, plusieurs études indiquent clairement que, durant cette période, le hooliganisme a fait l'objet d'une répression de plus en plus ferme, visible tant dans les pratiques policières adoptées lors de l'arrestation des suspects pour hooliganisme que dans les sanctions infligées à ceux-ci par les tribunaux[7].

Ce cantonnement du législateur national dans le cadre juridique préexistant ne répondait pas non plus à une forme de violence maîtrisée puisque, tout au long de cette période, les incidents de hooliganisme se sont répandus un peu partout en Europe et sont devenus de plus en plus fréquents et graves. Cette aggravation constante du phénomène a, certes, suscité l'inquiétude des autorités publiques et

---

5. (Note de la p. 190.) Nous nous limiterons aux pays qui, touchés par le hooliganisme dès les années 70, ont été des démocraties libérales durant la majeure partie des quatre dernières décennies.
6. Lancés initialement en Allemagne, sous le nom de *Fanprojekt*, ces programmes se sont répandus notamment aux Pays-Bas et en Belgique.
7. Eugene Trivizas, «Offences and Offenders in Football Crowd Disorders», *The British Journal of Criminology*, 3, 1980, pp. 276-288; Eugene Trivizas, «Sentencing the ‹football hooligan›», *The British Journal of Criminology*, 4, 1981, pp. 342-349; Eugene Trivizas, «Disturbances Associated with Football Matches», *The British Journal of Criminology*, 4, 1984, pp. 361-383; John Williams, «Football Hooliganism: Offences, Arrests and Violence – A Critical Note», *British Journal of Law and Society*, 1, 1980, pp. 104-111; Michael Salter, «The Judges v. the Football Fan: A Sporting Contest?», *Northern Ireland Legal Quarterly*, 4, 1985, pp. 351-357; Salter M., «Judicial responses to Football Hooliganism», *Northern Ireland Legal Quarterly*, 3, 1986, pp. 280-293.

sportives des pays concernés et notamment de la Grande-Bretagne[8], mais elle n'a pas provoqué pour autant de changements significatifs au niveau législatif.

L'absence de réactions législatives propres au hooliganisme ne saurait non plus être attribuée à l'état du seuil de tolérance de la violence au sein d'une société donnée. Il serait, en fait, tentant d'associer la modération du législateur national à l'adoption, par ses concitoyens, d'une attitude tolérante envers certaines formes de violence collective. L'établissement d'une telle association nous permettrait, par exemple, de supposer que la modération du législateur italien ou grec serait à lier au contexte politique turbulent de ces deux pays qui, pris dans de longs conflits politiques, ont connu depuis les années 60 une période d'agitation sociopolitique intense et, souvent, très violente. L'indulgence législative résulterait alors d'un effet de banalisation de la violence et refléterait même une certaine bienveillance générale vis-à-vis des groupes de jeunes déviants et contestataires du pouvoir établi. Dans une autre optique, mais suivant toujours le même type de raisonnement, l'indulgence du législateur néerlandais, par exemple, serait à lier à l'attitude traditionnellement tolérante de la société néerlandaise envers tout écart des normes sociales et juridiques[9]. Mais, bien qu'il soit logique de supposer que l'attitude du législateur national puisse être, en partie au moins, influencée par la force ou la faiblesse des demandes de sécurisation de la part de la population, il serait erroné d'y voir la seule cause de l'indulgence législative envers le hooliganisme au cours de ces décennies. Force est de constater que cette indulgence caractérise aussi le législateur anglais, alors que la hausse du hooliganisme y avait déjà fait l'objet de nombreuses paniques morales[10] et d'insistantes demandes de durcissement du contrôle du phénomène, formulées tant par la presse libérale que par la presse conservatrice[11].

---

8. La première enquête officielle britannique, connue comme Lang Report, a été publiée en 1969, et la deuxième, intitulée *Football Spectator Violence*, en 1984.

9. Robert Tash, *Dutch Pluralism. A Model in Tolerance for Developing Democracies*, New York: Peter Lang, 1991; David Downes, «The case for going Dutch: the lessons of post-war penal policy», *The Political Quarterly*, 1, 1992, pp. 12-24.

10. Sur les paniques morales orchestrées par les médias britanniques depuis la Coupe du Monde de 1966, voir: Gary Whannel, «Football, Crowd Behaviour and the Press», *Media, Culture and Society*, 1, 1979, pp. 327-342; Patrick Murphy, John Williams, Eric Dunning, *Football on Trial*, Londres: Routledge, 1990, pp. 73 ss.; Ian Taylor, «Class, Violence and Sport: the case of soccer hooliganism in Britain», in Hart Cantelon, Richard Gruneau (eds), *Sport, Culture and the Modern State*, Toronto: University of Toronto Press, 1982, pp. 39-96.

11. Voir, par exemple, *The Guardian*, 30 juillet 1975, p. 1; *The Economist*, 24 septembre 1977, p. 18; *The Times*, 14 août 1970, p. 1; *The Times*, 5 janvier 1976, p. 2.

Il convient, enfin, de signaler que la même modération est observée au niveau communautaire où, malgré la hausse constante du nombre et de la gravité des incidents de violence déclenchés à l'occasion de tournois internationaux, le hooliganisme n'a donné lieu qu'à l'adoption, en 1984, d'une Résolution du Parlement européen[12], qui proposait l'amélioration du contrôle du phénomène à travers notamment le renforcement de la coopération entre les autorités publiques et sportives concernées.

Cette forte cohérence entre les niveaux national et communautaire ne peut alors que suggérer l'existence d'un fond conceptuel commun, qui pourrait résulter de l'influence du modèle correctionnel sur l'élaboration des politiques de contrôle social en Europe. Dominant depuis la fin du XIXe siècle, ce modèle de contrôle social était axé sur les aspects subjectifs de l'infraction, à savoir les motifs et les besoins de l'acteur. Associé par plusieurs auteurs à la prépondérance de l'État providence dans la gestion du social au sein des sociétés industrialisées[13], le modèle correctionnel ne se contentait pas de sanctionner la faute individuelle mais se projetait aussi dans le futur, affichant une volonté de réhabilitation, au niveau individuel, et de prévention, au niveau collectif. Ainsi, il était généralement admis qu'on pouvait agir sur les délinquants incarcérés afin de les rendre conformes aux codes de comportement souhaités, en les transformant en ces «corps dociles» décrits par Michel Foucault[14]. Au niveau collectif, l'importance accordée à la recherche des facteurs sociaux de la délinquance s'est traduite par la mise en place de nombreux programmes de prévention sociale à long terme.

Dans tous les cas de figure, cette croyance en la capacité de la société à contrôler les causes de la délinquance, en intervenant soit sur les individus soit sur les aspects criminogènes de leur milieu, s'appuyait sur un enchaînement de distinctions plus ou moins nettes. Distinction conceptuelle, d'abord, entre la délinquance et la déviance, en vertu de laquelle seule la première pouvait mobiliser le système pénal. Loin d'impliquer l'absence de tout contrôle de la déviance, cette distinction permettait de limiter celui-ci

---

12. Résolution sur le sport et la Communauté, *JOCE*, C127 du 14 mai 1984.
13. David Garland, *Punishment and Welfare: A History of Penal Strategies*, Aldershot: Gower, 1985; François Ewald, *L'État-providence*, Paris: Grasset, 1986; Philippe Mary, *Insécurité et pénalisation du social*, Bruxelles: Labor, 2003.
14. Michel Foucault, *Surveiller et punir*, Paris: Gallimard, 1975, pp. 135 ss.

essentiellement à l'intérieur du cercle d'exercice du pouvoir exécutif. Distinction temporelle, ensuite, en vertu de laquelle le système pénal était en principe mobilisé après l'accomplissement de l'infraction. La réaction sociale était alors idéalement conçue comme défense contre une transgression des normes constatée, comme protection envers toute transgression émanant du même individu dans le futur et comme dissuasion envers tout autre individu envisageant de commettre la même transgression. Distinction d'objet, enfin, en vertu de laquelle le contrôle social était surtout orienté vers l'individu délinquant, censé menacer la communauté à cause justement de son comportement négateur d'une ou plusieurs valeurs sociales protégées par la loi.

Quoique le modèle correctionnel ait commencé à être mis en question dès les années 70, ses principes directeurs continuent à déterminer le cadre de réglementation du hooliganisme, aux niveaux national et communautaire, jusqu'en 1985. En revanche, leur influence au niveau européen apparaît déjà atténuée. Ceci nous paraît clairement illustré par l'adoption, en 1984, par le Conseil de l'Europe, de la Recommandation N° R(84)8 sur la réduction de la violence des spectateurs lors des manifestations sportives, et notamment les matchs de football. Tout en souhaitant le durcissement des mesures répressives au niveau national, la Recommandation met l'accent sur le renforcement de la coopération entre tous les acteurs publics et privés concernés, et propose l'élaboration d'une politique préventive situationnelle, conçue en termes de ségrégation et de surveillance des spectateurs[15].

Bien que d'impact relativement faible, car privée d'effets contraignants, la Recommandation N° R(84)8 marque un tournant dans la réglementation du contrôle du hooliganisme. Ses propositions sur les mesures de prévention situationnelle et le renforcement de la coopération entre diverses composantes de l'appareil de contrôle social préfigurent l'avènement d'une nouvelle ère de contrôle social, axée de plus en plus sur la gestion du risque. Il importe, pourtant, de souligner que l'option de la prévention situationnelle occupait déjà une place prépondérante dans l'édition de 1983 des instructions impératives de l'UEFA[16], qui

---

15. Recommandation N° R(84)8, Conseil de l'Europe, *Recommandations aux États membres*, Strasbourg, 1985, B §4.

16. UEFA, *Ordre et sécurité dans les stades. Instructions impératives et recommandations pour éviter des troubles provoqués par la foule*, 1983.

avait été élaborée avec le concours de la Football Association et du Deutscher Fussball-Bund. Il semblerait alors que, dans le cas du hooliganisme, le changement de modèle de contrôle social s'est d'abord opéré dans la sphère privée, sous l'effet de multiples échanges entre instances sportives et agences de sécurité publiques, avant de se cristalliser au niveau transnational, suivant une logique d'action plus proche du modèle intergouvernemental que parlementaire. De ce point de vue, la tragédie du Heysel, souvent considérée comme le fait déclencheur d'une nouvelle ère de contrôle du hooliganisme, n'a fait qu'accélérer un changement déjà mis en œuvre, en fournissant la base légitimatrice des nouvelles politiques publiques.

LA SPÉCIFICITÉ NORMATIVE

Il est indéniable que la tragédie du Heysel a profondément modifié la manière dont les autorités publiques des pays européens percevaient le hooliganisme. Les images des victimes agonisantes rendaient si évidente la dangerosité du phénomène que l'idée que son contrôle nécessitait l'adoption d'un cadre normatif approprié s'imposait sans contestation possible. S'ouvre alors une nouvelle période, pendant laquelle le hooliganisme va acquérir une certaine spécificité normative.

Vu les tendances esquissées au cours de la période précédente, il n'est guère étonnant que cette spécificité normative s'exprime d'abord au niveau européen, par l'adoption, en 1985, par le Conseil de l'Europe, de la Convention européenne sur les débordements des spectateurs lors des manifestations sportives et notamment les matchs de football[17]. Préparée et adoptée sous la pression des événements, la Convention ne propose pas de politique novatrice, se contentant de reprendre les principales dispositions de la Recommandation N° R(84)8 [18]. Elle accorde, alors, une place prépondérante à la coopération entre tous les acteurs concernés, aux niveaux national et international, et à la mise en place d'une politique de prévention situationnelle. Axée toujours sur les options de ségrégation et de surveillance des spectateurs, celle-ci s'étend maintenant dans le temps, pour couvrir les périodes

---

17. Série des traités européens, N° 120, Conseil de l'Europe, Strasbourg, 1987.
18. Pour une analyse détaillée de ses dispositions, voir Anastassia Tsoukala, *Sport et violence...*, *op. cit.*, pp. 213 ss.

d'avant et d'après le déroulement du match, dans l'espace, pour couvrir le dehors du stade, et dans les populations à contrôler, pour couvrir aussi les fauteurs de troubles potentiels et les personnes sous l'influence d'alcool ou de drogue.

En se démarquant sur ce dernier point de la Recommandation N° R(84)8, qui ne prévoyait des mesures de contrôle qu'à l'encontre des fauteurs de troubles connus, la Convention ouvre une première brèche vers l'institutionnalisation du contrôle de la déviance. Étonnante car provenant d'une institution chargée de la protection des droits de l'homme en Europe, cette brèche sera rapidement consolidée et élargie par l'UEFA, qui, révisant en 1985 son règlement, en coopération avec un groupe d'experts établi par le Conseil de l'Europe[19], prévoit, elle aussi, des mesures de contrôle à l'encontre des fauteurs de troubles potentiels. Désormais, le dispositif de contrôle social ne se limitera plus à apporter des réponses au préjudice réel causé par les actes délinquants, mais s'étendra pour couvrir aussi le risque potentiel que représentent les comportements déviants. Il deviendra alors de plus en plus anticipatoire, alors que l'appréciation de la dangerosité potentielle d'un supporter relèvera du pouvoir discrétionnaire des agents de sécurité, qui seront libres de fixer et/ou de modifier les critères déterminant son inscription dans un faisceau de registres et dispositifs de surveillance.

Cette extension du dispositif de contrôle social est couplée à une demande de durcissement de la répression du hooliganisme. Les pays signataires de la Convention doivent, alors, soit infliger des peines adéquates, soit appliquer des mesures administratives appropriées aux personnes reconnues coupables de hooliganisme. C'est de cet appel au renforcement des mesures répressives qu'émanent désormais toutes les lois pénales spéciales qui, le plus souvent, visent à rendre efficace l'application de la Convention au niveau national. De nombre, de contenu et de dates d'adoption fort variables selon les pays, ces lois pénales spéciales, renforcées par une foule de dispositions spéciales insérées dans des lois de portée générale, ont fini par procurer au hooliganisme une certaine spécificité normative. Si nous résumons les principaux points retenus par les législateurs européens, nous constatons que le

---

19. James Taylor, «The war on soccer hooliganism: the European Convention on Spectator violence and ‹Misbehaviour› at sports events», *Virginia Journal of International Law*, 27, 1987, p. 644.

comportement incriminé consiste en: a) des actes ou propos abusifs, impliquant la menace ou l'usage de violence, causant des dommages matériels ou immatériels aux personnes ou aux choses et/ou portant atteinte à l'ordre public, s'ils sont commis ou prononcés par une ou plusieurs personnes à l'occasion d'une manifestation sportive; b) des actes ordinaires, qui deviennent répréhensibles s'ils sont commis à l'occasion d'une manifestation sportive[20].

La création d'un cadre réglementaire spécial a produit des effets considérables sur le contrôle des supporters, puisqu'elle a impliqué la mise en place progressive d'un ensemble de mesures dérogatoires et la création de nouvelles sanctions. Parmi les mesures dérogatoires, nous citons l'interdiction de la vente d'alcool à l'intérieur et aux abords des stades lors de matchs à haut risque, l'installation de dispositifs de surveillance électronique à l'intérieur et à l'extérieur des stades, et les arrestations préventives des fauteurs de troubles potentiels. Parmi les nouvelles sanctions, nous citons les mesures d'interdiction de stade, de portée nationale et/ou internationale[21].

Toutefois, cette spécificité normative du hooliganisme reste paradoxale, car elle se développe en l'absence de définition juridique du phénomène. Celui-ci est en fait décomposé en une série de comportements répréhensibles s'ils sont commis à l'occasion d'un événement sportif. Donc, le critère spatial retenu est à la fois le principal élément constitutif de la définition du hooliganisme et la base d'une nouvelle circonstance aggravante, puisque les auteurs de certains actes délictueux encourent des peines plus lourdes s'ils agissent à l'occasion d'un événement sportif. Cette approche analytique, qui n'est pas sans nous rappeler les difficultés rencontrées en matière de définition du crime organisé[22], indique clairement

---

20. Par exemple, la consommation de boissons alcoolisées à l'intérieur et aux abords des stades ou même, dans certains pays, la possession de boissons alcoolisées dans un moyen de transport public ou privé, sur le trajet d'aller vers ou de retour d'une manifestation sportive donnée.
21. Quand elles ont une portée nationale, ces mesures peuvent contraindre une personne à se présenter à un poste de police pendant certains matchs, lui interdire d'utiliser les moyens de transport public ou d'aller à certains endroits en ville, etc.; quand elles ont une portée internationale, elles lui interdisent la sortie du territoire, pendant certains matchs ou tournois, en lui imposant la confiscation temporaire de son passeport.
22. Christopher Blakesley, «Les systèmes de justice criminelle face au défi du crime organisé», *Revue internationale de Droit pénal*, 1/2ᵉ trimestres, 1998, pp. 35-68; Reynald Ottenhof, «Le crime organisé: de la notion criminologique à la notion juridique», in Institut de sciences pénales et de criminologie, *Criminalité organisée et ordre dans la société*, Marseille: Presses Universitaires d'Aix, 1997, pp. 45-48.

que le hooliganisme est une notion populaire, non juridique, qui, par conséquent, ne peut être utilisée que de manière générique[23]. Les problèmes soulevés par cette impossibilité de traduire en termes juridiques une notion empirique concernent aussi bien la nette séparation des frontières entre un espace légal et son opposé d'illégalité que le positionnement de l'individu dans le processus de (re)négociation perpétuelle de la force de l'appareil de contrôle social. En d'autres termes, si certains comportements tombent, sans ambiguïté possible, sous les dispositions de la loi[24], la qualification de certains autres comportements, situés à la lisière du légal, dans une zone floue, faite d'actes déviants mais pas forcément délinquants[25], relève notamment du pouvoir discrétionnaire des agents de sécurité publics ou privés. Cette qualification peut donc varier sensiblement d'un contexte à l'autre, selon le service, le grade ou même l'humeur de chaque agent[26], selon la dangerosité présumée du match en question, ou selon les principes directeurs de la gestion policière des foules dans une région donnée, créant de la sorte une zone d'incertitude juridique. L'indéfinition de ce qui fait partie de l'ordre public et, par extension, de ce qui peut lui porter atteinte met en jeu non seulement l'application idéalement équitable de la loi sur l'ensemble d'un territoire donné, mais aussi la protection des droits et libertés des individus, car l'affaiblissement du principe de la légalité qui en résulte entraîne celui du principe de la proportionnalité et, dans certains cas, celui du principe du contrôle démocratique des agents de contrôle social. Le phénomène à contrôler n'étant pas clairement délimité, l'appareil de contrôle social peut y inclure toute une série de comportements, en dehors de toute contrainte définitionnelle posée par le législateur. Les mesures de contrôle et de surveillance des supporters se développent, alors, au-delà de toute évaluation possible de leur

---

23. Nous paraphrasons ici une remarque sur le crime organisé, faite par C. Blakesley, *op. cit.*, p. 41.
24. Par exemple: coups et blessures, destruction ou dégradation de biens publics.
25. Par exemple: se lever souvent de son siège et/ou vociférer, à l'intérieur du stade; consommer des boissons alcoolisées et/ou faire partie de groupes bruyants et agités, en ville.
26. David Hume Bayley, *Patterns of Policing. A comparative international analysis*, New Brunswick: Rutgers University Press, 1985; Dominique Monjardet, *Ce que fait la police. Sociologie de la force publique*, Paris: La Découverte, 1996; Christian Mouhanna, «La police de proximité ou les contradictions d'une police au service du public», *Panoramiques*, N° 33, 1998, pp. 27-32. Sur le hooliganisme, voir Megan O'Neill, «Policing football in Scotland», *International Review for the Sociology of Sport*, 1, 2004, pp. 95-104; Clifford Stott, «Police expectations and the control of English soccer fans at Euro 2000», *Policing: An International Journal of Police Strategies and Management*, 4, 2003, pp. 640-655.

concordance avec les éléments constitutifs du phénomène incriminé et/ou de leur proportionnalité par rapport au risque posé pour la sécurité par les transgresseurs des normes. Face à cette extension potentiellement infinie du contrôle social, les individus visés deviennent particulièrement vulnérables, car l'absence de frontières entre le légal et l'illégal rend floue l'étendue de leur espace de vie en dehors du regard des agents de contrôle social et empêche toute mise en cause du pouvoir intrusif de ces agents. En dépit alors des apparences, alimentées par la forte production législative au niveau national, le cadre réglementaire du hooliganisme est *de facto* délimité par l'exécutif plutôt que le législatif, laissant de la sorte les populations concernées particulièrement exposées à l'arbitraire des agents de sécurité.

Cette prédominance de l'exécutif dans le processus de réglementation du hooliganisme a produit, par ailleurs, une hiérarchisation implicite des valeurs à protéger, accordant la primauté à la protection de la sécurité des personnes et des biens. Désormais, c'est cet objectif que cherchent, avant tout, à atteindre toutes les dispositions de loi spéciales, aussi bien préventives que répressives. En revanche, la protection de l'ordre démocratique, atteint par la manifestation de plus en plus fréquente d'actes et de propos racistes dans les stades, n'émerge lentement comme valeur importante qu'au cours des années 90 et, en pratique, peine toujours à s'établir pleinement.

Loin d'être étonnante, cette mise en avant de la sécurité comme valeur suprême à protéger constitue l'une des caractéristiques les plus marquantes de l'évolution de l'agenda politique en Europe durant cette période. Selon l'avis dominant, l'émergence d'un processus de politisation de la sécurité, depuis la fin des années 80, est à lier à l'avènement d'une ère de désordre croissant, provenant notamment de l'accélération du processus d'européanisation, de la fin du monde bipolaire, du renforcement des mouvements migratoires transnationaux, du processus de mondialisation, de l'émergence d'une insécurité environnementale et alimentaire croissante, ainsi que des progrès technologiques et scientifiques fulgurants. Survenus rapidement, ces changements ont suscité des peurs diverses et une profonde inquiétude face à tout ce qui pourrait être perçu comme déclenchant ou aggravant le désordre déjà existant. Considérant, alors, que l'ordre public devait être à tout prix protégé face à tout ce qui pourrait l'affaiblir davantage, les milieux politiques européens ont rapidement accordé aux questions de sécurité intérieure une place prioritaire sur leur agenda.

Le processus de politisation de la sécurité s'appuie sur la redéfinition, d'une part, des menaces posées à la sécurité des pays européens et, d'autre part, de l'objet du contrôle social, suivant deux schémas distincts mais interconnectés, liés respectivement à la fin de la bipolarité et à l'émergence des sociétés du risque. Dans le premier cas, la disparition de l'ennemi soviétique entraîne la mise en avant d'une perception globalisante de la menace, focalisée sur la figure du délinquant. Certes, cette substitution de la menace criminelle à la menace politique était visible dès le milieu des années 80, lorsque nombre de rapports officiels et de discours publics sur la sécurité intérieure avaient commencé à définir les menaces en liant entre eux plusieurs phénomènes criminels et déviants, qui allaient du terrorisme et du crime organisé à l'immigration clandestine, la délinquance juvénile, la petite délinquance, le hooliganisme et les violences et incivilités urbaines. Mais la fin de la bipolarité a accéléré et, surtout, amplifié ce processus en créant un nouveau champ de développement de la menace même. La principale caractéristique de ce changement consiste en l'essor d'un continuum sécuritaire[27] qui, faisant abstraction du degré de gravité et de la nature juridique de chacun de ces comportements, ne tient compte que de l'existence même d'une atteinte éventuelle à la sécurité intérieure des pays concernés.

L'établissement de cette définition de la menace a été facilité par l'insertion émergente du concept du risque dans les préoccupations des sociétés postmodernes, passées désormais des problèmes liés à la production de richesses vers ceux liés à l'élimination des sources de risque susceptibles de mettre en danger la production de ces richesses[28]. La prise en compte du risque et la mise en place de nouveaux modes de gestion de celui-ci qu'elle implique ont profondément modifié la conception et mise en œuvre des politiques publiques de sécurité. Cette évolution s'est traduite par la concrétisation d'une tendance antérieure, apparue dans les années 70, de modification du modèle de gestion du crime et, par conséquent, de redéfinition de l'objet du contrôle social. Contestant le bien-fondé du principe de la réhabilitation, les tenants de la

---

27. Didier Bigo, *Polices en réseaux*, Paris: Presses de Sciences Po, 1996, ch. V.
28. Ulrich Beck, *Risk Society. Towards A New Modernity*, traduction anglaise, Londres: Sage, 1992 [1re édition allemande, 1986].

réforme du modèle correctionnel prônent l'adoption d'une politique de contrôle social réaliste qui, tournée vers la maîtrise des effets de la criminalité sur la société à travers l'évaluation constante des coûts et profits, conformément aux principes de prévention des risques, met en cause la pertinence du lien causal entre la criminalité et les facteurs sociaux.

Cette philosophie entre en rupture avec celle du modèle correctionnel à plusieurs égards. D'abord, la poursuite de son objectif, à savoir la protection de la communauté de tout risque pesant sur sa sécurité, efface la distinction antérieure entre déviance et délinquance. Il ne s'agit plus de se défendre face au danger émanant d'un acte délinquant, mais de se protéger face à ce qu'un comportement peut révéler comme risque tendanciel[29]. L'appareil de contrôle social étant appelé à se mobiliser contre le risque plutôt que le danger, son champ d'action peut couvrir des comportements aussi bien délinquants que déviants. Le contrôle de la déviance se trouve de la sorte établi non plus comme fait exceptionnel et dérogatoire à la norme, mais comme élément constitutif et *de facto* associé aux normes de fonctionnement du mécanisme de contrôle social. Légitimée au nom de la protection de l'ordre social des pays démocratiques des risques présents et futurs[30], cette emprise croissante de l'appareil de contrôle social sur la vie privée révèle une profonde modification de la base de l'ordre juridique en démocratie, qui s'est élargie afin de contenir de manière permanente des propositions normatives émanant d'un ordre normatif extra-juridique – ce qui finit par aliéner l'un des éléments constituant l'État de droit, à savoir la protection offerte au peuple face à l'arbitraire et à la force du pouvoir de l'appareil étatique.

En abandonnant le principe de la réhabilitation, le nouveau modèle de contrôle social rompt, en outre, avec la notion de culpabilité, tant individuelle que collective. Il ne s'agit plus d'intervenir sur les individus, en se penchant sur les aspects subjectifs de l'acte, ni sur les facteurs sociaux déterminant leur comportement.

---

29. Magnus Hörnqvist, « The birth of public order policy », *Race & Class*, 1, 2004, pp. 35 ss.
30. Sur les stratégies de légitimation des nouvelles politiques de sécurité, voir Anastassia Tsoukala, « Democracy Against Security: The Debates About Counter-terrorism in the European Parliament, September 2001-June 2003 », *Alternatives*, 4, 2004, pp. 417-439; Anastassia Tsoukala, « Democracy in the Light of Security. British and French Political Discourses on Domestic Counterterrorism Policies », *Political Studies*, 3, 2006, pp. 607-627; Anastassia Tsoukala, « La légitimation des mesures d'exception dans la lutte antiterroriste en Europe », *Cultures & Conflits*, N° 61, 2006, pp. 35-50.

Admettant ces paramètres comme non réformables, l'appareil de contrôle social ne cherche ni à modifier le passé ni à transformer le futur, en réhabilitant l'individu ou en modifiant les conditions sociales criminogènes[31]. Ses efforts se concentrent essentiellement sur l'anticipation et la maîtrise des effets des comportements indésirables. En d'autres termes, la croyance en la capacité réformatrice de la société a laissé la place à une quête de confort social, désormais garanti grâce à des politiques de traitement des symptômes plutôt que des causes du fait criminel.

Le nouveau modèle de contrôle social s'appuie aussi sur une profonde modification de son objet puisqu'il ne vise plus les individus délinquants, mais les personnes en tant que membres de groupes producteurs de risques pour le reste de la communauté. Par conséquent, il ne se limite plus aux actes délictueux effectivement commis par des individus, mais s'étend pour couvrir aussi les comportements potentiels des membres de groupes déviants, dits groupes à risques. Ce glissement de l'individuel vers le collectif bouleverse profondément les bases des cadres juridiques démocratiques, fondés sur le principe de la liberté et de la responsabilité individuelles, d'une part, et sur la relation individu délinquant-victime individuelle ou collective, de l'autre. La prétention des agents de contrôle social de posséder une sorte de connaissance globale des comportements futurs nie aux individus la liberté de décider si, et de quelle manière, ils vont s'engager dans un comportement donné, nie l'évaluation morale de ce comportement comme base de responsabilité entraînant une sanction quelconque et, *in fine*, nie le rôle de la victime comme base justificatrice de la sanction. Désormais, la nature aléatoire de ces éléments constitutifs de la relation triangulaire délinquant-infraction-sanction est écartée au profit d'une vision déterministe du monde, qui, dans sa quête de certitudes, finit par estomper les frontières entre les actes ordinaires et les actes répréhensibles. Le danger étant un concept par définition individuel, contrairement au risque qui, lui, ne peut qu'être collectif, l'appareil de contrôle social ne cherche plus à réprimer des individus en fonction de la dangerosité de leurs actes, mais à contrôler des groupes sociaux en fonction de la gravité des

---

31. Jonathan Simon, «Governing through crime», in Lawrence Friedman, George Fisher (eds), *The Crime connection: Essays in criminal justice*, Boulder: Westview Press, 1997, pp. 171-189; Clifford Shearing, «Punishment and the changing face of the governance», *Punishment & Society*, 2, 2001, p. 209.

risques que ceux-ci sont censés représenter pour les communautés concernées[32]. Le contrôle de ces groupes s'inspire, alors, des principes régissant la gestion actuarielle des risques en général, en s'appuyant sur des logiques d'action proactives, et la sélection de ses cibles reflète à tout moment le résultat, toujours provisoire, des luttes de définition des menaces au sein du monde politique et de l'univers de la gestion de la sécurité, lesquelles, à leur tour, font l'écho des valeurs et intérêts de chaque groupe d'acteurs impliqués dans ce processus. L'importance ainsi accordée au principe proactif de la gestion actuarielle des risques a impliqué l'introduction et/ou le développement de nombreux dispositifs de sécurité, qui ont créé un continuum de contrôle[33] englobant en son sein des individus délinquants, potentiellement délinquants et même a priori étrangers au comportement contrôlé. Dans le cas du hooliganisme, les caméras de surveillance installées dans les stades, par exemple, couvrent les comportements des fauteurs de troubles, des supporters turbulents et des spectateurs ordinaires, alors que le champ d'application du dispositif de collecte et d'échange des renseignements dépasse largement le cadre des supporters condamnés pour hooliganisme.

Toutefois, les atteintes aux libertés publiques qui en résultent ne sont pas dues qu'aux effets de ce continuum. Elles sont, avant tout, le résultat de la logique structurante du nouveau modèle de gestion du crime. En effet, la protection des libertés garantie par la loi étant d'essence individuelle[34], la substitution du groupe à l'individu, en tant qu'objet du contrôle social, ne peut qu'affaiblir la portée de cette protection qui, en quelque sorte, se trouve privée d'objet. En d'autres termes, le cadre régissant la protection des libertés reste toujours ancré dans une logique individuelle, conforme à celle du modèle correctionnel, alors que celui qui régit le contrôle social est passé à une logique collective qui, n'ayant pas de pendant exact dans le domaine des droits de l'homme, rend particulièrement fragile la position des individus face à l'appareil de contrôle social.

---

32. Alessandro De Giorgi, *Zero tolleranza. Strategie e pratiche della società di controllo*, Rome: Derive Approdi, 2000; C. Shearing, *op. cit.*, pp. 203-220; Eric Silver, Lisa Miller, «A Cautionary Note on the Use of Actuarial Risk Assessment Tools for Social Control», *Crime & Delinquency*, 1, 2002, pp. 138-161.

33. Malcolm Feeley, Jonathan Simon, «The new penology: notes on the emerging strategy of corrections and its implications», *Criminology*, 1992, p. 459.

34. Lloyd Weinreb, *Natural Law and Justice*, Cambridge: Harvard University Press, 1987, pp. 129 ss.

Cette vulnérabilité des individus est d'autant plus accentuée que le nouveau modèle de gestion du crime efface toutes les limites temporelles et spatiales antérieures. Le contrôle social devient potentiellement illimité puisqu'il passe d'un *après* l'infraction, bien précis, à un *avant* l'acte à risques, très vague, et d'un espace d'illégalité bien défini à un champ d'action pouvant couvrir une partie indéterminée de la sphère privée des individus concernés. La modification de ses relations avec le temps et l'espace entraîne, en outre, un changement profond de sa relation avec la réalité dans la mesure où il ne se focalise plus sur les infractions effectivement commises par les individus, mais sur le comportement potentiel des membres des groupes à risques. Par conséquent, ses effets ne sont pas uniquement produits au nom de son ancrage dans le réel, mais aussi au nom de sa projection vers le virtuel. Loin de viser uniquement à trouver et appliquer la sanction appropriée à un acte répréhensible, ses agents cherchent surtout à gérer à l'avance des groupes entiers, à contrôler leurs comportements, à travers des spéculations sur leur manifestation future, afin de normaliser les individus indisciplinés[35].

Dans le cas du hooliganisme, cette montée en puissance du modèle de gestion des risques reste, jusqu'à la fin des années 90, essentiellement limitée au niveau politique national et à son extension européenne par le biais du Conseil de l'Europe. Ceci est clairement indiqué tant par l'adoption tardive par les instances communautaires des principes de ce modèle que par l'attachement des députés européens aux principes du modèle correctionnel. Dans le premier cas, il faut préciser que, faute de base juridique leur permettant de réglementer directement la lutte contre le hooliganisme, les organes communautaires se limitent longtemps à des interventions indirectes, qui ne laissent pas apparaître leur cadre de référence conceptuel[36]. L'influence des principes du modèle de gestion des risques ne devient visible que dans la Recommandation du Conseil du 22 avril 1996, concernant des orientations visant à prévenir et à endiguer les troubles susceptibles de se produire lors

---

35. Didier Bigo, «Globalized (in)security: the Field and the Ban-opticon», in Didier Bigo, Anastassia Tsoukala (eds), *Illiberal Practices of Liberal Regimes: the (in)security games*, Paris: L'Harmattan, 2006, pp. 5-49.

36. Voir, par exemple, le Rapport Adonnino, adopté par le Conseil européen de Milan en juin 1985, préconisant le renforcement des dispositifs de prévention et de répression du hooliganisme (Résolution du 13 novembre 1985 sur l'Europe des citoyens, *JOCE*, C 345 du 31 décembre 1985).

de matchs de football[37], où sont avancées des propositions sur l'évaluation globale des risques de troubles et l'uniformisation de l'échange d'informations sur des fauteurs de troubles connus et potentiels. Une année plus tard, la Résolution du Conseil du 9 juin 1997 sur la prévention et la maîtrise du hooliganisme[38] confirme cette position en exprimant le souhait de ses auteurs que les interdictions de stade imposées même à l'encontre des fauteurs de troubles potentiels puissent être appliquées aussi dans le cadre de tournois européens[39].

Cette position du Conseil de l'Union européenne n'est pourtant pas partagée par le Parlement européen, qui reste attaché aux principes du modèle correctionnel. Cet attachement se manifeste déjà en 1985, dans la Résolution du 11 juillet 1985[40], adoptée peu de temps après la tragédie du Heysel. Quoique marqués par la même volonté de renforcement des dispositifs de répression et de prévention situationnelle que les auteurs de la Convention européenne[41], les députés européens s'en distinguent en souhaitant limiter l'application de ceux-ci aux seules personnes reconnues coupables d'actes de hooliganisme[42] et en recommandant l'élaboration de politiques de prévention primaire[43]. L'influence des principes du modèle correctionnel se manifeste, alors, tant dans le rejet de toute institutionnalisation du contrôle de la déviance que dans la reconnaissance des facteurs sociaux criminogènes. Cette position se confirme davantage dans la Résolution du 22 janvier 1988[44] où, d'une part, le renforcement souhaité de la coopération policière internationale et l'établissement d'un réseau européen de services de renseignements sont censés viser uniquement les fauteurs de troubles connus et, d'autre part, le hooliganisme est attribué à de nombreux facteurs d'ordre économique, politique et social, tels que l'exacerbation des sentiments nationalistes et xénophobes par les médias et l'influence des organisations politiques d'extrême

37. *JOCE*, C 131 du 3 mai 1996.
38. *JOCE*, C 193 du 24 juin 1997.
39. Résolution du Conseil du 9 juin 1997, *op. cit.*, § 1. Voir aussi la Résolution du Conseil du 17 novembre 2003 sur l'utilisation des interdictions de stade à l'occasion de matchs de football de dimension internationale, *JOCE*, C 281 du 22 novembre 2003.
40. Résolution sur les mesures nécessaires pour combattre le vandalisme et la violence dans le sport, *JOCE*, C 229 du 9 septembre 1985.
41. *Idem*, § 1-3.
42. *Idem*, § 3e.
43. *Ibid.*, § 7, 10, 11.
44. Résolution sur le vandalisme et la violence dans le sport, *JOCE*, C 49 du 22 février 1988.

droite[45]. Étonnante par l'ampleur de sa base conceptuelle[46], cette définition du hooliganisme est aussi intéressante par la hiérarchisation des valeurs sociales qu'elle implique, le Parlement européen devenant la seule instance à se préoccuper des atteintes portées par le hooliganisme à l'ordre public et à l'ordre démocratique des pays concernés, et à proposer des mesures appropriées[47]. Exprimée aussi en 1990, dans le Rapport de la Commission d'enquête sur le racisme et la xénophobie[48], en 1994, dans la Résolution sur l'Union européenne et le sport[49], et en 1996, dans le Rapport sur le problème du hooliganisme et de la libre circulation des supporters de football[50], cette volonté de sauvegarde des principes démocratiques et de l'État de droit des pays européens s'est traduite par la dénonciation constante des comportements racistes, par une inquiétude croissante face aux arrestations et expulsions de supporters sur des simples présomptions, et par la confirmation de la position que les mesures de police devaient s'appliquer uniquement aux fauteurs de troubles connus.

La tentative de conciliation des principes du modèle de gestion des risques avec ceux de la protection des droits et libertés des supporters est poursuivie par les députés européens jusqu'à nos jours[51]. Ainsi, alors qu'ils sont favorables à la généralisation des mesures d'interdiction de stade[52], qu'ils ne mettent pas en cause le bien-fondé de la création d'un réseau européen de centres de renseignements sur le hooliganisme et qu'ils sont plusieurs à soutenir l'adoption de mesures proactives[53], ils sont aussi nombreux à

45. *Ibid.*, Préambule (E, G).
46. Les auteurs de la Convention européenne ont, certes, reconnu que les origines du hooliganisme étaient extérieures au sport, mais n'ont pas proposé de mesures de prévention primaire allant dans ce sens. Au contraire même, les auteurs du premier rapport du Comité permanent de la Convention ont estimé que, faute d'intérêt à court terme, la recherche sur les causes sociales du hooliganisme ne saurait influencer le texte de la Convention.
47. Résolution sur le vandalisme et la violence dans le sport, *op. cit.*, § 6, 15.
48. *JOCE*, C 284 du 12 novembre 1990.
49. *JOCE*, C 205 du 25 juillet 1994.
50. Doc. A4-0124/96. Pour une analyse des débats parlementaires sur la question, voir Anastassia Tsoukala, «Les organes communautaires et la violence dans le sport», 1ᵉʳ Congrès de l'Association française de sociologie, Villetaneuse, 24-27 février 2004.
51. Voir, par exemple, la Recommandation du Parlement européen au Conseil sur un espace de sécurité, de liberté et de justice: sécurité lors des réunions du Conseil européen et d'autres événements comparables, doc. A5-0396/2001 (procès-verbal du 12 décembre 2001).
52. Parlement européen, Résolution sur l'Euro 2000, *JOCE*, C 121 du 24 avril 2001, art. 5.
53. Parlement européen, séance du 8 avril 2002, sur un projet de décision du Conseil concernant la sécurité lors de matchs de football revêtant une dimension internationale et prévoyant notamment la création d'un réseau européen de centres de renseignements sur le hooliganisme.

dénoncer le glissement vers le contrôle de la déviance qu'impliquerait ce réseau, s'il couvrait aussi les fauteurs de troubles potentiels, et à promouvoir la mise en place d'une politique de prévention primaire[54].

CONCLUSION

Cet aperçu de l'évolution du cadre de réglementation du hooliganisme en Europe nous a permis de voir que la violation des droits et libertés des supporters qui le caractérise, en raison de l'institutionnalisation du contrôle de la déviance et de l'affaiblissement du principe de la séparation des pouvoirs, est inhérente à sa propre base conceptuelle et ne peut se comprendre en dehors du processus d'évolution des modèles de gestion du crime en général. De même, la survalorisation de la protection de la sécurité intérieure aux dépens du respect des principes de l'État de droit et des libertés publiques, qui caractérise la majorité des décisions prises en matière de contrôle du hooliganisme, ne peut se comprendre en dehors d'un processus de politisation de la sécurité, rapidement développé dans le monde occidental depuis la fin des années 80.

Ces remarques ne devraient pourtant pas occulter une différence majeure entre l'accueil des politiques de sécurité en général et celui des politiques de contrôle du hooliganisme en particulier. Alors que, dans le premier cas, la violation des droits et libertés des membres de certains groupes sociaux suscite toujours de vives protestations de la part de nombreuses associations de défense des droits de l'homme et de divers réseaux de soutien, la violation des droits et libertés des supporters se fait habituellement dans l'indifférence générale[55]. Qu'il soit lié à l'idée péjorative que se font souvent du football les milieux intellectuels, qu'il soit l'effet de la réussite éventuelle d'un long processus de construction sociale de la figure du «hooligan menaçant», ou qu'il soit dû à un manque d'organisation du monde supportériste, ce silence nous interpelle car ses effets vont au-delà du renforcement de la vulnérabilité des supporters face à l'appareil de contrôle social, pour montrer les limites des actions entreprises par les mouvements de défense des droits de l'homme dans nos démocraties libérales.

---

54. Anastassia Tsoukala, «Les organes communautaires...», *op. cit.*
55. À part quelques rares réactions de la société civile britannique.

LE FOOTBALL ENTRE SPORT, ÉTAT ET MARCHÉ. LES MORPHOLOGIES DU CONTRÔLE DU RISQUE SPORTIF À L'ORÉE DE L'EURO 08

CHRISTOPHE JACCOUD, DOMINIQUE MALATESTA, JEAN-PHILIPPE DUBEY

> «Une preuve du pire, c'est la foule.»
> (Sénèque, *La vie heureuse*)

La connaissance sociohistorique des institutions sportives montre trois choses en particulier. En premier lieu, que le sport, comme activité normée et structurée, affranchie du «principe commun de divertissement, de turbulence, d'improvisation libre et d'épanouissement insouciant»[1], s'est construit sur la mise en ordre de deux dimensions principales. Soit la dimension du temps et la dimension de l'espace; une telle mise en forme spatio-temporelle autorisant la mise en spectacle des pratiques et des pratiquants, au principe de l'instauration d'un régime d'admiration consubstantiel au sport.

En second lieu, que la mise en régie et la pérennisation des échanges sportifs ont sollicité l'engagement d'une diversité de pouvoirs organisateurs qui, malgré l'hétérogénéité de leurs motivations et de leurs valeurs – motivation commerciale, motivation associative, motivation élitiste d'entre-soi – ont longtemps relevé de la sphère privée[2].

En troisième lieu, que l'autonomie du champ sportif est de plus en plus limitée, du fait d'une dépendance croissante du sport au marché et à ses attentes, du fait également de l'intervention progressive des autorités et des politiques publiques. Autrement dit, si, historiquement parlant, le sport s'est progressivement doté d'un appareil réglementaire propre, pour constituer longtemps un ordre

---

1. Roger Caillois, *Les jeux et les hommes*, Paris: Gallimard, p. 75.
2. Jacques Defrance, «Le processus d'institution des sports», in William Gasparini (éd.), *L'institutionnalisation des pratiques sportives et de loisir*, Paris: Éditions Le Manuscrit, 2007, pp. 37-55.

juridique de plein exercice, force est de constater que son indépendance s'est fortement réduite du fait de la multiplication et de la pluralisation des différents détenteurs d'enjeux. Au point que l'on convoque désormais régulièrement des expressions telles que « le sport à l'épreuve du droit commun », « la judiciarisation du sport », ou encore « le sport à l'épreuve du marché », pour désigner des phénomènes tels que la soumission du sport à la réglementation publique et aux principes généraux du droit, ou encore son ancrage dans des logiques de profits et de maximisation des investissements.

On mentionnera ici brièvement, comme illustration de cette dualisation/confrontation des pouvoirs et des puissances entre ordre sportif, ordre étatique et ordre marchand, deux cas d'école. Celui du traitement du dopage d'abord, au travers duquel on a vu, ces dernières années, les institutions sportives nationales confrontées à des situations de basse-gouvernabilité, en appeler à la puissance publique, laquelle a bien souvent saisi ici l'opportunité de déployer des politiques publiques de santé. Le bien connu Arrêt Bosman de 1995 ensuite, qui rend tangible la dynamique de dilution du droit sportif dans les dispositifs du droit national, puis dans ceux du droit communautaire.

À l'évidence donc, la flèche de l'histoire pointe que le sport s'insère de plus en plus au sein d'une trame serrée de données, d'enjeux et de prescriptions sociopolitiques et socio-économiques. Cette intrication croissante, outre qu'elle marque une évidente perte d'indépendance du sport comme institution souveraine, est porteuse de deux conséquences au moins.

Première conséquence, le sport se « détraditionnalise », au sens donné par Anthony Giddens à ce terme [3]. Autrement dit, on assiste à la fissure, voire à la disparition d'un monde, d'une organisation, d'un aménagement de rapports sociaux antérieurement noués.

Deuxième conséquence, la régulation de la vie sportive, dès lors que les institutions du domaine ont perdu le monopole du *« policing »*, tend à se dérouler dans un cadre polycentrique et multilatéral qui sollicite des acteurs dont les agendas comme les horizons d'objectifs ne sont pas nécessairement commensurables. Cette gouvernance nouvelle implique *a minima* un entremêlement de

---

3. Anthony Giddens, *The Transformation of Intimacy, Sexuality, Love and Eroticism in Modern Societies*, Londres: Polity, 1992.

normes et d'enjeux, une nouvelle structuration des rapports de force et des modes de régulation, ainsi qu'une redéfinition du bien commun susceptible de permettre des accords et des convergences entre partenaires impliqués.

Cette confrontation des attentes et cette densification des interdépendances entre les champs du sport, du politique et du marché sont observables par rapport à de nombreux thèmes. Et, avec une acuité particulière, au niveau de la gestion de la violence sportive et du contrôle des supporters, au point que l'on peut montrer qu'en Europe la réduction des passions sportives et les efforts déployés en vue de construire une *pax sportiva* constituent une préoccupation majeure qui se donne à voir et à entendre dans les discours publics, à travers l'évolution des cadres juridiques, ainsi qu'à travers des dispositifs spécifiques de gestion policière[4]. C'est ainsi qu'au fil du temps, et selon une dynamique qui trouve son origine en Angleterre au début des années 80, la lutte contre ce phénomène s'est progressivement organisée et intensifiée, marquée à la fois par un durcissement répressif des législations nationales, par une harmonisation des politiques nationales, ainsi que par diverses procédures de coopération trans-étatiques, à l'exemple de la Convention européenne sur la violence et les débordements lors de manifestations sportives entrée en vigueur le 1er novembre 1985.

LA SOCIÉTÉ SPORTIVE ET SES ENNEMIS

Le problème de la violence associée au football et à sa mise en spectacle est en effet devenu, depuis quelques années, un corps qui absorbe beaucoup de chaleur et un considérable éclairage des discours médiatique et politique. Malgré des contextes socio-économiques, socioculturels et sociosportifs différents, on peut avancer que l'objectif de pacifier les spectacles sportifs trouve désormais, dans une large part de l'Europe, des ancrages de plus en plus nombreux, le thème ayant gagné sa place dans l'espace de discussion institutionnel pour être appréhendé comme un enjeu et une préoccupation par un nombre croissant d'acteurs, tant publics que privés[5]. Autrement dit, si, des décennies durant, le stade, avec

---

[4]. Anastassia Tsoukala, «Le hooliganisme et la protection de la sécurité intérieure en Europe. Quels enjeux?», *Revue internationale de Criminologie et de Police technique et scientifique*, N° 3, volume LV, juillet-septembre, 2002, pp. 310-323.

[5]. Antonio Roversi (dir.), *Calcio e violenza in Europa*, Bologne: Il Mulino, 1990.

l'église au toit moussu et le café ombragé a pu constituer l'un des maillons d'une géographie imaginaire de la paix sociale et de la tradition[6], on s'accorde aujourd'hui pour dire qu'il peut contribuer à la production d'un malheur public en constituant, à travers une litanie de transgressions, de fanatismes et d'affirmation d'identités paroxystiques, l'espace d'élection de «crimes» − au sens durkheimien de «ce qui froisse la conscience commune»[7] − qui, outre qu'ils sont attentatoires à l'ordre public, à l'ordre sportif et à l'ordre marchand, contribuent à plonger la nation sportive dans une manière de guerre civile.

De même, si le modèle d'intelligibilité du phénomène, comme l'ordonnance de soins prescrite par les acteurs de sa régulation, a longtemps assimilé le hooliganisme à une violence virile, au transfert malheureux vers l'univers du sport de problèmes et de stridences relevant du social, voire au reflet d'une dégradation des conditions économiques ou d'une perte de légitimité des institutions construites sur l'ordre et la discipline, on peut constater qu'un nouveau modèle d'intelligibilité et de pénalité s'est progressivement mis en place, imposant alors une interprétation délictuelle et déviante des violences périsportives. Au terme de ce renouvellement de perspective, débordements, bagarres, faits de racisme et d'extrémisme politique ne relèvent plus d'une violence chaude, mais bien d'une violence froide, le supporter violent s'affirmant alors comme un véritable *acteur social*, maître de ses actes, entrepreneur d'une violence qu'il entend mettre en scène dans un espace-temps singulier. Renversement de perspective qui appelle alors, outre une convergence des coopérations, un haussement de la tonalité répressive de même que la mise en œuvre d'une gestion juridico-policière ad hoc en vue de contenir des actes assimilés non plus au désordre ou à des socialités tenaces, mais à des atteintes à la sécurité intérieure et à la paix civile.

LA VIOLENCE SPORTIVE COMME MENACE ET COMME RISQUE

L'agitation et les désordres provoqués par les hooligans ont stimulé alors des parcours et des réflexions orientés vers un réexamen

---

6. Notamment Raymond Pittet, *Le football et les hommes*, Paris: Hatier, 1972; Georges Haldas, *La légende du football*, Lausanne: L'Âge d'Homme, 1981; Jacques Guhl, *Football soleil debout*, Lausanne: L'Âge d'Homme: 1992.
7. Émile Durkheim, *De la division du travail social*, Paris: PUF [1re édition, 1893], p. 48.

juridique et répressif du phénomène, de même que d'importantes recompositions nationales et internationales du traitement du problème qui, en dépit de traditions et d'idiosyncrasies nationales, manifestent l'adhésion à de mêmes théories. À cet égard, cinq d'entre elles sont particulièrement saillantes :

1. Une *théorie de la menace* : le supportérisme violent est désormais une bulle de guerre et constitue une menace globale pour l'État, les institutions et l'ordre public.
2. Une *théorie du risque sportif* : le spectacle sportif produit un climat d'incertitude et de vulnérabilité. Dans ces termes, il fait advenir une puissante *«Unsicherheit»*, au triple sens d'insécurité, d'incertitude et de danger[8]. Ainsi donc, et le retournement est notable, le sport et la dynamique partisane qui l'accompagnent ne sont plus envisagés sous l'angle d'un spectacle populaire et d'un espace-temps de convivialité, mais sous l'angle d'une nécessaire construction de la sécurité, cette dernière étant fonction de la bonne marche et de la fiabilité des dispositifs de sûreté qui indexent les stades aux installations et aux systèmes à risques.
3. Une *théorie de la gouvernance de la sécurité* : la gestion de la sécurité sportive étant reconnue comme un bien collectif, elle requiert tout à la fois la mise en œuvre d'une instrumentation large (évolution du cadre réglementaire, nouvelle gestion policière) et la mise en œuvre d'une gouvernance renouvelée du traitement du problème. Ces tâches sollicitent la collaboration de nombreux acteurs, ainsi que la convergence de compétences spécifiques et sectorielles, ou gouvernance à «mains multiples»[9].
4. Une *théorie de l'infraction à front large* : la violence sportive contrevient à plusieurs ordres sociaux, ainsi qu'à une pluralité de systèmes de normes. Elle menace d'abord l'*ordre public*[10] et la paix urbaine en tant qu'elle porte atteinte à l'intégrité des personnes et

---

8. Zygmunt Baumann, *In search of politics*, Cambridge : Polity Press, 1999.
9. Raw Rhodes, *Understanding Governance*, Milton Keynes : Open University Press.
10. «Est ordre public un problème ou une situation susceptible de mettre en péril à court terme la légitimité des pouvoirs publics établis et la base sur laquelle s'érige la paix civile. La menace sera symbolique ou matérielle dans ses effets […]. L'expression en sera visible, collective et immédiatement saisissable […]. L'ordre public est marqué par l'urgence : il faut agir ou réagir de suite pour contenir tous les effets nuisibles. Il est aussi caractérisé par le mode de réponse publique. Il s'avère enfin d'une incertitude extrême : l'événement mal traité, ou non traité déclenche des conséquences ponctuelles graves pour les responsables et les services», Dominique Gatto, Jean-Claude Thoenig, *La sécurité publique à l'épreuve du terrain*, Paris : L'Harmattan/IHESI, 1993, p, 207.

des biens. Or, la sécurité étant un droit dans les sociétés démocratiques, il incombe à la puissance publique de l'assurer et, plus généralement, d'affirmer présence et puissance « dans la production de symboles d'environnements ordonnés »[11]. D'autre part, et dans les termes d'une redéfinition du système des normes acceptables, les comportements des supporters violents ne sont plus évaluables par rapport à la norme qui prévaut dans un contexte sportif « classique », dans lequel les comportements agressifs, l'exacerbation de la masculinité et la libération des affects sont reconnus comme légitimes, mais bien par rapport à une norme de civilité et de comportements acceptables dans l'espace public. Cette violence menace également l'*ordre sportif*, c'est-à-dire l'institution sportive, connue et louée pour sa matrice doctrinale – héritée du coubertinisme – comme une institution bonne, puisqu'elle se construit et se diffuse sur les valeurs les plus consensuelles, telles que l'affrontement réglé, la soumission à la règle, ou encore le mélange social. Cette violence menace enfin *l'ordre marchand* et la paix économique. Ainsi faut-il assurer désormais le bon déroulement du spectacle sportif comme spectacle de consommation marchande auquel assistent des spectateurs-consommateurs qui doivent être protégés, ainsi qu'il faut prévenir la dégradation d'infrastructures privées ou publiques qui contraint la collectivité et les propriétaires à supporter des risques financiers.

5. Une *théorie du haussement de la tonalité répressive* : le phénomène du supportérisme violent constituant un problème public et non plus un « *normal accident* »[12], il importe de mettre en place des politiques de contrôle et de régulation qui coordonnent des systèmes d'objectifs et des moyens stables dans le temps. De telles politiques se caractérisent par le dépassement de micro-règles à caractère sectoriel pour aboutir à une réforme juridique tournée vers un haussement de la tonalité répressive.

---

11. Adam Crawford, « Les politiques de sécurité locale et de prévention dans la définition de la délinquance en Angleterre et au Pays de Galles : nouvelles stratégies et nouveaux développements », *Déviance et Société*, N° 4, volume 25, 1, pp. 427-459. Pour en dire ici davantage, on se souviendra, ainsi que l'a montré le philosophe anglais Thomas Hobbes au XVIIe siècle déjà, que cette prérogative est une prérogative proprement régalienne, le contrat de sécurité passé entre l'État qui s'engage à protéger la vie des citoyens en échange de la soumission de ces derniers aux règles et aux lois, constituant l'un des murs porteurs de la modernité sociale et juridique. Ainsi « la sûreté et la sécurité publiques sont la forme la plus importante du bien commun ». Thomas Hobbes, *Le citoyen ou les fondements de la politique*, traduction française, Paris : Flammarion, 1992, p. 151 [1re édition française, 1647 ; édition originale en latin, 1642].

12. Charles Perrow, *Normal Accidents : living with hig-risk Technologies*, New York : Basic Books, 1984.

LA VIOLENCE SPORTIVE EN SUISSE

En Suisse, jusqu'il y a peu, la violence des supporters ne faisait pas l'objet d'un concernement public, un tel phénomène, bien que progressivement documenté, n'entrant pas dans la configuration des inquiétudes nationales. À cet égard, l'historien Marco Marcacci, dans une des rares contributions consacrées à ce thème[13], démontre que l'on aurait tort de ne voir ici qu'un fait relevant d'une actualité immédiate, pour donner une longue série d'exemples de violences, parfois très spectaculaires, et cela dès le milieu des années 20, se concluant parfois par des peines d'emprisonnement ferme prononcées par la justice ordinaire[14].

On relèvera toutefois trois éléments importants fournis par les ressources de l'analyse historique.

En premier lieu, le souci, longtemps manifesté par les instances fédératives, de traiter les problèmes à l'«interne» plutôt que par le recours à la voie judiciaire[15].

En second lieu, l'adoption, tant par les milieux du sport que par la presse et la justice, de régimes d'explication que l'on détaillera de la façon suivante. Des années 20 aux années 60, les violences sont considérées comme des violences folkloriques, typiques de l'expression des sociabilités masculines. À partir des années 60, l'appréhension change, pointant alors une première direction ethnique et culturaliste, qui impute les violences commises à des étrangers, le plus souvent des méridionaux, en d'autres termes à des populations réputées belliqueuses et peu familières des normes de contrôle de soi prévalant en Suisse; et une seconde

---

13. Marco Marcacci, «Les violences dans les stades suisses dans une perspective historique», *Revue internationale de Criminologie et de Police scientifique et technique*, N° 3, volume LV, juillet-septembre 2002, pp. 266-277.

14. On se gardera toutefois, dans un réflexe qui grève bien souvent la réflexion sociohistorique, de vouloir mettre en équivalence, terme à terme, ces violences passées et les violences du jour, dans la mesure où la société a changé. Ft, du point de vue qui nous occupe, elle a très certainement changé sous deux aspects essentiels au moins : a) les rapports sociaux de classe reconnus comme des conflictualités sociales structurantes et centrales ont perdu de leur force. Or ces rapports de classe nourrissaient très souvent les conflits entre supporters, entre équipes réputées riches et équipes réputées pauvres, entre ceux du nord et ceux du sud, entre ceux du haut et ceux du bas…; b) il est plus que vraisemblable que les identités masculines ont évolué également, dans le sens d'un affranchissement d'avec un moule et des codes très stéréotypés et rigides concourant à faire des identités sexuées des invariants essentialistes et strictement déterminés.

15. Illustration de ce fameux «privilège de juridiction» auquel sont attachées les organisations sportives qui vont parfois, comme le rappelle Michel Hourcade, «jusqu'à prohiber dans leurs statuts le recours, par leurs adhérents, à la justice de l'État, ou clause de non-recours juridictionnel». Michel Hourcade, «Le sport et l'État de droit: approche sociologique», *Droit et Société*, N° 32, 1996, pp. 141-155.

direction qui voit dans ces violences les signes d'un phénomène de contestation de l'autorité et de perversion des valeurs constitutives de l'esprit sportif.

Ainsi donc cette violence a-t-elle longtemps relevé d'étiologies contingentes, et l'on ne s'étonnera dès lors pas qu'à un système de coordonnées sociologiques «spontanées» ait répondu une mécanique répressive/préventive sectorielle, fondée sur des actions de détail, telles que: interdiction de vente des boissons conditionnées en verre dès l'entame de la saison 1969, imposition faite aux clubs «à risque» d'édifier des grillages séparant le terrain des gradins dès 1973, flot continu de programmes vantant les vertus de l'éducation sportive et du fair-play...[16]

UN TOURNANT: LA VIOLENCE PÉRISPORTIVE COMME INSÉCURITÉ ET COMME PROBLÈME PUBLIC

L'émergence d'un problème relatif au contrôle du risque sportif et la nécessité d'engager une dynamique d'action publique antihooligan – dynamique ayant conduit à la promulgation d'une loi fédérale entrée en vigueur le 1er janvier 2007 – se sont imposés en Suisse, comme matière à débat, vers la fin des années 90. Et ceci pour les raisons suivantes:

En premier lieu, avec le constat général d'une augmentation de la violence des spectateurs, indicatrice d'une dégradation de la concorde sportive, elle-même constitutive d'une *insécurité sportive* résonnant comme l'aveu d'une asthénie des institutions sportive, politique et policière.

En second lieu, avec la *politisation des tribunes*, c'est-à-dire avec l'apparition de situations problématiques se déduisant directement de l'existence de liens tangibles entre le supportérisme violent et l'extrémisme de droite dans le championnat national de football et de hockey sur glace. Cette identification, mettant en relation des comportements et un arrière-plan idéologique, a émané d'une institution de police créée en 1998, l'Observatoire suisse du hooliganisme[17], dont les relevés ont permis de

---

16. On a pu montrer, dans d'autres domaines, que de telles mesures, ponctuelles, agrégatives, sans globalité, constituent souvent, du point de vue de la gestion des infrastructures, la première prise en charge concertée en matière de sécurité. Faute de vraies ressources gnoséologiques quant au problème à traiter, ces mesures s'adossent le plus souvent à des logiques d'ingénieurs, qui privilégient l'identification de points noirs réductibles par le recours à des aménagements spécifiques.

construire un noyau figuratif faisant apparaître la réalité de véritables minorités agissantes.

En troisième lieu, avec un certain nombre de changements intervenus, depuis quelques années, dans le domaine de la *socio-économie du spectacle sportif*, l'ancrage croissant du football dans des logiques tramées par des impératifs financiers, se concrétisant tout particulièrement par un programme d'édification de nouveaux stades qui intègrent, outre des fonctions sportives, diverses fonctions commerciales et événementielles. On peut ainsi constater qu'une importante réflexion projectuelle est désormais menée en Suisse, relativement à la conception d'infrastructures dédiées à l'accueil et à la mise en spectacle du football. La réalisation, en moins d'une décennie, de nouveaux stades à Genève, Bâle, Berne, Zurich et Neuchâtel, la formulation de projets à Lausanne, Lucerne, Aarau et Saint-Gall, attestent en effet de cette actualité urbanistique. Ces projets trouvent pour l'essentiel leur origine dans un contexte déterminé, d'une part, par la professionnalisation et l'internationalisation du sport-spectacle[18] et les attentes qui en découlent, par la pression que l'organisation de l'Euro 2008 impose en termes de conformité des arènes sportives et, d'autre part, par des conceptions nouvelles des lieux de loisirs et de consommation en termes de prestations et d'usage du territoire.

Ce dernier indicateur s'avère particulièrement pertinent. En effet, la construction de nouveaux stades contrevient à une tradition nationale de planification publique. Ainsi, en matière de processus de production de grands équipements sportifs, on peut désormais remarquer l'émergence d'une offre en provenance de coalitions nouvelles qui associent monde sportif, monde économique et pouvoirs publics. Ces coalitions mettent le plus souvent

---

17. (Note de la p. 216.) Rattaché à la Police de la ville de Zurich, l'Observatoire suisse du hooliganisme poursuit les missions suivantes: dresser régulièrement un panorama de la situation relative au hooliganisme, réfléchir à des mesures pratiques permettant aux associations sportives de mener des actions préventives contre la violence dans les stades, enfin, mettre sur pied une banque de données permettant de recenser et d'identifier les hooligans ou fauteurs de troubles dans les stades, ainsi que les liens personnels ou organisationnels entre eux.

18. Cette professionnalisation du sport prend d'ailleurs le plus souvent les traits d'une *médiatisation* du spectacle sportif. Ainsi, parce que les matchs tendent à fonctionner autant comme compétitions sportives proprement dites que comme spectacles télévisés et produits commerciaux, il importe dès lors de leur donner un écrin adéquat. Il faut également noter le puissant rôle injonctif joué par la Ligue suisse de football, laquelle entend, dans un proche avenir, priver de licence de jeu les clubs ne disposant pas de stades formatés à ces nouvelles normes.

en situation de coopération, d'un côté, des acteurs privés, évoluant dans la sphère sportive et économique, pour lesquels le sport peut constituer un moyen d'attirer des spectateurs-consommateurs dans un espace plurifonctionnel; et, d'un autre côté, collectivités publiques et acteurs de la planification territoriale, et intéressés à des titres divers par de tels projets (image de la ville, soutien aux institutions du sport...).

Du point de vue de la fonctionnalité de ces nouvelles enceintes, la remise en question des archétypes conventionnels est bien visible. Celle-ci se manifeste par l'affranchissement de la fonctionnalité première des stades, pour se confondre avec la réalisation de centres de profits et de vitrines à usages urbains multiples, propres à générer des ressources diverses. Dans cette optique, les prescriptions qui encadrent le spectacle sportif changent elles aussi, tant il est vrai que, dans des enceintes sportives de plus en plus régulièrement assimilées à des espaces de consommation, il importe que ceux-ci soient des lieux sûrs dans lesquels des supporters-consommateurs achètent services et prestations pour lesquels ils ne sont pas disposés à endurer insécurité et désagréments[19]. Métamorphose notable qui influe à l'évidence sur les critères de mises en sécurité.

En quatrième lieu, enfin, avec les fortes contraintes dues à la co-organisation, en 2008, du championnat d'Europe de football, les organisateurs suisses devant: a) satisfaire les exigences sécuritaires dictées par le puissant opérateur qu'est l'UEFA; b) répondre à des critères de crédibilité internationale, ceci en présentant une image rassurante du pays et de ses institutions et en assumant les devoirs du droit international qui protège les ressortissants étrangers qui se rendront en Suisse à l'occasion de cette compétition.

VERS UNE NOUVELLE GOUVERNANCE DU RISQUE SPORTIF

En Suisse, et bien qu'il soit hasardeux d'identifier une véritable demande de sécurité qui aurait contraint pouvoirs publics et pouvoirs sportifs à l'action, le début des années 2000 a coïncidé avec la

---

19. Comme l'écrit Patrick Mignon, désormais «le stade est moins fait pour mobiliser des supporters que pour rassembler des consommateurs de spectacle [...]. On comprend dès lors que ces transformations reposent sur l'idée que si le football est une activité économique comme les autres, c'est parce qu'il relève de la sphère du spectacle et que le but n'est pas de mobiliser les fidèles, mais d'attirer des spectateurs séduits par de grands noms.» Patrick Mignon, «L'argent dans le sport», in Georges Vigarello (éd.), *L'esprit sportif aujourd'hui*, Paris: Encyclopedia Universalis, 2004, pp. 158-159.

réunion d'un faisceau de conditions qui a permis l'installation de la problématique dans les espaces de discussion politico-administratifs et le ralliement d'un nombre croissant d'acteurs à la nécessité d'une régulation cohérente et à front large.

Les premiers contours de cette thématique ont été tracés par l'Observatoire suisse du hooliganisme qui a lancé l'alerte dès 1998, fort d'observations attestant d'un flux dense et continu d'interactions entre supporters violents et extrémistes de droite.

Ces inquiétudes ont été relayées et progressivement «travaillées» dans deux groupes de travail appelés à se pencher sur le problème: le Groupe de travail «Violence dans le sport», articulé autour de l'Office fédéral du sport, le Groupe de travail interdépartemental «Extrémisme de droite», ce dernier validant les constats et observations opérés par les policiers spécialistes. Enfin, les diagnostics et les recommandations opérés par ces deux agences ont abouti à la constitution d'un vaste réseau d'acteurs comprenant des représentants de milieux tous également engagés dans l'identification de mécanismes de régulation du problème nouvellement désigné. Autrement dit, à une première régulation interprétative du phénomène, de son ampleur et de ses manifestations les plus caractéristiques, a succédé une régulation instrumentale, orientée vers les remèdes à y apporter, incarnée tout à la fois par les deux groupes d'experts et par la mise sur pied du réseau d'action publique qui en a découlé[20]. Vaste dispositif dont on peut dire trois choses au moins: a) qu'il a été le creuset dans lequel s'est élaborée une politique publique de gestion du supportérisme violent, au sens de la construction d'une image, d'une représentation du phénomène et de la définition des moyens à mettre en œuvre pour le réguler; b) qu'il constitue le lieu où ont été identifiées les réponses aux attentes publiques et privées relevant, pour les unes, du registre de l'ordre public, pour les autres, du registre de la pérennité de l'institution sportive et du spectacle sportif, notamment au travers du *bon déroulement* du spectacle sportif; c) que son agenda a été explicitement dicté par les contraintes liées à l'organisation de l'Euro 08. Il s'est agi, en conséquence, d'aboutir dans des délais rapides à la mise en œuvre de mesures de sécurité conformes aux exigences dictées par l'UEFA. Une échéance et un ensemble d'exigences dont on peut penser qu'ils ont fortement modelé l'appréhension du phénomène du supportérisme violent.

LE GROUPE DE TRAVAIL «VIOLENCE DANS LE SPORT».
ENTRE APPEL À UNE LÉGISLATION COHÉRENTE ET PRÉSERVATION DE LA SOUVERAINETÉ DE L'INSTITUTION SPORTIVE

Ce groupe d'experts, placé d'abord sous la direction de l'Office fédéral du sport, puis, dès 2003, sous la tutelle de la Police fédérale en raison de la nature coercitive de certaines mesures proposées, a établi un diagnostic de situation relatif aux *«forces et faiblesses de l'organisation sportive en Suisse»*. Il ressort trois points forts de ce diagnostic:

Premier point: Le hooliganisme ne représente pas encore, en Suisse, une réelle menace pour la sécurité du pays. Néanmoins, ce domaine est trop peu réglementé encore qui relève avant tout de la jurisprudence et de la doctrine, et il conviendrait de créer d'indispensables bases légales. D'autre part, les auteurs de débordements sont insuffisamment punis, ou souvent tardivement.

20. (Note de la p. 219.) On retiendra de la composition de ce réseau et des principales mesures qu'il a préconisées les quelques repères qui suivent. Ses membres étaient issus des milieux du sport (Swissolympic, soit l'association faîtière qui regroupe les fédérations des sports olympiques, la Ligue suisse de hockey sur glace, l'Association suisse de football, la Ligue suisse de football); des milieux étatiques (diverses administrations fédérales: sport, police, finances, affaires étrangères, intérieur, service de lutte contre le racisme, Conférence des directeurs des polices cantonales, Conférence des directeurs des départements cantonaux de justice et police, Observatoire suisse du hooliganisme), des milieux associatifs (associations de fan-coaching, associations de fans antiracistes); de divers milieux privés (entreprises de sécurité, sociétés gestionnaires de stades…).

Les principales mesures visant à la régulation du supportérisme violent se sont déployées selon trois axes:

a) un axe de formation à travers l'amélioration de l'éducation des responsables de sécurité et des fédérations sportives;

b) un axe administratif et juridique à travers l'adoption de sanctions conséquentes à l'égard des personnes enfreignant les règlements, mais aussi à travers la réintroduction du principe de responsabilité causale, qui institue les clubs comme responsables du comportements de leurs supporters à domicile comme à l'extérieur;

c) un axe sociopréventif, concrétisé pour l'essentiel par l'encouragement à la création d'une culture «positive» des fans, et ceci à travers le soutien apporté aux initiatives encadrant, dans les termes de la pédagogie sociale, les supporters les plus engagés.

On retiendra encore un fait d'importance: le rôle central dévolu à l'institution sportive, Swissolympic se positionnant comme l'interlocuteur de référence pour les partenaires de droit public, mais, plus encore, comme l'opérateur de référence dans l'énonciation d'une nouvelle vision du spectacle sportif désormais reconnu comme *lieu du risque*. C'est ainsi que, pour y remédier, cette agence a formulé un nouveau concept de sécurité qui a valeur de philosophie renouvelée des interactions sportives et de leur pacification, intitulé *«Sicherheit bei sportlichen veranstaltungen»*, dont les lignes de force sont sans équivoque: *«Sport ohne Risiko gibt es nicht, weder für Teilnehmende noch für Zuschauer […]. Besucher von Sportveranstaltungen hingegen sind in aller regel nicht bereit, Abstriche in ihrer persönlichen Sicherheit zu akzeptieren. Vielmehr erwarten sie, einen sportlichen Wettkampf sicher und unbeschwert besuchen und geniessen zu können […]. Unsicherheit hingegen führt zu Angst und Stress; der Besucher geniesst den Anlass nicht und wird künftig solche Veranstaltungen konsequent meiden. Vorkommnisse, welche die Sicherheit beeinträchtigen, werden dank präsenter Medien rasch bekannt, der gute Ruf eines Veranstalters, eines Stadion geht verloren, die Bereitschaft, bei nächster Gelegenheit wieder dabei zu sein ist gering, die Zuschauer bleiben weg.»*

Il importe alors de réfléchir à des mesures d'une plus grande rigueur, telles que des interdictions de stade, des restrictions mises à l'entrée sur le sol national, ou encore l'usage accru de caméras de surveillance.

Deuxième point: Les concepts de sécurité d'ores et déjà instaurés par les fédérations sportives les plus touchées par la violence (en particulier la Ligue suisse de hockey sur glace et l'Association suisse de football) sont pertinents et à la hauteur des enjeux présents, pour autant que la spirale de la violence ne gagne pas en ampleur. Toutefois, et du côté des clubs, les réglementations centrales des fédérations en matière de sécurité ne sont pas toujours bien appliquées. En outre, les sanctions infligées aux clubs en cas de manquement sont insuffisantes. On pointe aussi que la Suisse sportive manque de Fan-projekts et, plus généralement, d'initiatives d'information et de prévention de la violence.

Troisième point: Il importe de clarifier et de mieux coordonner les relations entre les partenaires publics et privés du sport suisse; ceci permettrait notamment de préciser les responsabilités des organisateurs et celles des responsables de sécurité. Cette dynamique de rationalisation doit s'opérer sous l'égide de Swissolympic, l'organisation faîtière des fédérations sportive suisses.

Dans ces termes, et au vu de ce qui précède, on peut établir alors que le document est particulièrement révélateur d'une triple intention.

Une *intention légiférante* et punitive à travers l'appel à créer une législation appropriée pour lutter contre un phénomène désigné comme insuffisamment réprimé.

Une *intention préventive* à travers la recommandation à développer toute la gamme des projets *(fan-coaching)* tournés vers l'infléchissement positif du comportement des spectateurs réputés problématiques, et jugés peu développés en Suisse.

Une *intention protectrice* de sauvegarde et de valorisation de l'institution sportive comme *institution de l'intérêt général*, et comme agence «historique» de prescription des bonnes pratiques et des bonnes manières en matière de supportérisme sportif. Ainsi les concepts de sécurité mis en place par les fédérations sportives, qui s'alimentent pour l'essentiel au concept de sécurité-cadre pour le sport suisse élaboré par Swissolympic, sont-ils considérés comme adéquats à la situation.

LE GROUPE DE TRAVAIL «EXTRÉMISME DE DROITE». DURCIR LA LOI ET ENGAGER DES MESURES CONTRE L'EXTRÉMISME DE DROITE

En octobre 2000, le Conseil fédéral, préoccupé par l'occurrence d'incidents à motivation raciale et xénophobe en Suisse, a chargé le Département fédéral de justice et police de coordonner des mesures contre l'extrémisme de droite et de faire le point sur leur efficacité. Il a résulté de cette préoccupation la mise sur pied d'un groupe de travail interdépartemental. L'action conduite par ces experts, pilotés par le responsable du Service d'analyse et de prévention de l'Office fédéral de la police, a relevé de deux démarches principales, l'une diagnostique, l'autre injonctive, qui se concrétisent de la façon suivante.

En premier lieu, le groupe de travail a rédigé un rapport de synthèse de son action dans un document intitulé «Coordination et mise en œuvre de mesures dans le domaine de l'extrémisme de droite». On peut pointer à ce propos que ce rapport évoque explicitement l'existence d'interactions et de collusions diverses entre hooliganisme et extrémisme de droite.

En second lieu, ce même groupe a formulé un certain nombre de mesures qui se rapportent très précisément à la nécessité de mettre rapidement en place les cadres législatifs nécessaires à la concrétisation des propositions énoncées par le Groupe de travail «Violence dans le sport», et singulièrement ceux qui concernent la création de la banque de données hooliganisme.

En termes d'engagements juridiques pratiques, le groupe a encore recommandé la création de deux nouvelles dispositions du Code pénal suisse.

1. La première pour poursuivre pénalement les symboles à caractère raciste mais également l'utilisation publique de paroles, de gestes et de formules de salutations à caractère raciste (nouvel article 261ter CP).
2. La deuxième pour poursuivre pénalement l'appartenance à des groupements racistes (nouvel article 261quater CP): il s'agit notamment de pouvoir prononcer des amendes ou des peines d'emprisonnement à l'encontre des fondateurs d'associations visant à mettre sur pied des activités tombant sous le coup de l'article 261bis, ainsi que contre les personnes adhérant à de telles associations: «*Le Groupe de travail propose que le Code pénal soit complété par l'introduction d'un nouvel élément constitutif d'infraction. Ainsi,*

l'utilisation de signes à caractère discriminatoire, tels que la croix gammée, et la fondation d'associations discriminatoires à l'égard de certaines races doivent pouvoir être poursuivies. »

Enfin, le groupe a recommandé la création d'une norme de droit administratif permettant le séquestre et la confiscation de matériel de propagande d'extrême droite : « *La question du séquestre et de la confiscation du matériel de propagande à caractère discriminatoire ou incitant à la violence doit être réglée dans la loi fédérale instituant des mesures visant au maintien de la sûreté intérieure (LMSI). De plus, il demande que les compétences de la Confédération en matière de mesures préventives soient étendues de telle manière que la violence de certains groupes extrémistes soit poursuivie au même titre que le terrorisme et l'extrémisme violent et puisse ainsi être reconnue à temps.* »

UNE LOI ANTIHOOLIGAN MODELÉE PAR DES CONTRAINTES D'ORDRE PUBLIC, D'ORDRE SPORTIF ET D'ORDRE MARCHAND

Deux faits se déduisent donc de ce qui précède. Le premier se rapporte à ce que l'on peut décrire comme l'installation progressive d'un fort *concernement* quant au thème de la violence sportive et de sa porosité à des attitudes et à des comportements relevant de l'extrémisme de droite. Le second fait porte au jour que l'augmentation des incidents violents *et* idéologiquement extrémistes a mené à une action publique qui a nettement circonscrit des horizons normatifs. Ainsi, les experts regroupés autour du thème « Violence dans le sport » ont-ils visé un horizon moral-marchand, fondé sur la volonté de préserver les intérêts de l'institution sportive comme porteuse de bonnes valeurs et comme prestataire d'un spectacle payant se déroulant dans un environnement devant être impérativement pacifié ; ainsi les experts coopérant autour du thème « Extrémisme de droite » ont-ils travaillé à l'horizon d'une norme de sécurité intérieure. Le durcissement des formes juridiques et policières de contrôle sportif se réfère désormais explicitement à des prescriptions de sécurité publique – le supportérisme violent, dans les termes de la nouvelle loi, posant essentiellement des problèmes de désordre civil et de troubles à l'ordre public – en même temps qu'à la préservation de la fluidité de l'ordre marchand.

Ainsi la toute récente *Loi fédérale instituant des mesures destinées à lutter contre la propagande incitant à la violence et contre la violence lors des manifestations sportives* présente-t-elle la physionomie d'un dispositif de forme hexagonale, déployé autour de six articles.

L'ARTICLE 24a

Cette disposition règle la gestion d'un système d'information électronique dans lequel sont saisies les données relatives aux personnes qui ont affiché un comportement violent lors de manifestations sportives organisées en Suisse ou à l'étranger. En d'autres termes, cette règle constitue la base légale pour la mise en place de la «banque de données hooligans», de son nom de code: «HOOGAN».

L'ARTICLE 24b

Cette disposition règle l'interdiction de pénétrer dans un périmètre donné: elle prévoit que toute personne qui, à l'occasion de manifestations sportives, a pris part de façon avérée à des actes de violence dirigés contre des personnes ou des objets peut être soumise pendant des périodes déterminées à une interdiction de pénétrer dans une zone clairement délimitée entourant l'endroit où se déroulent les manifestations sportives.

L'interdiction de périmètre est la première et la plus légère des mesures dans le *système de cascade* prévu par la loi. Ce système veut que l'on passe à une mesure plus sévère à chaque fois que la mesure moins sévère précédente ne suffit pas.

C'est l'autorité cantonale compétente en vertu de l'article 6 LMSI qui définira au cas par cas l'étendue de chaque périmètre. La durée de l'interdiction de périmètre dépend de la gravité de l'acte violent commis, des circonstances de chaque cas ainsi que du rôle de chaque participant à l'acte violent. C'est la raison pour laquelle l'alinéa 2 prévoit une durée d'interdiction variable, mais d'un an au maximum. L'alinéa 3 prévoit que l'interdiction peut être prononcée par l'autorité du canton de domicile de la personne visée ou par celle du canton où elle a participé à l'acte de violence.

L'ARTICLE 24c

En vertu de l'article 13 LSEE qui prévoit que l'autorité fédérale peut interdire l'entrée en Suisse d'étrangers indésirables, il est depuis longtemps possible d'interdire l'entrée sur le territoire national de hooligans étrangers lorsque des éléments indiquent qu'ils prévoient de s'y rendre pour y participer à des actes de violence.

L'article 24c LMSI prévoit la situation inverse, à savoir la possibilité d'interdire à un ressortissant suisse de se rendre à l'étranger. Deux conditions doivent être remplies pour qu'une limitation de départ à l'étranger soit prononcée :
– il faut avoir déjà fait l'objet d'une interdiction de périmètre (on retrouve ici le système en cascade), et...
– il faut avoir un comportement qui donne à penser qu'on prendra part à des actes de violence lors d'une manifestation sportive dans le pays de destination.

L'article 21e alinéa 3 OMSI précise qu'il y a lieu de croire qu'une personne participera à des actes de violence lors d'une manifestation sportive à l'étranger notamment lorsque cette personne a déjà participé à de tels actes de violence en Suisse (litt. a), qu'elle est déjà enregistrée dans la banque de données HOOGAN sur la base d'informations fournies par les services de police étrangers relatives à la participation à des actes de violence à l'étranger (litt. b), ou qu'elle est membre d'un groupe qui a déjà participé à plusieurs reprises à des actes de violence en Suisse ou à l'étranger (litt. c).

Le Rapport explicatif OMSI précise que cette disposition vise les hooligans qui manifestent de préférence un comportement violent à l'étranger et qui ne sont donc frappés d'aucune interdiction de périmètre en Suisse. L'interdiction de se rendre dans un pays donné prend effet au plus tôt trois jours avant et prend fin au plus tard un jour après la manifestation sportive (art. 24c al. 3 LMSI).

L'ARTICLE 24d

Contrairement aux deux mesures précédentes (de l'art. 24b et de l'art. 24c) qui sont des interdictions, l'obligation de se présenter à la police prévue par l'article 24d est un ordre. Ainsi, si une personne n'a pas respecté l'une ou l'autre des deux interdictions précédentes (système de cascade des mesures), elle sera sanctionnée d'une obligation de se présenter à un poste de police précis à des heures indiquées.

Une exception au système de cascade est toutefois à nouveau prévue (art. 24d al. 1 litt. b LMSI) : l'obligation de se présenter à la police pourra être prononcée en tant que première mesure visant une personne lorsque des faits concrets et récents laisseront supposer que les mesures moins strictes ou encore d'autres mesures ne suffiront de toute façon pas à la faire renoncer à commettre des actes de violence lors d'une manifestation sportive, par exemple lorsque cette personne aura d'emblée annoncé ou démontré par ses actes qu'elle ne respecterait pas les interdictions moins strictes prononcées contre elle (art. 21f al. 1 litt. a OMSI) ou que ces interdictions moins strictes ne pourraient de toute façon l'empêcher, en raison de sa situation personnelle, par exemple si son lieu de domicile ou de travail est proche d'un stade, de commettre des actes de violence (art. 21f al. 1 litt. b OMSI).

La personne visée étant tenue de se présenter à une heure et à un endroit précis, il est facile de vérifier si elle a respecté l'injonction qui lui était faite et d'en apporter la preuve. Dès lors que le but de la mesure est d'empêcher la personne de prendre part tant aux débordements qui peuvent avoir lieu *avant* le match qu'à ceux qui peuvent avoir lieu *après* celui-ci, *deux* horaires de présentation sont fixés : l'un juste avant et l'autre juste après l'événement sportif concerné.

L'ARTICLE 24e

En dernier ressort, une garde à vue peut être prononcée contre une personne lorsque les autres mesures moins restrictives n'ont pas pu l'empêcher de commettre des actes de violence (al. 1 litt. b) et que des éléments concrets et récents indiquent qu'elle prendra part à des actes de violence graves lors d'une manifestation sportives nationale ou internationale (al. 1 litt. a).

L'article 21g OMSI définit les manifestations nationales comme les rencontres qui sont organisées par les fédérations sportives ou les ligues nationales, ou auxquelles participent des clubs de ces organisations (al. 1). On peut donc y ranger les rencontres de Super League, de Challenge League, de 1re ligue, de Coupe de Suisse, etc., c'est-à-dire – en y ajoutant les manifestations internationales – les rencontres susceptibles d'attirer un grand nombre de spectateurs.

Quant aux actes de violence graves, il s'agit «notamment» (mais pas exhaustivement) des infractions contre la vie et l'intégrité corporelle définies aux articles 111 à 113, 122, 123 ch. 2 CP; des dommages à la propriété ayant causé un dommage considérable de l'article 144 alinéa 3 CP; de l'incendie intentionnel de l'article 221 CP; de l'explosion de l'article 223 CP ou encore de l'emploi d'explosifs ou de gaz toxiques avec dessein délictueux de l'article 224 CP. La garde à vue peut être prononcée pour vingt-quatre heures au maximum (al. 2).

Dès lors qu'elle porte une grave atteinte au droit à la liberté personnelle, la garde à vue est envisagée comme l'*ultima ratio* pour intervenir contre les auteurs de violences lors de manifestations sportives. C'est aussi la raison pour laquelle la loi prévoit qu'un juge vérifiera la conformité à la loi de la mesure pour autant que la personne visée en fasse la demande (al. 5).

L'ARTICLE 24f

La loi prévoit que les mesures prévues aux articles 24b à 24d LMSI peuvent être ordonnées à l'encontre de personnes dès l'âge de 12 ans. Quant à la garde à vue de l'article 24e LMSI, elle peut être prononcée à l'encontre de personnes dès l'âge de 15 ans.

UNE LOI ENTRE FORTE CONTRAINTE ET AMBIGUÏTÉ MORALE

L'examen des dispositions de la nouvelle loi montre deux aspects. Un aspect de forte contrainte d'abord, au point que certains de ses articles ont pu être assimilés à une logique d'état d'exception. Un aspect d'ambiguïté morale, ensuite, qui suscite des questions sur la volonté politique d'en découdre avec des attitudes et des comportements violents et moralement dommageables. Ceux-ci nécessitent, dans une démocratie libérale, un traitement qui devrait excéder un simple problème d'organisation de flux des personnes.

UNE LOI FORTEMENT CONTRAIGNANTE QUI A SUSCITÉ DES DÉBATS

Comme les débats parlementaires l'ont révélé, l'aspect fortement contraignant, de même qu'un certain nombre d'atteintes aux droits fondamentaux de la personne, ont été soulignés par ses détracteurs. La contestation, issue pour l'essentiel de politiciens et d'associations proches des partis socialiste et écologique, ou encore d'associations de juristes de gauche, s'est articulée sur deux registres.

En premier lieu sur le registre de la conformité constitutionnelle de certaines mesures, la loi, qui favorise des mesures policières, et ceci sans décision judiciaire et sans preuves juridiquement valables (condamnations sur simple dénonciation, appréciation ou présomption), n'offrant pas toutes les garanties juridiques souhaitables. On rappellera à ce propos que les articles 24a, 24e, 24f, qui disposent que les personnes susceptibles d'avoir leurs données saisies dans la banque de données sont celles qui auront affiché un «comportement violent», posent la question de la qualification des actes punissables ainsi que des autorités compétentes auxquelles l'acte punissable doit être dénoncé. S'agit-il uniquement des autorités relevant du droit public ou, en application d'une définition large de l'acte punissable, les autorités relevant du droit privé (donc celles des organisations sportives) sont-elles aussi à même de recevoir la dénonciation? Autrement dit, ces notions laissent une très grande place à l'interprétation et confèrent une grande latitude de jugement pour décider quand saisir dans la banque de données les informations relatives aux personnes affichant des comportements violents.

De même, l'article 24e relatif à la garde à vue à l'encontre des auteurs de violence prévoit l'intervention d'un juge pour en vérifier la conformité *pour autant que la personne visée en fasse la demande* seulement. Enfin, la mesure de garde à vue prononcée à l'encontre de sujets âgés de 15 ans seulement – article 24f – constitue une atteinte aux Droits de l'enfant et aux conventions internationales y relatives dont la Suisse est signataire.

En second lieu sur le registre de l'alternative prévention/répression. La loi ne prévoit en effet aucune véritable mesure de prévention ou d'incitation. Ce que la loi appelle «mesures de prévention» sont de fait des mesures de répression prises en amont de l'événement en vue duquel on veut empêcher des actes de violence de se produire. Il n'est prévu de surcroît aucun soutien à la mise en place de projets destinés à éduquer les supporters à se comporter «bien» (dite éducation à la *culture positive* du fan), alors que le rapport du groupe de travail «Violence dans le sport» avait précisément répertorié ce manque de soutien comme une faiblesse du dispositif de lutte contre la violence hooligan en Suisse. On ne trouve pas non plus dans la loi de dispositions destinées à soutenir financièrement des initiatives de formation ou de prévention qui seraient lancées par d'autres organismes.

À ce propos, mais sans succès, les opposants ont insisté sur le fait que les nouvelles mesures ne répondent nullement à une pragmatique de la prévention, l'aspect répressif prenant ici à l'évidence le pas sur le traitement social, pour ouvrir à la voie à une évidente privatisation de l'encadrement. On mentionnera encore que, au cours des débats relatifs à l'adoption des mesures contre la violence lors de manifestations sportives, deux initiatives ont été lancées en ce sens. L'une, déposée par une conseillère nationale socialiste, invitant le Conseil fédéral à mettre en œuvre un concept global de projets préventifs et durables d'encadrement de jeunes supporters, sous la responsabilité de l'Office fédéral du sport et en collaboration avec les cantons, les clubs et l'Association suisse de football; l'autre, déposée par une conseillère nationale socialiste également, a proposé l'ajout au projet de loi d'un article 24i prescrivant que «le Conseil fédéral peut obliger les associations sportives d'influencer positivement les jeunes spectateurs par un encadrement de jeunes supporters» (al. 1), que «les associations sportives, dont leurs supporters ont été à l'origine d'actes de violence peuvent être soumis à des amendes et autres mesures pénales» (al. 2), et que «la Confédération peut participer financièrement à des projets innovatifs d'encadrement de jeunes supporters» (al. 3)[21].

UNE LOI AMBIGUË:
LA SÉPARATION DES VOLETS «RACISME» ET «VIOLENCE»

À l'issue de l'examen des dispositions de la nouvelle loi, un certain nombre de remarques peuvent être faites. Ainsi, bien qu'une approche globale ait orienté le travail des groupes d'experts qui ont formellement recommandé de mettre en œuvre des mesures visant

---

21. On notera que, dans sa réponse à la première motion, le Conseil fédéral a admis que les «mesures uniquement répressives» n'étaient pas suffisantes pour remédier au problème de la violence dans le sport. Toutefois, il a estimé qu'il n'était «pas du ressort des pouvoirs publics d'élaborer et de lancer des programmes visant à développer une culture des supporters en Suisse». À son avis, la tâche de mettre sur pied des programmes à long terme devrait incomber en priorité aux fédérations concernées, en collaboration avec les organisations spécialisées concernées (Football Supporters International FSI, Football against Racism in Europe FARE, Fanarbeit Schweiz FACH) et le Bureau central du hooliganisme.

«toutes» les formes d'extrémisme de droite et de violence raciale, de même que le renforcement du dispositif de défense contre les activités d'extrême droite et racistes dans différents domaines de la législation régissant la sécurité intérieure, celle-ci a fait long feu. C'est ainsi que, dès le mois de juin 2002, le Conseil fédéral a décidé de scinder les projets juridiques en deux volets thématiques. Le premier portant sur les travaux législatifs relatifs au hooliganisme et à la propagande incitant à la violence, il s'est agi alors pour l'essentiel de compléter la Loi fédérale instituant des mesures visant au maintien de la sûreté intérieure (LMSI); le second visant les mesures relatives à l'extrémisme et au terrorisme, repoussé d'ailleurs sine die. Ainsi a-t-on très vite privilégié le volet «lutte contre la violence» pour se concentrer sur les groupes hooligans et d'extrême droite, à la condition impérative que ces derniers affichent des comportements violents.

On retiendra alors deux faits majeurs. En premier lieu, que la Loi fédérale instituant des mesures visant au maintien de la sûreté intérieure (LMSI) n'a qu'un rapport lointain avec la lutte contre l'extrémisme de droite et la discrimination raciale. En second lieu, que seuls les comportements violents selon l'article 21a OMSI commis lors d'une manifestation sportive sont appréhendés par la loi. La liste, là encore exemplative, comprend les infractions contre la vie et l'intégrité corporelle, les dommages à la propriété, la contrainte, l'incendie intentionnel, l'explosion, la provocation publique au crime ou à la violence ou encore l'émeute. Elle comprend aussi le fait de menacer la sécurité publique en transportant ou en utilisant dans les stades ou les salles de sport non seulement des armes, des explosifs ou de la poudre de guerre, mais également des engins pyrotechniques, d'ailleurs très prisés des groupes de supporters. Il est en revanche à relever que le comportement, régulièrement constaté en Suisse aussi bien qu'ailleurs en Europe, de supporters poussant des cris d'animaux ou lançant des bananes en direction de joueurs de couleur évoluant sur le terrain, ne tombe pas sous le coup des nouvelles dispositions de la LMSI, l'article 261bis CP ne faisant pas partie de la liste des comportements violents selon l'article 21a OMSI.

Autrement dit, si les attitudes et comportements associés à l'extrémisme de droite ont été traités, au cours du travail préparatoire à la loi, selon deux théories, la première se fixant sur les questions de violence physique, d'atteintes à l'ordre public et d'entrave à la bonne marche du spectacle sportif; la seconde sur la question de la violence symbolique, c'est à l'évidence le problème de la sécurité qui a été retenu comme nécessitant une réforme substantielle. Ainsi la force dissociative de l'extrémisme de droite n'est-elle rapportée qu'à sa force de nuisance à l'ordre public et non au danger qu'il représente pour les fondements de l'État de droit, son traitement s'épuisant de fait dans l'utilitarisme juridique et dans le technicisme de la répression policière.

DISCUSSION. UNE LOI POUR L'ORDRE PUBLIC, POUR L'ORDRE DU MARCHÉ ET POUR L'ORDRE SPORTIF

L'analyse des mesures mises en œuvre contre le hooliganisme et le supportérisme idéologique montre donc un alignement sur les thèmes de la sécurité et de l'ordre public, ainsi que sur celui de *l'ordre en public* – au sens d'un affichage dépassionné des appartenances et des partisanismes – en même temps qu'un traitement de l'extrémisme de droite qui donne à penser: a) que l'extrémisme de droite relève essentiellement d'un problème de troubles à l'ordre public, sa dangerosité étant jaugée à l'aune des actes violents que l'adhésion à une telle idéologie provoque, et non en tant qu'*opinion*; et b) que la rectification de tels comportements relève d'un traitement socio-éducatif, sollicitant professionnels du milieu et clubs, c'est-à-dire d'une *privatisation* de la lutte contre des attitudes et des actions dont l'empêchement devrait pourtant relever d'un engagement pour la consolidation des biens premiers de la démocratie.

Cette dynamique de va-et-vient entre, d'un côté, l'ouverture d'un espace de discussion autour de l'extrémisme de droite dans le sport et, d'un autre côté, l'effacement de l'interdit que représente l'extrémisme de droite en tant qu'opinion publiquement affichée et dissociée de l'action violente, ouvre à la question des raisons qui président à un tel traitement. Trois raisons nous semblent pouvoir être identifiées:

1. L'imminence de l'Euro 08 et la nécessité de protéger les ressortissants étrangers a contraint les autorités à renforcer rapidement l'arsenal juridique national; urgence qui a pesé lourd dans la décision de séparer les parties «violence» et «racisme», de regrouper au sein de la première toutes les normes concernant le supportérisme violent et de présenter le projet de loi aussi vite que possible.

2. La faible implication morale des acteurs du football (managers, joueurs, dirigeants, entraîneurs, responsables de sécurité) face au

problème du racisme et de la violence à connotation xénophobe, leur attachement à une théorie du reflet selon lequel l'univers du sport *reflète*, par un processus de contagion ondulatoire, les stridences du monde social, de même que le recours systématique à des «techniques de neutralisation»[22] et de disculpation institutionnelle qui autorisent le déni de responsabilité causale dans la production du phénomène indésirable.

3. Une forte droitisation des opinions en Suisse qui se concrétise, depuis quelques années, par la renaissance de stéréotypes xénophobes, par le repli sur l'État national, ainsi que par le délitement des verrous appelées à protéger le respect de la dignité humaine et l'ordre juridico-moral de la démocratie. Dans ce contexte, l'extrémisme de droite est désigné comme un danger potentiel seulement dans la mesure où il est surtout rapporté à sa dimension quantitative (soit le nombre d'individus et de collectifs qui partagent ses convictions) et non pas à l'ampleur de la diffusion de ses messages. Ainsi, en raison du faible nombre d'adhérents visibles et de la connaissance de leur localisation, le phénomène est-il considéré comme de faible danger pour les institutions et la vie publique. Davantage, le poids de la césure traditionnelle de la ratio politique identifie l'extrémisme de gauche comme supérieurement menaçant, ce dernier recrutant dans les villes et dans les classes moyennes à fort capital culturel – et à ce titre fréquemment actives dans les domaines de la socialisation, de l'éducation et de la formation auprès des jeunes; le second extrémisme concernant plus volontiers de très jeunes sujets, ne résidant pas dans de grands centres urbains, et à ressources intellectuelles moindres[23].

Au vu de ce qui précède, on peut donc établir que la loi anti-hooligan suisse s'est surtout focalisée sur une philosophie qui relève d'un *aggiornamento* des moyens techniques et juridiques à une nécessité nouvelle: la gestion fine des «*mass private property*»[24], soit des espaces publics, juridiquement privés, et qui, tels les centres commerciaux, les multiplex, les aéroports, les parcs d'attraction ou encore les stades, sollicitent des mises en sécurité sophistiquées. Plutôt que sur une conception de la démocratie

---

22. Gresham Sykes, David Matza, «Techniques of Neutralization: a Theory of Deliquency», in *American Sociological Review*, 22, N° 6, Volume V, 1957, pp. 664-670.

23. Rapport du Conseil fédéral sur l'extrémisme, 2004.

24. Frédéric Diaz, «Coproduction de la sécurité: une nouvelle forme de l'interventionnisme étatique pour une meilleure sécurité du public?», in *Déviance et Société*, N° 4, volume 27, 2003, pp. 429-458.

attentive aux risques que le racisme et l'intolérance sont en mesure de faire peser sur l'ensemble de la collectivité.

UNE COMPARAISON INTERNATIONALE

Les ressources du droit comparé montrent, de leur côté, des variations notables quant à la manière dont les systèmes législatifs nationaux traitent aujourd'hui la violence d'extrême droite et les attitudes et comportements qui y sont liés ; de même que, plus spécifiquement, la violence idéologique et à teneur raciste dans la sphère du sport.

En Autriche par exemple, autre pays co-organisateur de l'Euro 08, on ne trouve, pas plus qu'en Suisse, de dispositions qui concerneraient spécifiquement la discrimination raciale dans le domaine du sport. Il faut relever également que les dispositions réprimant la discrimination raciale en général ne semblent pas plus appliquées qu'en Suisse à des cas avérés pendant une manifestation sportive. Ainsi et en dépit du fait que le Rapport 2004 sur le racisme révèle une dizaine de cas de chants ou d'autres comportements racistes dans les stades, ce même document rend compte qu'aucun de ces faits n'a fait l'objet d'actions tant de la part des autorités sportives que des autorités étatiques[25]. En revanche, la violence d'extrême droite est clairement identifiée comme telle et fait l'objet d'une analyse spécifique[26]. Autrement dit, l'approche qui prévaut dans le système légal autrichien est de considérer la discrimination raciale ou la violence raciste comme des actes dérivant de l'idéologie d'extrême droite ou national-socialiste[27]. Dès lors, la législation applicable à la violence raciste se focalise principalement sur les crimes et délits commis avec une idéologie national-socialiste en toile de fond.

Ainsi, il existe une Loi sur les insignes *(«Abzeichengesetz»)* qui interdit de porter, montrer, représenter ou propager publiquement des insignes d'une organisation interdite par la loi en Autriche, ce

---

25. ZARA (Zivilcourage und Anti-Rassismus-Arbeit), Racism Report 2004, pp. 43 ss.
26. Cf. par exemple : Bundesministerium für Inneres/Bundesministerium für Justiz, Sicherheitsbericht 2004 – Kriminalität 2004, Vorbeugung, Aufklärung und Strafrechtspflege, Bericht der Bundesregierung über die innere Sicherheit in Österreich, pp. 211.
27. Observatoire européen des phénomènes racistes et xénophobes (EUMC; http://eumc.europa.eu), National Analytical Study on Racist Violence and Crime – RAXEN Focal Point for Austria (http://eumc.europa.eu/eumc/material/pub/RAXEN/4/RV/CS-RV-NR-AT.pdf), pp. 22 ss. ; ZARA (Zivilcourage und Anti-Rassismus-Arbeit), Racism Report 2003, Main Focus: Racism and the Law, pp. 51 ss.

qui est le cas de celles qui se revendiquent d'un héritage national-socialiste. Le terme «insigne» inclut les emblèmes, les symboles et les signes. Sont aussi interdits les insignes qui, à cause de leur caractère similaire ou de leur but évident, sont utilisés en remplacement des insignes interdits. On peut donc constater que la législation réprimant la discrimination raciale, en particulier celle qui est le fait de l'extrême droite, est beaucoup plus développée en Autriche qu'en Suisse. En particulier, les infractions qui auraient dû être réprimées en Suisse par les articles 261ter et 261quater P-CP, à savoir le port d'insignes racistes et d'extrême droite ainsi que la création de groupes se réclamant d'une telle obédience sont expressément couvertes par des dispositions légales en Autriche.

En France, en ce qui concerne le domaine des dispositions générales, le Code pénal réprime explicitement les comportements discriminatoires à caractère racial ou ethnique, ou encore les atteintes à la dignité (art. 225-1 ss.). Davantage, son article R 625-7 réprime la provocation *non publique* à la discrimination, à la haine ou à la violence nationale, raciale ou religieuse. On peut mentionner encore que, à la différence des dispositions suisses et autrichiennes, les dispositions françaises proposent une approche globale de la violence liée à l'extrémisme de droite et au racisme dans le sport. Ainsi, il existe des dispositions qui répriment spécifiquement des comportements racistes ou xénophobes dans le stade et qui constituent des *lex specialis* par rapport aux dispositions condamnant les infractions à caractère raciste en général. Dispositions qui ont été pour la plupart introduites par la loi N° 93-1282 du 6 décembre 1993 (loi dite «loi Alliot-Marie») adoptée à la suite des incidents survenus lors de match Caen-PSG du 28 août 1993[28]. Cette loi constitue un arsenal répressif attaché (art. L. 332-3 à L. 332-10) au chapitre du Code du sport consacré à la sécurité des manifestations sportives.

Parmi ces dispositions, il convient de mentionner tout particulièrement l'article L. 332-6 qui réprime la provocation à la haine ou à la violence à l'égard d'un arbitre, d'un juge sportif, d'un joueur ou de toute autre personne ou groupe de personnes d'une amende de 15 000 euros et d'un an d'emprisonnement, ou encore l'article L. 332-7 qui punit l'introduction, le port ou l'exhibition dans une

---

28. Pour plus de détails sur l'arsenal juridique français en la matière, cf., entre autres, Assemblée nationale, Rapport Goasguen, pp. 9 ss.; Serge Pautot, Michel Pautot, *Le sport et la loi*, Lyon: Éditions Juris Associations, 2004, pp. 308 ss.; Nathalie Bourzat et al., *Code du sport*, Paris: Dalloz, 2005, pp. 844 ss.

enceinte sportive d'insignes, signes ou symboles rappelant une idéologie raciste ou xénophobe des mêmes peines qu'à l'article L. 332-6. Enfin, il faut encore mentionner que l'article L. 332-17 permet aux associations de supporters, aux associations ayant pour objet la prévention de la violence à l'occasion de manifestations sportives ainsi qu'à toute autre association ayant pour objet social la lutte contre le racisme, la xénophobie et l'antisémitisme de se constituer parties civiles en ce qui concerne les infractions mentionnées aux articles L. 332-3 à L. 332-10.

Très récemment, une dimension collective a été ajoutée à l'approche exclusivement individuelle suivie jusqu'à présent en matière de prévention du hooliganisme et de l'extrémisme violent dans les stades. Constatant que l'une des caractéristiques de la violence entourant les manifestations sportives réside dans le fait qu'elle est presque toujours exercée en groupe, que certaines associations de supporters se consacrent principalement aux confrontations avec d'autres groupes et que ces groupes violents se déplacent, notamment dans les centres-villes, afin d'échapper aux périmètres de sécurité, le législateur français a introduit une nouvelle loi N° 2006-784 du 5 juillet 2006 relative à la prévention des violences lors des manifestations sportives qui complète le Code du sport en permettant la dissolution administrative des associations de supporters ou de groupements de fait dont les membres se sont livrés, de façon répétée, à des actes de violence ou à des incitations à la haine raciale (article L. 332-18).

LA LUTTE CONTRE LE RISQUE SPORTIF ET L'ATTACHEMENT À LA CITÉ SPORTIVE POUR RÉFÉRENTIELS

Quand bien même, et la loi suisse l'atteste, le lien entre le football, le spectacle sportif et l'extrémisme violent est aujourd'hui avéré, et que la reconnaissance de cette connexion relève d'un large consensus, force est de constater que le droit, dans son aspect de dispositif éthique et de mise en œuvre d'une normativité, a ici essentiellement traité du problème du trouble causé à l'ordre public et aux empêchements causés à la bonne marche du spectacle sportif. La question se pose alors de savoir pourquoi, en régime de convergence des points de vue généraux quant au rejet du racisme et de l'extrémisme de droite, une très large frange des acteurs et des milieux a finalement manifesté un engagement mesuré relativement à une pénalisation explicite de l'extrémisme de droite quand il est indexé au supportérisme violent.

Nous faisons l'hypothèse que ce paradoxe relève de trois causes principales :

La première renvoie à la forte prégnance, dans les milieux sportifs comme dans les milieux politiques, d'une intelligence du fait sportif qui peine à penser *le sport* comme un lieu de production autochtone de mauvais comportements.

La seconde cause renvoie aux conséquences d'une forte homogénéité des représentations du « problème hooligan » et des remèdes à y apporter, laquelle a favorisé la mise en œuvre d'une politique publique et un sens de l'action marqués par le consensus. Autrement dit, si la hausse de la pénalité a suscité, de cas en cas, contestations et rejets, les normes, les règles, les images et les critères d'intervention constitutifs du problème et de la « théorie » du problème se sont d'emblée trouvés congruents[29] et n'ont, de fait, pas été livrés à des controverses et à des luttes significatives pour imposer les définitions des enjeux et les orientations des répertoires d'action. Davantage, et en suivant la définition proposée par Wilson des trois éléments qui constituent la matière nécessaire des politiques publiques[30], il y a eu consensus rapide sur le « diagnostic » (ou détermination des causes du problème à traiter et imputation de responsabilités à un acteur donné), sur le « pronostic » (ou indication de ce qui doit être fait), ainsi que sur le « rationale », soit sur le raisonnement ou le registre de justification à établir. Pour déboucher sur des chaînes d'accords et des contrats n'impliquant pas de négociations ou de conflits particuliers. Dans le détail, on peut relever que les actions se sont organisées autour d'un référentiel global du *risque sportif* ou de l'insécurité sportive, ceux-ci étant pensés comme l'irruption, dans le monde ordinaire et ordonné du sport et du spectacle sportif, de violences et de déviances *en général*. Si, ainsi que nous l'avons relevé, des discordances se sont fait jour quant aux origines de ces désordres (décomposition des cadres traditionnels de socialisation, pertes de repères sociaux, effets de foule, affirmations juvéniles exacerbées, contestation

---

29. Signalons au passage que nous avions posé pour hypothèse de départ que, le terme de hooliganisme étant flou et possédant une faible valeur heuristique, ou encore que la perception des comportements délictuels étant étroitement indexée au projet d'intervention des différents acteurs, le dispositif des réponses mis en place ne devait pas être stabilisé et favoriser par là même la confrontation de référentiels opposés.

30. James Q. Wilson, *Political Organizations*, New York : Basic Books, 1973.

quasi politique du fossé croissant entre clubs de football et public de fidèles…), l'appréhension de ces violences a unanimement mis l'accent sur leur potentiel, d'un côté, de désordre, et, d'un autre côté, de menace.

La troisième cause renvoie aux conséquences d'un puissant attachement de l'ensemble des milieux concernés à un modèle de perception de la réalité, ainsi qu'à un modèle d'intervention sur la réalité, qu'on peut décrire, à la suite des travaux de Boltanski et Thévenot[31], comme un modèle de *Cité sportive*. On peut brièvement décrire celui-ci, outre qu'il est étroitement captif du bréviaire coubertinien, comme un modèle articulé sur une grammaire de l'amour du sport et sur un faisceau de croyances et de points de vue qui persistent à produire et à reproduire le mythe d'une idéologie sportive fondée sur des attendus, des vertus et des bienfaits tels que la paix sociale, l'apprentissage de la règle et la mixité sociale, soit une constellation de bonnes valeurs à forte teneur consensuelle.

On peut décrire plus avant cette Cité sportive comme une manière de représentation spécifique qui intègre un agencement stable et partagé de pensées et de sentiments, de rôles et d'éléments matériels, mais plus encore comme une construction disposant d'une théorie sociale clairement circonscrite, en particulier sous deux angles :

Sous l'angle des valeurs partagées, il est commun de penser, dans le modèle de la Cité sportive, que le sport et l'éducation sportive fabriquent, à travers un réseau de prescriptions, un être qui refoule les singularités et les individualismes pour fonder, *mutatis mutandis*, une moralité positive et universaliste. Dans cette perspective, la famille sportive produit clairement un caractère et des dispositions éthiques dans lesquels priment la communauté réalisée. L'universalité s'y fait donc immédiate, encore redoublée par le message transculturel et transclassiste du sport.

Sous l'angle des principes de justice communs précisément destinés à régir la Cité, cela prend le plus souvent la forme d'un idéal, d'une croyance affichée et partagée en une mission fondamentale du sport (l'égalité des chances, la justice, la vertu de la saine concurrence, la mixité sociale, la paix sociale…), mais aussi, bien sûr, la forme pratique d'un dispositif standardisé, centralement assuré par l'institution sportive, même si elle peut être, de cas en cas, appuyée par l'État et un certain nombre de ses services.

---

31. Luc Boltanski, Laurent Thévenot, *De la justification*, Paris : Gallimard, 1991.

CONCLUSION – CONQUÉRIR LA SÉCURITÉ ET SUPPORTER LES SUPPORTERS DANS LA SOCIÉTÉ SPORTIVE MARCHANDE

Le dispositif législatif progressivement mis en place en Suisse, de même que l'accession des enceintes sportives nationales au statut de lieux privilégiés pour la diffusion de dispositifs de contrôle et de prévention, attestent d'abord d'une mutation profonde des préoccupations sécuritaires et d'une nouvelle manière d'appréhender la violence sportive et l'insécurité dans les stades qui rompt avec les traditions et les représentations précédentes. Ce dispositif atteste ensuite de l'entrée dans une *société du risque sportif.* C'est ainsi que, à partir de la fin des années 90, les principaux milieux concernés ont pris conscience du fait que les systèmes de sécurisation classique étaient fragilisés, en même temps qu'apparaissait une nouvelle génération de risques. Et de la même manière que dans la théorie beckienne [32] l'émergence et la prolifération de nouveaux risques apparaissent étroitement liés à la modernité, comme un effet pervers de celle-ci, la modernisation du système sportif (nouvelles enceintes, mercantilisation de l'économie sportive...) fait advenir de nouveaux risques.

Cette conversion progressive des stades en espaces de l'«*Unsicherheit*», ainsi que la difficulté croissante à être assuré contre un certain nombre de risques périsportifs, a été perçue comme une menace intolérable, et a conduit, au-delà de la promulgation d'une loi spécifique, à une manière de dynamique de recomposition normative des comportements supporters, qui s'articule sur deux volets.

Sur un volet organisationnel d'abord, une telle entreprise ayant nécessité une gouvernance [33] renouvelée, via la mise en œuvre d'un réseau d'action publique engagé dans le maintien de l'ordre sportif; configuration hybride partagée entre diverses administrations, organisations, groupes et individus impliqués dans ces tâches, associant et surpassant en quelque sorte les sphères publiques et privées du sport, et élargissant du même coup les modes de pilotage du football.

---

32. Nous faisons référence ici aux travaux du sociologue allemand Ulrich Beck, et singulièrement à son ouvrage *La société du risque. Sur la voie d'une autre modernité*, traduction française, Paris: Flammarion Champs, 2003 [édition originale en allemand, 1986].

33. On rappellera que «la gouvernance est définie comme un processus de coordination d'acteurs, de groupes sociaux, d'institutions pour atteindre des buts propres discutés et définis collectivement dans des environnements fragmentés incertains». Arnoldo Bagnasco, Patrick Le Galès (dir.), *Villes en Europe*, Paris: La Découverte, 1997, p. 38.

Sur un volet axiologique ensuite. À cet égard, si l'on veut bien admettre, à la suite de divers auteurs, que la loi pénale, plutôt que d'exprimer une volonté juridique abstraite, désigne et exprime des enjeux et des intérêts spécifiques quant à des *états du monde*[34], l'élaboration d'une nouvelle approche de la régulation et de la prévention de la violence sportive, de même que le souci d'éradiquer le risque sportif, s'est opéré par rapport à un registre de valeurs et un horizon d'enjeux jugeant intolérable la violence périsportive. Et ceci relativement à deux raisons fortes. La première découle d'une rationalité du spectacle sportif qui va de plus en plus dans le sens d'un spectacle payant qui doit être sûr. La seconde, plus ponctuelle, ayant à voir avec l'image donnée par la Suisse dans la perspective de l'Euro 08.

L'analyse sociojuridique des mesures instituées en Suisse montre que s'est affirmée la volonté de réprimer plus fortement des comportements qui n'étaient pas précédemment frappés du sceau de la délictualité. Cette transformation des pratiques et des discours permet alors de débattre de la construction des normes qui ont orienté ces nouvelles régulations, pour distinguer deux axes: un axe de reproduction et de préservation des intérêts de l'institution sportive, au sens d'*institution des bonnes valeurs* et de prestataire d'un spectacle devant être sûr; et un axe modelé par des contraintes d'ordre public, les interactions footballistiques s'imposant, précisément, comme des lieux d'altération de l'ordre public.

Il faut mettre en exergue toutefois que, bien que les faits qui ont conduit à l'ouverture d'un espace de discussion autour de la thématique de la violence sportive aient été alimentés au constat de la porosité du football à des attitudes et des comportements considérés comme expressifs de l'idéologie d'extrême droite (racisme, xénophobie…), la lutte contre l'extrémisme de droite a disparu des préoccupations qui ont orienté la loi.

On sera tenté de retenir alors que, outre que bien des éléments donnent aujourd'hui à penser que le problème du racisme et de l'extrémisme de droite dans le sport est considéré comme marginal et minoritaire, ou encore que les milieux concernés peinent à saisir les arrière-fonds idéologiques du supportérisme engagé, la sécurité,

---

34. Nous pensons en particulier à Rudolf von Jehring, *La lutte pour le droit*, traduction française, Paris: Dalloz, 2006 [édition originale en allemand, 1872].

que celle-ci soit envisagée sous l'angle de la protection ou sous l'angle de la prévention, semble aujourd'hui être perçue comme un impératif et comme un droit de base. Signe tangible d'un phénomène de mercantilisation qui a profondément transformé le spectacle sportif et installé les spectateurs au rang d'*omniclients*, consommateurs de loisirs, d'émotions, de gadgets, de maillots et d'emblèmes. Clients qui, dans cette nouvelle condition attendent des organisations et des organisateurs sportifs qu'ils assurent les biens et des personnes, qu'ils prescrivent des réglementations susceptibles de prévenir les événements dommageables et qu'ils engagent des actions dans ce sens.

LA SÉCURITÉ DANS LES STADES GRECS : LUTTES ET ENJEUX

DIAMANTIS MASTROGIANNAKIS

Les premiers incidents et débordements impliquant des spectateurs interviennent, en Grèce, au début des années 20, soit peu après l'organisation officielle du championnat national. Bien que ces violences aient été caractérisées d'abord par leur apparente spontanéité, elles se sont très vite révélées être incontrôlables. Au point que, dès le début des années 30, la police refusait de prendre en charge la sécurité des rencontres à risque, un fait qui a obligé la fédération de football à les déplacer dans des villes lointaines, avec l'espoir que cette initiative serait de nature à empêcher la survenue de tels incidents [1].

Cette forme de violence ne s'est guère modifiée à la reprise du championnat à la fin des années 40, à l'issue de la Seconde Guerre mondiale. Quoique assez souvent graves, les incidents les plus notables se manifestaient en général dans les stades seulement, et leurs motifs restaient toujours liés à la rencontre, à son évolution et à ses péripéties. Au début des années 60 [2], le nombre des incidents croît encore, et ceci jusqu'à l'instauration de la dictature, en 1967. Durant celle-ci, qui couvre une période de sept ans, le nombre de débordements est resté faible, la situation se renversant avec le retour à la démocratie en 1974.

À la fin des années 70 [3], le hooliganisme, en tant qu'expression violente collective, organisée et préméditée, apparaît de manière

---

1. Leonidas Zisiadis, « Thessaloniki, osa thumamai. Podosfairo kai giorti [Thessalonique, tout ce que je me rappelle : football et fête], in Giorgos Anastasiadis (dir.), *Sta gipeda i poli anastenazei* [Dans les stades la ville soupire], Thessalonique : Ianos, 1999.
2. Nikos Mpogiopoulos, Dimitris Miliakas, *Mia thriskeia xoris apistous : to podosfairo* [Une religion sans infidèles, le football], Athènes : Livanis, 2005.
3. Philippe Broussard, *Génération supporter*, Paris : Robert Laffont, 1990 ; Dimitris Papageorgiou, *Mia alli Kuriaki : Trella kai arrostia sta ellinika gipeda* [Un autre dimanche : malaise et folie dans les stades grecs], Thessalonique : Paratiritis, 1998.

régulière, se substituant alors aux formes de désordre spontané. Allant de pair avec la structuration des premiers clubs de supporters, influencés tant par les modèles britannique qu'italien de supportérisme, le phénomène s'est alors diffusé très rapidement, en particulier dans les deux principales villes du pays, Athènes et Thessalonique, pour gagner ensuite l'ensemble du territoire national.

LES MESURES POLICIÈRES

Alors que la violence à l'occasion des rencontres de football se multiplie et se transforme, les politiques policières ne changent guère par rapport à celles mises en œuvre avant l'apparition du hooliganisme. Limitées, au niveau temporel, au seul déroulement de la rencontre, et appliquées de surcroît par des forces de l'ordre non spécialisées pour ce type de manifestations, ces mesures de police se caractérisent pour l'essentiel par une forte mobilisation policière ainsi que la séparation et la surveillance des supporters organisés, les mesures avant et après les rencontres étant quasi inexistantes. Considérant que le regroupement de l'ensemble des supporters en un seul et même espace clos pouvait faciliter la surveillance, la police a longtemps placé les supporters rivaux dans une même tribune, leur contrôle et leur gestion s'effectuant par le déploiement de cordons de policiers[4]. Cette politique essentiellement répressive a eu pour conséquence une multiplication des incidents. Et ceci d'autant plus que le mouvement supporter grec traversait une période de structuration identitaire et que les différents groupes entendaient s'approprier les gradins sis derrière les buts, là où se trouvaient réunis *tous* les supporters. Ce mélange des groupes et des individus a contribué au durcissement du hooliganisme.

Appliquée jusqu'au début des années 80, cette politique a été ensuite abandonnée, les supporters étant désormais installés dans des espaces éloignés et séparés par des grillages. De plus, des unités anti-émeutes ont remplacé les policiers pour assurer l'ordre dans les tribunes, les forces policières non spécialisées jouant alors un rôle auxiliaire de surveillance, en particulier des gradins considérés comme à faible risque. Si la séparation des supporters a contribué à diminuer les affrontements entre groupes rivaux dans l'enceinte du

---

4. Dimitris Papageorgiou, *op. cit.*, p. 59.

stade, elle a eu deux effets caractéristiques. Premièrement, cette décision a entraîné le transfert spatio-temporel du phénomène. En effet, les hooligans, profitant de la faible présence et de la surveillance policière quasi inexistante avant et après les rencontres, ont commencé à se battre à l'extérieur et à distance des stades. Deuxièmement, la présence policière, au plus près des supporters pendant les rencontres, a été à l'origine d'incidents de plus en plus fréquents entre ces derniers et les forces de l'ordre. Tant il est vrai que, si l'investissement physique et symbolique des espaces constitue un signe fort de l'autonomie des supporters, la présence, dans ces mêmes espaces, des forces de l'ordre conduit à remettre en question cette appropriation.

La multiplication et l'aggravation des incidents, dans et hors des stades, ainsi que la mort d'un supporter ont entraîné des changements dans les politiques policières, qui se sont notamment concrétisés par la promulgation de la loi 1646/86, ainsi que par les dispositions du règlement 2403/89[5]. Désormais explicitement influencée par la Convention européenne sur la violence et les débordements des spectateurs lors de manifestations sportives[6], l'action policière s'est radicalement modifiée. Au niveau opérationnel d'abord, le dispositif policier est étendu, tant au niveau temporel qu'au niveau spatial. Ainsi les déplacements des supporters visiteurs jusqu'au stade s'effectuent-ils désormais sous escorte et sous surveillance des forces policières. De plus, afin de minimiser toute possibilité de contact entre les supporters, la police prévoit d'échelonner les arrivées et les sorties du stade. Cependant, la précipitation de la police à installer les supporters dans les tribunes a eu pour conséquence que les fouilles corporelles ne peuvent être effectuées que très sommairement. S'il est donc vrai que les affrontements directs ont diminué dans les stades, il est tout aussi vrai que les jets de projectiles (pierres, fumigènes, sièges arrachés, etc.) sont désormais privilégiés comme mode d'affrontement.

Dans les stades, le contrôle et la surveillance des supporters organisés restent de la responsabilité des unités spéciales et se

---

5. Anastassia Tsoukala, «I politiki ton Europaikon Organon enanti tou xouliganismou kai I epiptosi tis sto Elliniko Dikaio» [La politique européenne à l'égard du hooliganisme et sa répercussion sur le droit grec], *Iperaspisi* [La Défense], N° 2, 1995, pp. 399-417.

6. Convention édictée par le Conseil de l'Europe en août 1985. Ses propositions s'articulent autour de trois axes principaux : 1. Durcir les mesures de répression à l'encontre des supporters violents. 2. Renforcer la coopération entre acteurs privés et publics. 3. Encourager la mise en œuvre de politiques de prévention situationnelle.

caractérisent par la forte présence de ce corps de police dans les enceintes sportives. Jusqu'au début des années 90, ces deux activités se fondaient sur le principe de la dissuasion et, en cas d'incidents, sur une intervention rapide et violente. Suivant cette logique d'action, les unités policières chargées de la surveillance des supporters encerclaient leur tribune afin d'éviter leur déplacement en d'autres points du stade, de limiter le risque d'affrontement direct, voire d'empêcher un envahissement du terrain. Cette forte présence policière autour des tribunes à risque ne signifiait pas pour autant une plus grande tolérance vis-à-vis des activités des hooligans. Afin de procéder à des arrestations des supporters, la police n'hésitait du reste pas à intervenir au cœur même des groupes, provoquant ainsi des réactions violentes parmi les supporters.

Critiquée pour son aspect provocateur et son inefficacité opérationnelle, la présence policière dans les tribunes a été abandonnée suite à la multiplication et à l'aggravation des incidents violents entre les unités antiémeutes et les supporters au cours de la saison 1992-93. À partir du championnat suivant, les forces policières se sont retirées des tribunes et la mesure dite des «zones mortes» a été adoptée, dans le but de séparer les supporters rivaux, les policiers occupant alors les deux extrémités de cet espace. En dépit de ce retrait tactique, il faut signaler que la police n'a pas rompu pour autant avec les mesures d'intrusions violentes, tant par les extrémités que par les entrées des tribunes, en vue d'imposer l'ordre. Partant, outre les importants risques physiques encourus, ce mode d'action a contribué à renforcer la rivalité entre les groupes de supporters et la police, provoquant la multiplication des incidents à l'extérieur des stades et la transformation de ces troubles en une «guerre urbaine» difficilement contrôlable.

Ainsi, malgré l'ajustement législatif et opérationnel à des impératifs politiques et sportifs européens, la mobilisation et la présence policières demeurent toujours importantes à l'occasion des rencontres sportives, et ceci tant à l'intérieur qu'à l'extérieur des stades. À ce jour, même si la pratique de la surveillance et du «contrôle rapproché», utilisée depuis le milieu des années 80, a été abandonnée, et même si on peut déceler une augmentation du seuil de tolérance à l'égard des activités des hooligans, ou encore le choix de limiter les interventions directes dans les tribunes, l'accompagnement, le contrôle et la surveillance des supporters restent de la compétence de la police, celle-ci se positionnant toujours en groupes compacts sur les bords du terrain et devant les tribunes des supporters organisés.

Il faut dire toutefois que, malgré cette modification qualitative de la gestion opérationnelle du phénomène, celui-ci n'a pas connu de baisse notable. Ainsi, en décembre 2003, suite à une série d'incidents sérieux, les autorités policières, avec le soutien du ministre des Sports, ont recommandé l'interdiction des déplacements des supporters pour une période d'un mois.

L'application de cette décision s'appuyait sur deux axes. Considérant que la manifestation du hooliganisme était due à la présence des groupes rivaux, la vente collective des billets aux supporters visiteurs a été interdite. D'autre part, il a été décidé que les forces de police examineraient les pièces d'identité des supporters, pour refouler ceux dont le lieu de résidence ne s'accorderait pas avec le lieu du déroulement de la rencontre. Efficace dans la mesure où l'absence des supporters rivaux ne peut que contribuer à la pacification des rencontres, cette décision a, par contre, entraîné la multiplication des incidents loin du lieu de déroulement du match, ainsi qu'une vive réaction des autorités sportives.

LA MISE EN CAUSE DU MODÈLE POLICIER

En Grèce, et malgré l'ampleur du phénomène hooligan dans les années 80 et 90, on peut avancer qu'aucune proposition alternative n'a jamais été vraiment formulée. Et ceci ni par les autorités sportives, ni par les clubs professionnels, bien que le modèle policier ait été très souvent critiqué tant pour son inefficacité que pour ses contre-effets dont on pense qu'ils contribuent à provoquer l'escalade de la violence ; reproches toutefois le plus souvent limités aux deux ou trois jours suivant les incidents.

Ce type de positionnement des autorités sportives s'est pourtant modifié radicalement au début de l'année 2004. Considérant que la double mesure visant à interdire aux supporters visiteurs de se déplacer et d'imposer un contrôle des pièces d'identité à l'entrée des stades était «inadmissible dans un régime démocratique»[7] et que «la fédération ne peut plus supporter l'image actuelle dans les

---

7. Président de la Fédération grecque de football, Actes du colloque «La violence dans les stades», Athènes, 22-23 janvier 2004, p. 92 [Ο έλεγχος ταυτοτήτων (για την είσοδο στο γήπεδο) είναι απαράδεκτο να εφαρμόζεται σε μία δημοκρατική χώρα].

stades grecs»[8], les autorités sportives ont exigé alors de prendre en charge directement la sécurité dans les stades. La proposition, fondée principalement sur le transfert des compétences de contrôle et de surveillance dans les enceintes sportives, s'articulait autour de deux mesures en particulier.

Première mesure : les forces de police devraient céder la surveillance et le contrôle dans les stades à des sociétés de sécurité privées. Selon cette suggestion, les supporters devraient être accompagnés et surveillés jusqu'au stade par la police. Pendant la rencontre, la présence policière se limiterait à l'extérieur des stades, à la fouille des spectateurs ou encore à l'interdiction d'entrée à l'encontre des supporters reconnus comme potentiellement dangereux.

Deuxième mesure : l'abandon de la mesure dite des « zones mortes », de telle manière que l'on puisse accroître le nombre des place disponibles dans les stades. Relevons toutefois que, bien que la fédération de football ait puissamment suggéré d'assumer la responsabilité totale dans la lutte contre le phénomène de violence, cette délégation de responsabilité signifiait malgré tout que « la police maintient toujours un rôle coordinateur »[9].

Représentante des clubs et soucieuse également des questions de sécurité, la Ligue de football professionnel s'est inscrite dans une même voie. C'est ainsi que, mettant en avant la priorité de la participation active de clubs de football pour assurer la sécurité pendant les rencontres, la Ligue a proposé à son tour l'emploi de sociétés de sécurité, celles-ci devant, en collaboration avec la police, assumer le contrôle et la surveillance des supporters[10].

Tandis que lors de la première tentative de récupération de la sécurité des matchs de football, on a pu constater la volonté de restaurer l'autorité de la fédération, celle-ci, dès le mois de septembre 2004, a revu sa position. À l'occasion d'un discours prononcé devant le comité des Affaires culturelles du Parlement grec, le président de la fédération a abandonné l'argument d'une prise en charge fédérale des mesures, plaidant alors pour que les

---

8. Président de la Fédération grecque de football, *op. cit.*, p. 98 [Η Ελληνική ποδοσφαιρική ομοσπονδία δεν μπορεί να ανεχθεί άλλο τη σημερινή εικόνα των ελληνικών γηπέδων].

9. *Ibid.*, p. 97 [...στο να έχει το συντονισμό (δηλ. Ελληνική Αστυνομία)].

10. Président de Ligue de football professionnel, Actes du colloque « La violence dans les stades », Athènes, 22-23 janvier 2004, p. 111 [Η πρόσληψη εταιρείας ασφαλείας είτε μεμονωμένα από τις ομάδες είτε από την ΕΠΑΕ για τον καλύτερο έλεγχο των φιλάθλων σε συνεργασία με τα αρμόδια όργανα της Ελληνικής Αστυνομίας].

mesures concernant la lutte contre le hooliganisme soient assumées par les clubs professionnels: «Nous avons organisé la finale de la Coupe de Grèce où il y avait sept mille spectateurs parce que la police a voulu trois mille places vides en tant que zones mortes pour les séparer. Ce n'est pas sérieux. Transférons la responsabilité aux clubs professionnels et laissons-les fonctionner.»[11]

Par la suite, le rôle prépondérant pris par la police dans la définition de la sécurité a à nouveau été mis en cause. En témoignent en particulier les propos du président de la Ligue. Prétendant que la Ligue en tant qu'«organisateur des matchs a comme objectif le déroulement parfait des rencontres»[12], il a souligné alors que le rôle des forces policières doit se limiter dans le cadre «de la collaboration avec la Ligue sans qu'elle ait le pouvoir de définir de manière préjudiciable les mesures de sécurité»[13].

Surprenante, dans la mesure où cette réaction revendicative proposant une conversion de la gestion du hooliganisme intervient à propos d'un phénomène irrésolu depuis plus d'un quart de siècle, cette intervention des acteurs sportifs apparaît plus explicite si nous la rapportons à deux événements essentiels qui ont marqué la conjoncture économique du football grec des années 2000. Soit la crise économique qui frappe le championnat professionnel depuis 2001; et la formulation, par la police, d'exigences financières liées aux tâches de surveillance des rencontres.

ESSOR ET DÉCLIN ÉCONOMIQUE DU CHAMPIONNAT GREC

Depuis que le championnat de football hellène est passé du statut amateur au statut professionnel, en 1979, les deux ressources financières principales des clubs de la première division, à savoir la billetterie et les droits de la télévision, ont connu deux dynamiques différentes. Bien que le hooliganisme se soit diffusé à l'ensemble

---

11. Président de la Fédération grecque de football, *Procès verbaux du comité des affaires culturelles du Parlement grec*, Document AMAL0901.ST2, 1.09.04, pp. 766-767. [σον αφορά τη βία και τα μέτρα που πρέπει να ληφθούν και να πάνε στις ομάδες... Κάναμε τον τελικό κυπέλλου Ελλάδος με 7000 χιλιάδες θεατές γιατί η Αστυνομία ήθελε 3000 θέσεις κενές. Δεν είναι σοβαρά πράγματα αυτά... Ας μεταφέρουμε την ευθύνη στις ομάδες και ας τις αφήσουμε να λειτουργήσουν].

12. Président de Ligue de football professionnel, *op. cit.*, p. 733. [Η διοργανώτρια αρχή έχει ως στόχο την τελειότερη διεξαγωγή των πρωταθλημάτων].

13. *Ibid.*, p. 733 [Ο ρόλος της Αστυνομίας πρέπει να είναι μέσα στα πλαίσια της συνεργασίας χωρίς όμως να έχει το αποφασιστικό δικαίωμα να καθορίζει τα πάντα στην προδικασία].

du pays, en tous les cas entre la fin des années 70 et le milieu des années 80, le nombre total des entrées connaît une très faible diminution. Il est passé de 2 898 331, pendant la première saison du championnat professionnel, à 2 636 138 pendant la saison suivante. Il a atteint le total de 2 871 553 spectateurs à la fin du championnat de 1984-85, pour progresser à 3 382 964 spectateurs à l'issue de la saison 1985-86[14]. En revanche, il faut relever une baisse constante à partir des saisons suivantes, puisque le nombre de spectateurs est passé de 2 232 308 à la fin du championnat 1986-87 à 2 088 099 à l'issue de la saison 1989-90[15]. Au cours de la même période, la contribution des droits de télévision aux budgets des clubs est demeurée très faible. À cet égard, il est significatif de constater que, pour la retransmission des cinq premiers championnats, la télévision nationale a payé 58 900 000 drachmes[16] quand le montant total de recettes de billets pour la même période atteignait la somme de 3 055 424 335 drachmes[17].

Durant la décennie suivante, la situation s'est progressivement renversée, les droits de télévision jouant un rôle plus important dans la part des revenus perçus par les clubs, tandis que le nombre total des entrées diminuait graduellement. Ainsi, si l'affluence des spectateurs atteignait le nombre de 1 956 369 pour la saison 1991-92, elle allait régulièrement diminuer au cours des années suivantes, pour s'établir, à l'issue de la saison 1998-99, à 1 264 433 spectateurs[18]. Toutefois, tandis que la contribution de la billetterie s'affaiblissait, les revenus perçus par les droits de télévision se multipliaient. De sorte que, durant la décennie 1991-1999, la vente des droits TV apportait 25 000 000 000[19] drachmes à l'économie du football, et la vente des billets 21 373 878 430 drachmes[20] seulement.

Ce paradoxe économique, articulé sur un affaiblissement continu du nombre des spectateurs et une augmentation substantielle des revenus occasionnés par les retransmissions télévisuelles allait fonctionner encore ; la forte chute de la billetterie – une moyenne de 3 562 spectateurs pour la saison 2001 – n'empêchant

---

14. Ligue grecque de football professionnel, *20 ans de football professionnel grec*, Athènes : Livanis, 2000, pp. 289-290.
15. *Ibid.*, pp. 290-291.
16. 173 235 euros.
17. 8 986 542 euros.
18. Ligue grecque de football professionnel, *op. cit.*, pp. 291-292.
19. 73 529 411 euros.
20. 62 864 348 euros.

pas l'explosion des droits de retransmission pour la même période, ceux-ci explosant pour atteindre la somme de 25 588 235 euros pour cette même saison[21]. Au point d'entraîner le dépôt de bilan, au mois de novembre 2001, de la chaîne ayant obtenu les droits de retransmission pour la même période...

Toujours en baisse, la moyenne des spectateurs s'effondre à 2 725 spectateurs par match à l'issue de la saison 2002-03. Toutefois, et en dépit de ces médiocres résultats qui ont pu entraîner, pour quelques-uns des clubs les plus prestigieux, des baisses de revenus ayant pu aller jusqu'à 55 %, la Ligue professionnelle réussit à vendre les droits de télévision pour une somme de 20 000 000 euros[22]. Une somme qui, bien qu'importante, ne s'avéra pas suffisante pour compenser les lourdes pertes économiques des clubs professionnels. Une crise en appelant une autre, et du fait des effets d'une organisation pyramidale et solidaire, l'effondrement des principales recettes financières, après avoir frappé les équipes et la Ligue du football professionnel, a atteint à son tour la Fédération grecque de football dont les revenus − perception de 3 % sur le prix des billets et de 5 % sur les droits de télévision − se sont effondrés à leur tour.

LES REVENDICATIONS ÉCONOMIQUES DE LA POLICE

Si la mise en cause, intervenue au début 2004, du modèle policier et si la redéfinition des mesures de contrôle et de surveillance formulées par les autorités sportives trouvent, pour partie, leur origine dans une raréfaction des recettes générées par le spectacle sportif, ces revendications doivent également être mises en relation avec un fait nouveau : l'expression de nouvelles exigences économiques formulées par la police elle-même. Inexistantes jusqu'en 2000, les revendications de cette nature venant du syndicat policier se sont progressivement intensifiées vers la fin des années 90. Fondées sur la conception selon laquelle la surveillance des matchs du championnat professionnel constitue tout à la fois une tâche qui excède son domaine de compétences en même temps qu'une authentique prestation économique devant être prise en charge par les clubs, ces revendications, malgré la forte mobilisation des forces

---

21. *To vima*, 22 juillet 2001.
22. *Eleftherotupia*, 6 novembre 2002.

policières[23] et l'évident coût occasionné par ces tâches, n'ont pas connu de grand retentissement. La raison en tient à l'image négative de la police au sein de la société grecque, ainsi qu'à son incapacité à réduire la violence des supporters. Enfin, l'argumentaire déployé n'a pas convaincu, en particulier deux de ses points : le premier discutant l'opportunité de surveiller et de protéger des manifestations à but essentiellement commercial ; le second avançant l'idée que la mobilisation de larges effectifs au service de rencontres sportives pouvait provoquer un affaiblissement[24] de la capacité policière, en particulier dans sa lutte contre la criminalité dans ses manifestations les plus générales.

Sous la menace de grèves organisées à l'occasion des rencontres de football, les pressions du syndicat policier envers le gouvernement se sont faites plus fortes, pour aboutir courant 2005, et ceci en deux temps. Dans un premier temps, et d'un point de vue économique d'abord, les lois 2725/99 et 2800/00 ont formalisé le principe du versement d'une certaine part des recettes de billetterie (5 %) à la Caisse d'assurances de la police, ainsi que le remboursement, prélevé sur le montant des droits de télévision, des heures de travail supplémentaires effectuées par les forces de l'ordre en service lors des matchs de football. Dans un second temps, et d'un point de vue plus explicitement sécuritaire cette fois, la loi 3057/02 introduit la surveillance électronique et l'obligation faite aux clubs professionnels de prendre en charge la sécurité dans les enceintes, et ceci avec la collaboration de sociétés de sécurité privées.

LA TRANSFORMATION DU CHAMP DE LA SÉCURITÉ

Bien que, et comme le donnent à penser les faits évoqués plus haut, la plupart des modalités institutionnelles ont été mises en place pour faciliter le retrait des forces policières des stades, et de la même manière pour que les clubs « récupèrent » en quelque sorte la gestion de la sécurité, l'observation de la réalité dévoile une situation différente et assurément ambiguë. En d'autres termes, une forme de gestion de la sécurité dans les stades de type *mixte* se caractérisant par la coprésence des policiers et des stadiers.

---

23. Pour la période de 1995 à 1999, et selon les chiffres produits par le Ministère de l'ordre public, la moyenne des effectifs mobilisés par saison est de 424 080 policiers. Cf. http://www.mopo.gr/main/Article.jsp?ArticleID=61670.

Un tel état de fait appelle une hypothèse. Ainsi nous proposons l'interprétation que le « jeu » de et autour de la sécurité, tel qu'il se donne à voir aujourd'hui, s'articule à la fois à la position générale des acteurs *et* à un ensemble de contraintes politiques et de compromis économiques. En considérant, par exemple, les relations et les espaces de négociation entre des acteurs publics en position dominante, tels que le Secrétariat des sports et la police, il est certain qu'une grève des forces de l'ordre lors du championnat serait de mauvais rapport et donnerait lieu à un flot de critiques par les médias et par les partis d'opposition.

D'un autre côté, le choix de céder la sécurité des stades à des acteurs privés constitue un risque élevé, tant au niveau de l'ordre public – au vu de l'ampleur du phénomène et de l'incapacité des sociétés de sécurité d'assurer une mission avec du personnel sans doute insuffisamment formé aux techniques de négociation et de communication – qu'au niveau politique. On pense ici au coût de popularité qui pourrait résulter d'éventuels débordements, assurément catastrophiques pour le gouvernement. Étant nécessairement concerné par les contraintes précitées, le positionnement des acteurs publics nous semble osciller alors entre souci et compromis : souci de modifier la gestion du hooliganisme pour éradiquer une violence préoccupante et dommageable ; compromis, ensuite, celui de tolérer la faible application des lois. C'est ainsi que, comme le rapportait récemment l'organe de presse du Syndicat policier, les clubs, pour la période de 2000 à 2006, et en dépit de leurs obligations, ont versé la somme de 1 900 000 euros seulement, laquelle ne correspond pas au 10 % de leurs droits de télévision. De même, et pour une période pratiquement similaire, la somme de 2 000 000 d'euros versée au syndicat de la police ne s'accorde pas avec les termes d'un accord qui prévoyait la rétrocession de 5 % de la billetterie des clubs.

Les acteurs privés du football, à leur tour, empêtrés dans une situation financière dramatique du fait du tarissement du flux de leurs ressources habituelles[25], et donc d'autant plus soucieux

---

24. Président du syndicat de la police, Actes du colloque « La violence dans les stades », Athènes, 22-23 janvier 2004, p. 181 [Είναι επόμενο ότι αυτό βαραίνει τη δημόσια τάξη και ασφάλεια γιατί κατά τον χρόνο αυτό υπάρχει μια έλλειψη παρουσίας αστυνομικής δύναμης].

25. Les dettes de la Ligue professionnelle atteignent aujourd'hui un montant de 18 000 000 euros. Cf. *Procès-verbaux du Comité des Affaires culturelles du Parlement grec*, mardi 4 juillet 2006, p. 924. Quant à celles des clubs, elles atteindraient 204 355 194 euros (*To vima*, 8 avril 2007).

d'éviter le versement, aux forces de police, d'une part des droits de télévision ou des recettes de billetterie, ont dès lors intérêt à s'engager auprès de sociétés de sécurité privées. Bien conscients des enjeux politiques qui sont attachés à la substitution de la police dans les stades, les clubs ont des bénéfices à tirer de la pérennité du phénomène de violence. Dans ces termes, l'engagement de forces de sécurité privées leur permet de limiter le versement d'une partie des droits de télévision au titre de dédommagement de la police d'État, mais aussi de soutenir qu'il est, d'une part, impossible et, d'autre part, absurde de financer deux services de sécurité.

CONCLUSION

Bien que les luttes dans le champ de la définition de la sécurité dans les stades n'aient pas véritablement transformé sa structure[26], les acteurs publics détenant toujours le pouvoir de la définir, et ceci malgré le passage d'un monopole public vers un système mixte, il nous paraît évident que, depuis la dégradation de la conjoncture intervenue vers le début des années 2000, ce champ est entré dans une phase de transition et de renversement progressif de sa structure porteuse. D'autant plus que l'installation généralisée des caméras de vidéosurveillance dans les stades est en train d'aboutir, ce qui facilitera sans doute le retrait des policiers de l'intérieur des enceintes et la prise en charge de la sécurité par les clubs. Pourtant, cette transformation des conceptions et des idéologies de la sécurité, dont nous venons de montrer qu'elle a été portée, pour l'essentiel, par des enjeux et des motivations qui ne sont pas liés directement à la recherche des causes du phénomène mais plutôt aux enjeux et aux profits des différents acteurs, nous semble ambiguë et porteuse tout autant de points positifs que de points négatifs. On peut ainsi penser qu'elle produira deux effets éventuellement contradictoires. Dans un cas, elle limitera sans doute la violence des supporters, étant donné les fonctions dissuasives et répressives de la vidéosurveillance. Dans l'autre cas, cette option contribuera à la multiplication des débordements se manifestant loin des stades, et à rendre la manifestation du hooliganisme incontrôlable.

---

26. La notion de champ, telle que nous l'entendons ici, est empruntée au lexique de Pierre Bourdieu, cf. Pierre Bourdieu (avec Loïc Wacquant), *Réponses*, Paris: Seuil, 1992, et Pierre Bourdieu, *Propos sur le champ politique*, Lyon: Presses universitaires de Lyon, 2002.

HOOLIGANISME, TERRITOIRE ET SÉCURITÉ : ANALYSE SPATIALE D'UN RISQUE COMPLEXE

BASILE BARBEY

La violence liée aux rencontres professionnelles de football, communément appelée hooliganisme, se manifeste aujourd'hui sous des formes diverses, ainsi que le démontrent un certain nombre d'événements marquants tirés de l'actualité de la saison 2006-2007. Au titre de quelques exemples, nous pouvons citer : des échanges d'engins pyrotechniques et de nombreuses provocations entre tribunes opposées lors du derby AS Saint-Étienne-Olympique Lyonnais[1] ; les troubles créés par les fans du Feyenoord Rotterdam en ville de Nancy ainsi qu'au stade de cette ville[2] ; un début d'affrontements à l'occasion de la rencontre Sedan-Paris Saint-Germain au stade Louis-Dugauguez entre supporters d'Utrecht (!) et du PSG[3], ou encore de graves violences entre fans mancuniens et carabiniers italiens au Stade Olympique de Rome comme épilogue d'une journée tendue dans la capitale italienne au printemps 2007[4].

On pourrait évoquer également la mort de deux personnes en lien direct avec la violence qui accompagne le football. La première, un supporter du PSG, a été abattue, dans l'immédiat après-match ayant opposé Paris-Saint-Germain et Hapoël Tel-Aviv, par un policier, dans un contexte général qui, d'après les éléments de l'enquête conduite, serait de caractère raciste[5]. La seconde exerçait

---

1. Voir Nicolas Hourcade, *Haine, savane et fumigène*, publication en ligne sur www.sofoot.com du 9 mars 2007. Suite aux incidents du derby opposant l'AS Saint-Étienne à l'Olympique Lyonnais, voir www.sofoot.com/article-5966-haine-savane-et-fumigenes-sofoot.html, et *L'Équipe*, 4 mars 2007.
2. Voir *L'Équipe*, 1ᵉʳ décembre 2006.
3. Voir *L'Équipe*, 4 mars 2007.
4. Voir Marc Beaugé, « À Rome avec les fans de Manchester », *France Football*, N° 3183, 10 avril 2007, pp. 20-21.
5. Voir *L'Express*, 24 novembre 2006, *L'Équipe*, 25 novembre 2006 et *L'Équipe Magazine*, N° 1282, 27 janvier 2007.

la fonction de gardien de l'ordre et est décédée lors d'émeutes en ville de Catane, en marge d'un derby sicilien opposant le club local à son rival de Palerme[6].

La violence semble ainsi être diversifiée et se présente comme complexe. Que peuvent avoir en commun de tels événements? Comment évoluent-ils, quels territoires touchent-ils et comment sont-ils appréhendés au niveau de la sécurité? C'est ce à quoi il va être tenté de répondre dans cet article, et ceci par le recours à une analyse spatiale, ou de géographie des risques, des phénomènes de violence en marge des rencontres footballistiques.

Pour ce faire, le hooliganisme, traité comme risque, sera mis en parallèle avec le dispositif de sécurité prévu pour encadrer ce phénomène. L'argumentation théorique se basera sur le concept de territorialité. Selon Jocelyne Hussy, qui s'appuie sur les travaux de Claude Raffestin, principal théoricien, en géographie humaine, de ce concept, «la territorialité se définit comme l'ensemble des relations qu'une collectivité et ses individus entretiennent, d'une part, avec l'extériorité (ou environnement physique) et, d'autre part, avec l'altérité (avec les autres groupes ou à l'intérieur du groupe) dans la perspective de satisfaire des besoins et en utilisant des médiateurs (la langue, les éléments matériels comme les moyens de transport) pour atteindre le maximum d'autonomie (l'autonomie étant la possibilité d'entretenir des relations aléatoires avec l'environnement humain et physique)»[7]. Autrement dit, ce concept possède deux dimensions, l'une spatiale (le rapport à l'extériorité) et l'autre sociale (le rapport à l'altérité).

En nous basant sur ce concept, nous verrons comment le risque naît et s'installe dans une dynamique d'évolution (territorialisation), puis comment le dispositif de sécurité qui se développe et se perfectionne au cours du temps (déterritorialisation) conduit le risque à évoluer et à changer en partie de forme (reterritorialisation). Et ceci aussi bien dans sa relation à l'extériorité (changement de territoire) que dans sa relation à l'altérité (évolution structurelle du phénomène). Une théorisation qui peut donc être résumée par

---

6. En service lors des sérieux troubles, qualifiés «d'intifada catanaise» par de nombreux médias, en marge du derby Catane-Palerme du 2 février 2007, l'inspecteur de police Filippo Raciti succombait à ses blessures peu de temps après son arrivée à l'hôpital. Il aurait été tué par un objet pointu enfoncé dans son abdomen par un supporter de l'équipe de Catania Calcio. Voir *L'Équipe*, 3 février 2007, et *France Football*, N° 3174, 6 février 2007.

7. Jocelyne Hussy, «Le défi de la territorialité», in Charles Hussy (éd.), *La territorialité, une théorie à construire*, Genève: Éditions du Département de géographie, 2002, p. 3.

le processus territorialisation-déterritorialisation-reterritorialisation (TDR) développé par Claude Raffestin[8].

DES BALBUTIEMENTS À LA SOPHISTICATION DU DISPOSITIF DE SÉCURITÉ

Ainsi que le retrace Dominique Bodin[9], la violence dans les stades constitue un phénomène ancien, puisque l'on retrouve déjà des traces de troubles lors de jeux populaires prenant place dans les grands cirques de l'époque gréco-romaine. De même, le Moyen-Âge, comme les premières années de développement du football, ont également connu leur lot de parties interrompues en raison du comportement des spectateurs. Toutefois, ces violences, lorsqu'elles survenaient, gardaient un caractère spontané et un lien direct avec les événements se déroulant au centre de l'arène.

Les années 60 et le début des années 70 peuvent être considérés comme marquant un réel tournant avec la naissance de deux modèles de violence liée aux rencontres de football. Le premier modèle renvoie à l'image, certes passablement stéréotypée, du hooligan anglais. Le second modèle évoque à son tour une violence plus circonstancielle ou n'éclatant qu'en certaines occasions. Du fait de ces spécificités, on peut avancer alors qu'hooligans et ultras, outre qu'ils ne recourent pas aux mêmes pratiques, n'entretiennent pas le même rapport au territoire et au dispositif de sécurité. D'abord confinés dans leurs foyers nationaux initiaux, ces deux modèles se sont largement diffusés par la suite, coexistant même de cas en cas, au point que certaines équipes peuvent désormais être escortées par des ultras *et* par des hooligans. Enfin, il a été récemment attesté que ces deux modèles peuvent aussi se mélanger et se confondre. À ces fins, le sociologue allemand Gunter A. Pilz[10] a développé le terme d'«*hooltra*» pour caractériser ce mélange des genres. Reste que, malgré leurs différences et leur rapport différencié à la violence, hooliganisme et supportérisme ultra peuvent être également qualifiés de risque, et ceci tant qu'ils

---

8. Claude Raffestin, «Le rôle des sciences et des techniques», *Revue européenne des Sciences sociales*, XXXV, N° 108, pp. 100-101.
9. Dominique Bodin, *Hooliganisme, vérités et mensonges*, Issy-les-Moulineaux: ESF, 1999, pp. 15-19.
10. Voir par exemple Gunter A. Pilz, «Fußballfankulturen und Gewalt – Wandlungen des Zuschauerverhaltens: Vom Kuttenfan und Hooligan zum postmodernen Ultra und Hooltra», publication en ligne http://gunter-a.pilz.phil.uni-hannover.de/downloads/

restent à l'état potentiel ou de menace. Nous pouvons ainsi parler de plusieurs *risques sociaux* qui correspondent à ces différentes formes de violence supportériste.

Le temps de la stupeur et de l'incompréhension passé, instaurant alors une prise de conscience du caractère systématique des troubles et des violences, les organes concernés ont progressivement instauré un dispositif de sécurité en mesure de canaliser les débordements. Ainsi que nous allons le voir, la façon de gérer le phénomène a considérablement évolué depuis ses prémices dans les années 70.

LE TEMPS DE LA PRÉCIPITATION ET DES ERREURS

Choqués par ces nouvelles violences qu'ils ne comprenaient d'ailleurs pas, les premiers responsables de la gestion du phénomène ont d'abord cherché à le contenir et à l'isoler dans les *ends* ou dans les virages des stades. Les supporters, le plus souvent issus des classes populaires, ont ainsi été régulièrement mis en cage, derrière grillages et barbelés qui ont contribué à apporter une physionomie quasi carcérale aux stades. Pour l'anecdote, on peut rappeler que l'électrification des grilles séparant les tribunes du terrain a même été un temps envisagée[11]. On sait que cette politique de confinement n'a pas arrangé les choses, produisant même différents effets pervers, en particulier dans la mesure où elle a contribué à renforcer le sentiment d'exclusion des jeunes turbulents. Comme l'explique Patrick Laclémence, sociologue et commandant d'une compagnie de CRS, « ce procédé a pour effet de rompre totalement le rituel festif et de dialogue des tribunes. On emprisonne ainsi, pêle-mêle, supporters à la recherche de sensations, groupes idéologiques, sous-cultures juvéniles, voyous des rues. Au sein de ce véritable ghetto, tous sont bientôt prêts à revendiquer leur différence comme une victoire »[12].

DEUX CATASTROPHES: LE HEYSEL ET HILLSBOROUGH

Deux tragédies aux conséquences similaires ont alors permis de remettre en cause cette manière de penser et de faire. Ainsi, la catastrophe du Heysel[13], survenue en mai 1985, qui fit 39 morts

---

11. Patrick Laclémence, *Plus jamais! de Heysel à Sheffield*, Mesnil-Sellières: Blick, 1998, pp. 49.
12. *Ibid.*, p. 41.

et plus de 700 blessés consécutivement à une énorme bousculade induite par une charge des fans de Liverpool contre ceux de la Juventus présents dans le bloc d'à côté à l'occasion de la finale de la Coupe d'Europe des clubs champions, a-t-elle révélé au grand jour, outre l'ampleur du phénomène hooligan, les risques découlant de l'emprisonnement de foules derrière de hauts grillages.

Quatre ans plus tard, le désastre d'Hillsborough[14], lors de la demi-finale de la Coupe d'Angleterre entre Nottingham Forrest et Liverpool, a également amené la preuve, dans la douleur pourrait-on dire, que la lutte contre le hooliganisme a conduit à négliger certains autres risques considérables, en particulier ceux qui ont à voir avec les grands mouvements de foule. En effet, si 96 personnes sont décédées dans le stade de Sheffield et que de nombreuses autres s'y sont blessées, c'est pour l'essentiel en raison d'un gigantesque mouvement de foule provoqué par l'arrivée tardive de spectateurs dans une tribune déjà comble. Autrement dit, et ainsi que le résume Laclémence, «la chasse au hooligan a peu à peu fait oublier les phénomènes de foule, ses dangers, ses risques, sa puissance»[15]. Parquer les fans, quel que soit leur penchant pour la violence, dans de véritables enclos à bestiaux n'est donc plus envisageable.

LE DÉVELOPPEMENT DES STADES MODERNES : DU CARCÉRAL AU COMMERCIAL

Le drame du Heysel constitue ainsi la catastrophe majeure du hooliganisme et, à n'en pas douter, le point de départ d'une réelle prise de conscience concernant l'ampleur et la gravité du phénomène. Très choquées, l'opinion publique et les instances dirigeantes ont initié des mesures de fermeté: interdiction de la consommation d'alcool, installation de moyens vidéo, attribution nominative des places, car-mouchards, dénonciation des meneurs, augmentation du nombre des places assises, bannissement temporaire des clubs anglais des compétitions européennes. Certaines de ces mesures allaient trouver leurs limites, quatre ans plus tard

---

13. (Note de la p. 256.) Pour plus de détails sur la question, consulter l'ouvrage de Jean-Philippe Leclaire, *Le Heysel une tragédie européenne*, Paris: Calmann-Lévy, 2005, de même que le roman de Laurent Mauvignier, *Dans la foule*, Paris: Minuit, 2006.
14. Se référer à Patrick Laclémence, *op. cit.*, pp. 141-151.
15. *Ibid.*, p. 142.

seulement, avec le nouveau désastre d'Hillsborough. Patrick Laclémence résume la situation consécutive à ce nouveau drame en ces termes: «La suppression de tous les barriérages des contours du terrain s'impose. Il faut ouvrir le ‹coffre-fort›. Une nouvelle version sécuritaire est inévitable.»[16] Le rapport du Lord-juge Taylor, en charge de l'affaire, va marquer alors le début de cette nouvelle approche ou de cette nouvelle philosophie, laquelle va progressivement se développer puis se généraliser. Autrement dit, et au-delà des différentes mesures prises, la période qui s'ouvre peut alors être caractérisée par une volonté de restaurer l'ambiance festive perdue, ainsi que par le souci de réouvrir l'espace, tout en continuant cependant à gérer au plus près les actes de violences. Et, pour ce faire, l'accent sera mis sur des éléments tels que le confort (sièges, buvettes, toilettes, accès spacieux, vision du jeu, architecture), ou encore la qualité de l'accueil (développement important du rôle des stadiers), conditions jugées impératives en vue du retour d'une atmosphère conviviale (création de zones familles, par exemple). Une dynamique dont on peut dire aussi qu'elle rend compte d'une volonté de convertir progressivement les spectateurs en clients.

**NOUVELLES MESURES ET CHANGEMENTS:
VERS UN ENCADREMENT À VISAGE HUMAIN**

Au niveau de la sécurité et de la canalisation des phénomènes de violence, de nouvelles mesures vont donc progressivement se développer, se diversifier et encore se sophistiquer au fil du temps. Nous proposons ici une brève description de ce dispositif de sécurité prévalant aujourd'hui dans les stades modernes, qui correspond donc, du point de vue de notre schéma théorique, à une phase de déterritorialisation du risque. Ceci nous aidera à mieux comprendre pourquoi et comment, ultérieurement, le risque a évolué pour se reterritorialiser alors.

En premier lieu, et comme on l'a vu, l'espace du stade a été réouvert. Les grillages ont ainsi été progressivement remplacés par des séparations «à visage humain», pour l'essentiel composées de dispositifs tels que barrières ou rambardes abaissées, ou encore pièces assurant une transparence. On peut noter également la présence de stadiers, un personnel nouveau au sein des enceintes sportives. Le

---

16. *Ibid.*, p. 151.

sociologue John De Quidt précise toutefois à cet égard que cette transition comporte à son tour des risques et ne doit pas être effectuée à la hâte : « Si l'on traite les spectateurs comme des animaux dangereux, ils vont réagir ainsi. Les grillages devraient être considérés comme intolérables. Mais là où ils existent, il faut les enlever avec précaution. C'est uniquement lorsqu'on établit un système intégré pour assurer la sûreté et la sécurité, qu'on peut, et doit abattre les grillages. C'est la cime vers laquelle il faut s'efforcer d'arriver. »[17] Nous le voyons donc, la suppression des grilles ne peut s'effectuer qu'en concordance avec l'adoption d'autres mesures qui doivent renforcer un tel nouveau dispositif, et singulièrement l'engagement d'un personnel d'accueil et d'encadrement spécialisé, tels les stadiers évoqués plus haut, ou *«stewards»* selon l'appellation anglaise d'origine.

Dans le but de recréer l'atmosphère conviviale perdue, ce dernier va avoir à jouer un rôle essentiel. C'est notamment à lui qu'incombe la tâche du dialogue avec le spectateur, à travers des missions d'accueil, de renseignement, d'aide, de direction, d'encadrement à domicile comme à l'extérieur, voire de première intervention en cas de problèmes. À ce propos, on peut mentionner que ces initiatives ne connaissent pas un même niveau d'avancement d'un pays à l'autre, les Britanniques ayant été les premiers à se lancer dans la formation et l'instauration de ce personnel nouveau, suite à la catastrophe d'Hillsborough.

Dans une logique de dissuasion et de répression se sont développés encore d'autres dispositifs. Parmi ceux-ci, l'instauration massive de circuits fermés de vidéosurveillance qui deviennent alors le véritable œil du dispositif[18]. Et ceci sur le modèle éprouvé du *Panoptique* décrit et imaginé par Jeremy Bentham, au XVIIIe siècle déjà, lequel en expliquait le principe dans les termes suivants : « Pour rendre un homme totalement incapable de faire du mal, vous devez seulement le garder constamment en vue. »[19]

---

17. John De Quidt, «La gestion des risques et la sécurité du spectateur», in Manuel Comeron, Pierre Vanbellingen (dir.), *La prévention de la violence dans les stades de football en Europe*, Liège : Université de Liège et Eurofan, 2002, p. 123.
18. Pour une étude géographique des systèmes de vidéosurveillance, voir par exemple Valérie November, Francisco Klauser et Jean Ruegg, «Risques sous surveillance : une analyse géographique de l'utilisation de la vidéosurveillance», *Éthique publique*, Vol. 4, N° 2, octobre 2002, pp. 153-164.
19. «To render a man totally unable to do mischief [...] you have only to keep him constantly in sight.» Jeremy Bentham, cité par Gary Amstrong et Richard Giulianotti, «From another angle : police surveillance and football supporters», in Clive Norris (ed.), *Surveillance, closed circuit television and social control*, Aldershot : Ashgate, 1998, p. 113.

Autrement dit, laisser planer la menace d'une surveillance, et donc d'une sanction éventuelle, tend donc à pacifier la foule, sur le territoire surveillé du moins. De plus, en cas de manifestation de violence ou de comportements répréhensibles, la technique permet d'ajouter la preuve ou la dimension de flagrant délit.

Une autre mesure de sécurité consiste à développer le contrôle à l'entrée des enceintes, afin d'éviter que les spectateurs ne rentrent sans billet, en possession d'objets dangereux pouvant servir d'armes, ou encore que ne tentent de pénétrer des individus frappés d'une interdiction de stade. Chacun doit donc désormais montrer patte blanche, accès restreint et filtré encore par un dispositif conséquent de palpation progressivement mis en place au fil des années.

Hillsborough a également mis en lumière, tragiquement, toute l'importance de la gestion des flux et de la foule. Dans cette optique, l'installation de places assises s'est généralisée. Les dossiers des sièges et leur disposition tendent ainsi à limiter fortement ces véritables vagues humaines qui ont pu se développer en certaines circonstances. Le spectateur dispose aussi de plus d'espace et devient plus facilement identifiable, ainsi que l'écrit Mark Perryman : « Faire asseoir les voyous après la catastrophe d'Hillsborough a rendu cela encore plus simple. N'importe quelle personne assez stupide pour inciter à la violence depuis des places assises est aujourd'hui identifiable comme une tomate flanquée sur une assiette de cacahuètes. »[20]

Enfin, de nombreuses autres actions ont encore été entreprises, telles que divers renforcements législatifs[21], des interdictions de vente et de consommation d'alcool, la possibilité de retenir les supporters visiteurs à l'intérieur du stade à la fin de la rencontre ou encore des systèmes de réservation complexes propres à désanonymiser l'accès au stade. Au moyen de ces différentes mesures, le dispositif de sécurité intra-muros tend donc à pacifier les velléités de violence du dedans. Avec, pour conséquence afférente toutefois, le risque de rejeter le dommage extra-muros.

---

20. «Making the thugs sit down after the Hillsborough disaster made it even easier. Anyone stupid enough to incite violence from a seated area nowadays is as identifiable as a tomato plonked onto a plate of peanuts.» Simon Inglis, «All gone quiet over here», in Mark Perryman, *Hooligan wars*, Edimbourg et Londres: Mainstream publishing, 2002, p. 90.

21. Concernant les modifications législatives en la matière en Suisse, voir Christophe Jaccoud et Dominique Malatesta, «Supporter les supporters: la mise en œuvre d'une politique de sécurité dans les stades en Suisse (2000-2007)», *Revue européenne de Management du sport*, N° 16, février 2007, pp. 1-8.

LES MESURES DE SÉCURITÉ HORS STADE

À l'extérieur du stade, le territoire soumis au risque possède des caractéristiques différentes, voire opposées à celles de l'arène : autre échelle et limites plus floues. En conséquence, le risque y devient diffus ou dispersé, même s'il tend toutefois à se manifester majoritairement en certains lieux, comme les alentours du stade, les lieux de concentration et de rassemblement (places, débits de boissons, interfaces de transport), etc.

La tâche des forces de l'ordre, seul acteur responsable pour la sécurité de ce nouveau territoire, avec les services de sécurité privés, gagne alors en complexité. Le dispositif à mettre en place est donc souvent conséquent, diversifié et surtout mobile. Il se base toutefois sur les mêmes principes que celui développé intra-muros. Le premier de ces principes reste ainsi de toujours chercher à séparer et canaliser les velléités agressives des supporters à risque. Là également en privilégiant le dialogue, l'accueil et la proximité. Selon John De Quidt, il faut ainsi « faire émerger une philosophie et une politique communes, surtout entre le directeur de sûreté et la police. Par exemple, si l'on veut créer une ambiance décontractée à l'intérieur du stade, il faut faire pareil à l'extérieur. Sinon on risque de perdre l'équilibre [...] avec des conséquences très sérieuses. »[22]

Comme à l'intérieur du stade, une autre idée-force consiste à laisser planer une menace, que celle-ci soit matérialisée par la présence de personnel des forces de l'ordre ou de caméras vidéos. En raison du vaste territoire à couvrir et du caractère plus diffus du risque, le dispositif doit être mobile. Ce genre d'impératif se voit par exemple assuré par les *spotters*[23] : policiers en civil, spécialistes du hooliganisme qui remplissent des fonctions différentes de leurs collègues en uniforme. Ces experts ont pour tâche principale d'agir dans une relation de proximité avec les éléments potentiellement perturbateurs qu'ils apprennent à connaître au fil des rencontres. Leur mission est ainsi d'obtenir des renseignements, de repérer les fauteurs de troubles, voire de désamorcer certaines situations critiques, posture que le journaliste Philippe Broussard a qualifiée de « vigies anti-hooligans »[24]. On peut mentionner encore

---

22. John De Quidt, *op. cit.*, p. 124.
23. Nous pouvons traduire ce terme par celui d'« observateur ».
24. *L'Express*, 8 juin 2006.

que, dans cette logique de « marquer le risque à la culotte », il est désormais acquis, en particulier depuis la Coupe du Monde de 2006, que des policiers se rendent en uniforme à l'étranger afin de suivre les supporters nationaux. Enfin, il existe encore quelques mesures complémentaires consistant à effectuer des fouilles inopinées lors du transit des supporters, à placer des barrages filtrants ou à tracer des périmètres de sécurité avancés avant même l'entrée dans le stade. Ou encore procéder à des interdictions de circuler et à astreindre certains supporters indésirables à des assignations à résidence.

En résumé, le dispositif de sécurité extra-muros se base globalement sur une même trame de principes généraux que celui qui règle la sécurité dans le stade, à ceci près qu'il se voit contraint d'être davantage mobile en raison du caractère diffus du risque. À cet égard, et même s'il cherche toujours à s'adapter de façon optimale au risque, le dispositif de sécurité que nous venons brièvement de présenter possède aussi – à l'instar d'ailleurs de tout système technique – un certain nombre de limites qui en atténuent son efficacité et sa pertinence. On citera ici les coûts financiers, la technologie, les contraintes de la coopération entre les différents acteurs du système de sécurité, ou encore la présence de l'environnement urbain, autant d'aléas qui peuvent agir comme des freins

LES EFFETS PERVERS DU NOUVEAU DISPOSITIF DE SÉCURITÉ

Ainsi que nous l'avons vu avec l'exemple d'Hillsborough, le dispositif de canalisation et de lutte contre les débordements peut aussi générer des effets pervers qui se retournent ainsi contre lui. Quelles en sont donc les conséquences?

Première conséquence: l'augmentation considérable du prix des places, tant il est vrai que l'élévation des normes de confort et de sécurité entraîne des coûts considérables. Se procurer un sésame pour accéder aux arènes modernes ne devient ainsi plus à la portée de toutes les bourses. Les classes populaires ont de plus en plus de mal à pouvoir suivre leur équipe favorite, un fait qui a été rapporté à de nombreuses reprises. À ce propos, des spécialistes et des commentateurs ont évoqué une perte d'authenticité du spectacle, une atmosphère différente, avec d'autant plus de force dans les pays qui, tels l'Angleterre, appliquent de telles mesures depuis longtemps. À témoin, cette phrase sans équivoque tirée d'un roman célèbre : « Les architectes ont rendu les stades stériles, morts, les sièges ont tué l'ambiance. »[25] D'autres restent plus nuancés sur le sujet. Ainsi, « entre les *ends* debout peuplés de hooligans d'il y a vingt-cinq ans et les tribunes d'aujourd'hui offrant une expérience individuelle apaisée et orientée vers la consommation, l'Angleterre n'a pas trouvé ce juste milieu où la dramatisation d'un rituel collectif, indispensable au charme du football, trouverait sa place »[26].

Deuxième conséquence : la confusion des priorités. Une focalisation exagérée sur la lutte contre la violence physique directe est en effet susceptible de faire oublier d'autres risques ou phénomènes dommageables, en particulier ceux ayant trait à la dynamique de la foule[27].

Troisième conséquence : l'extension spatiale et temporelle du risque. Il est ici question du fait que, en reportant sans cesse davantage le risque à l'extérieur du stade, c'est-à-dire vers des territoires et vers des temporalités de plus en plus éloignés de la rencontre, le risque est tangible que le dispositif de sécurité, en même temps que ce qui le suscite, en vienne à concerner des tiers. Ici les exemples sont divers et nombreux : les passants et les habitants peuvent se trouver à proximité d'un affrontement entre groupes rivaux ; des voyageurs peuvent voir leur train retardé suite à des déprédations commises par une bande à la sortie d'une rencontre houleuse ; le gérant d'une station-service peut voir son commerce détérioré lors d'une rixe entre supporters en transit… Enfin, il n'est pas à démontrer que les riverains d'un stade ont à subir les effets d'un lourd dispositif de sécurité lors des matchs classés à risque, pour ne rien dire de la nécessaire participation des contribuables à la facture occasionnée par tout cela.

---

25. John King, *Aux couleurs de l'Angleterre*, traduction française, Paris : Éditions de l'Olivier, 2005, p. 86. [édition originale en anglais, 1998].
26. Nicolas Hourcade, Jean Damien Lesay, « Top model, really ? », *So Foot*, N° 41, février 2007.
27. Voir, en guise d'illustration, le témoignange de Nicolas Hourcade, *Haine, savane et fumigènes*, *op. cit.*, enregistré lors du derby AS Saint-Étienne-Olympique Lyonnais du 3 mars 2007.

LES NOUVELLES FORMES DE MANIFESTATION DU PHÉNOMÈNE : UN RISQUE EN ÉVOLUTION CONSTANTE

Si certains spectateurs ont pu déserter les travées des stades, qu'en est-il des éléments perturbateurs et des adeptes de la violence spécifiquement visés par ces imposants dispositifs? En d'autres termes, quelles sont les conséquences ou influences du dispositif de sécurité sur le hooliganisme? Nous l'avons évoqué, le dispositif de sécurité possède certaines limites et, ainsi que l'a relevé Valérie November, «le risque émerge entre les interstices du dispositif mis en place pour le prévoir et le gérer»[28]. Nous nous proposons alors, dans cette section, de regarder de plus près ce que nous avons décrit plus haut comme une *reterritorialisation du risque*, et ceci en détaillant les différentes logiques d'action, les stratégies et autres tactiques déployées par des amateurs de violence qui entendent continuer à agir.

VERS UNE VIOLENCE RÉSIDUELLE DANS LE STADE

Ainsi que nous l'avons dit déjà, la violence n'a pas totalement disparu des arènes modernes et des troubles, de différentes natures, sont encore susceptibles de se produire au sein du stade: jets de projectiles, déprédations, provocations extrémistes, voire affrontements avec les forces de sécurité. De plus, même interdite, l'utilisation d'engins pyrotechniques n'a pas cessé.

Pour continuer d'agir, il apparaît donc que les adeptes de la violence ont développé diverses logiques d'action. De nombreuses astuces sont par exemple utilisées par les fans pour faire pénétrer dans les enceintes des objets prohibés (engins pyrotechniques, provocations écrites qui peuvent inciter à la violence, projectiles ayant pour but de blesser, etc.), et ceci en dépit du contrôle de palpation. On retiendra par exemple, ainsi que l'explique un fan hollandais, qu'«il n'y a rien de plus facile que d'entrer dans un stade avec une petite bombe. Tu te mets d'accord avec quatre ou cinq copains et chacun apporte un élément de l'engin: les clous, les éclats de verre, la poudre... Il suffit alors de planquer cela dans un petit sac, de le mettre au fond de ton slip, de serrer les fesses, et tu rentres comme tu veux!»[29] Si les caches, les cavités et les orifices sont évidemment

---

28. Valérie November, *Les territoires du risque: le risque comme objet de réflexion géographique*, Berne: Peter Lang, 2002, p. 188.
29. Philippe Broussard, *op. cit.*, p. 242.

très nombreux sur l'homme, d'autres logiques d'actions sont également convoquées : cacher le matériel interdit à l'intérieur de celui – autorisé – qui servira plus tard à l'animation de la tribune ; forcer l'entrée en groupe pour éviter le contrôle individuel ; remettre le matériel à des personnes tierces généralement moins bien contrôlées (enfants, personnes âgées, voire personnes handicapées) ; faire passer l'objet grâce à une connaissance complaisante au sein de la sécurité... Les scénarios se déclinent ainsi selon de très nombreuses variantes.

Il en va de même pour s'affranchir de la menace du contrôle omnipotent de « big brother » et de la vidéosurveillance. Lorsqu'ils veulent contourner l'interdiction des engins pyrotechniques, certains fans cherchent à échapper au regard des caméras en se masquant rapidement le visage au moyen d'une écharpe, d'un capuchon ou de grands drapeaux. Plus tard, ils iront peut-être encore se changer aux toilettes, afin de brouiller les pistes.

Concernant la thématique des articles pyrotechniques, une remarque nous semble importante. Autrefois tolérés et largement utilisés dans les gradins, principalement par les ultras, ces engins sont aujourd'hui formellement interdits. La raison en est simple : s'ils servent pour l'essentiel à colorer et animer les gradins, ils peuvent aussi être utilisés comme de redoutables projectiles et être source de risque en cas de mauvaises manipulations. Le monde des supporters a connu des accidents graves et, pire encore, des décès. De plus, ces engins, qui se consument à des températures très élevées, peuvent entraîner des incendies. Ils créent aussi des fumées qui peuvent être nocives et rendent inopérantes les caméras de vidéosurveillance.

Toutefois, nous pouvons dire, avec Dominique Bodin, que cette interdiction cause un problème. Ainsi, en interdisant l'introduction de tout engin pyrotechnique dans le stade, « on assimile les supporters aux hooligans les plus violents. [...] Certes, cette interdiction est compréhensible en soi, certains stylos-fusées ou fumigènes ayant servi de projectiles sur les tribunes adverses. Il n'en reste pas moins vrai que la majorité des ‹supporters normaux› deviennent déviants par le seul fait de cet article de loi, alors qu'ils n'ont jamais cherché autre chose que soutenir leur équipe. »[30] Il convient donc de préciser que, bien qu'il viole clairement une

---

30. Dominique Bodin, *Le Hooliganisme*, Paris : PUF, 2003, p. 54.

obligation, le supporter en possession d'un engin pyrotechnique n'est donc de loin pas dans les dispositions de celui qui entend se lancer dans des actes de violence.

Ces deux exemples, qui pourraient d'ailleurs être complétés par de nombreux autres, nous permettent de comprendre comment une violence résiduelle et médiatisée peut toujours prendre place au sein du stade. Et ceci en dépit d'un dispositif de sécurité de plus en plus sophistiqué.

TACTIQUE MILITAIRE, BAGARRES ORGANISÉES OU AGIR AILLEURS QU'AU STADE

On peut noter que le même genre de stratégie est utilisé également en dehors de l'arène sportive proprement dite. La première réponse des éléments les plus violents, hooligans et ultras «durs», a donc été de contourner le dispositif d'encadrement mis en place. Certains ont alors adopté de véritables tactiques militaires, ou de guérilla urbaine, en préparant à l'avance des plans d'attaque, des itinéraires détournés et autres points de ralliement, pour ne rien dire de l'envoi d'éclaireurs le jour J, ou de la systématisation des pratiques de repérage. Broussard parle ainsi «d'action commando»[31]. Ces supporters ne se déplacent généralement plus dans les voyages officiels organisés par les clubs ou les groupes de soutien, mais, selon leurs termes, en «indépendants», pour s'affranchir au maximum de toute tutelle. Ils peuvent donc utiliser des véhicules privés ou des transports usuels, de manière à arriver à destination (très) tôt, et d'en repartir tardivement s'il le faut. Dans cette logique visant à «surprendre l'autre» et à contourner les contraintes, on peut citer ici les propos d'un ancien hooligan d'Everton, lequel détaille l'opportunité que représente le système du métro londonien. Ainsi, «s'il y a eu une invention créée pour aider les hooligans de football dans leur recherche de pagaille totale, la personne qui a conçu le système de métro souterrain a été envoyée par le paradis pour rendre service»[32].

---

31. Philippe Broussard, *op. cit.*, p. 140.
32. «If ever there was an invention created to assist football hooligans in their quest for total mayhem, the person who designed the Underground train system was sent from heaven to oblige», in Andy Nicholls, *Scally confessions of a category C football hooligan*, Ramsbottom: Milo Books, 2002, p. 42.

Ainsi, sous la contrainte paradoxale de... nouvelles contraintes, le hooliganisme se complexifie-t-il et se structure-t-il davantage, comme le résument les propos d'un autre hooligan, belge celui-là: «Cela devient un jeu stratégique, avec la police et avec les adversaires. Il faut savoir jouer au plus malin, frapper au moment et à l'endroit où l'on nous attend le moins, changer de tactique, sans cesse chercher à s'améliorer. Tout cela est exaltant.»[33]

Une autre logique d'action consiste, pour les éléments les plus durs ou les plus violents, non plus à contourner le dispositif de sécurité, *mais à s'en éloigner au maximum*. Et ceci pour organiser de véritables bagarres arrangées, ou véritables «rendez-vous», dans des endroits dépourvus de toute surveillance. On sait à ce propos que les leaders de chaque groupe se contactent à l'avance (grâce aux nouvelles technologies d'information: téléphones portables, internet, etc.) pour fixer le lieu et l'heure du combat, ainsi que le nombre de combattants et, éventuellement certaines règles (emploi d'armes ou non, nombre de protagonistes...)[34]. Nous constatons ici, à la faveur de ces derniers faits, que, spatialement et temporellement parlant, le risque se complexifie en même temps qu'il s'éloigne encore de la rencontre. Ainsi les hooligans peuvent-ils aller se battre dans des lieux comme des terrains vagues, des parcs, voire encore des lisières de forêt ou des aires d'autoroute. Et ceci afin d'éviter au maximum la possibilité de se faire encadrer ou interpeller une fois les hostilités déclenchées.

Certains adeptes de la violence préfèrent également agir en d'autres occasions que celles constituées par les rencontres de leur équipe favorite, lesquelles deviennent sans cesse davantage policées. Ainsi est-il documenté que des individus frappés d'interdiction de stade ou ne pouvant simplement plus s'affronter lors de rencontres de football se tournent alors vers d'autres sports. Le hockey sur glace en Suisse, les rencontres de basket-ball, de water-polo, de handball et volley-ball dans les pays latins ou d'Europe de l'Est. En Angleterre, où prédomine le football, un phénomène de report des violences vers les ligues inférieures a pu être observé ces dernières années. De plus, comme l'expliquent Pérès, Riolo et Aiello[35], les

---

33. *Ibid.*, p. 232.
34. À propos des règles tacites entre hooligans, voir: Bertrand Fincoeur, «De la déontologie des hooligans», *Revue de Droit pénal et de Criminologie*, avril 2007, pp. 344-350.
35. Jean-François Pérès, Daniel Riolo, David Aiello, *PSG-OM; les meilleurs ennemis*, Paris: Éditions Mango Sport, 2007.

éléments violents se déplacent aussi volontiers pour soutenir des groupes amis, ou ceux avec lesquels ils possèdent de bonnes relations, espérant ainsi rencontrer leurs adversaires lors de matchs moins sécurisés: «Étant donné que les contacts ne sont plus possibles lors des PSG-OM, je me suis rendu à Lille pour épauler des amis lillois. J'ai coincé un Marseillais et je lui ai fracassé le crâne à coups de parapluie. Il est parti directement à l'hôpital.»[36] Les phénomènes de jumelage ou d'alliance entre groupes ultras ou hooligans s'étant largement développés, il n'est ainsi pas rare de voir des groupes se déplacer à l'intérieur du pays, voire à l'échelle européenne, pour assister à des rencontres ne concernant pas leur équipe.

Une autre stratégie peut encore consister à affronter frontalement les forces de l'ordre ou d'encadrement (stadiers), dans le but escompté de pouvoir accéder aux adversaires-ennemis situés de l'autre côté du dispositif, ou alors simplement dans une optique de recherche de montée d'adrénaline. Voire par simple envie d'en découdre. Sébastien Louis illustre de tels engagements en évoquant une période particulière de l'histoire des ultras italiens: «La police qui s'interpose entre les ultras et qui a souvent recours à des méthodes violentes devient une nouvelle cible. Les affrontements avec les forces de l'ordre se généralisent en lieu et place des incidents entre ultras. La police devient le nouvel ‹ennemi› commun des ultras.»[37]

UNE ULTIME STRATÉGIE DE CONTOURNEMENT: *CASUALS* ET «NÉO-HOOLIGANS»

L'une des dernières stratégies d'adaptation connue au dispositif de sécurité, et qui constitue sans doute l'une des évolutions les plus spectaculaires du hooliganisme, concerne cette fois des individus pour lesquels la confrontation directe avec leur alter ego représente une priorité. Laquelle sollicite des logiques d'action singulières puisqu'elles consistent à passer entre les mailles du filet en éveillant le moins de soupçons possibles. Recherche d'anonymat qui a débouché, ces dernières années, sur de nouvelles manières de concevoir le hooliganisme. C'est ainsi que, dès la fin des années 70,

---

36. *Ibid.*, p. 181.
37. Sébastien Louis, *Le phénomène des ultras en Italie*, Paris: Mare & Martin, 2006, p. 108.

en Angleterre, certains hooligans ont fait le choix d'être le plus discrets possible et d'éviter par tous les moyens d'attirer l'attention sur eux. Autrement dit, et tel est le sens de cette forme de hooliganisme, l'adepte de la violence ne fuit plus la surveillance, *il s'en accommode*, et ceci en cachant les signes et les insignes les plus visibles et les plus manifestes de son adhésion. Dans les faits, et afin de passer inaperçus, ces « néo-hooligans » ont progressivement adopté un style vestimentaire ordinaire, voire de cas en cas stylisé par des marques réputées, habitude dont ils tirent d'ailleurs leur nom *(«casual»)*. Comme l'explicite Dominique Bodin, «*Casual* vient de *casual clothing*: habits ‹normaux›, ‹habituels›, mais dans le domaine particulier du hooliganisme, les acteurs intervenant dans le contrôle et la prévention des violences l'utilisent dans le sens d'être ‹bien habillés›, de porter des habits de marque »[38]. Retournement notable donc, puisque le look paramilitaire bombers-treillis-rangers-crâne rasé se voit rangé au placard par le hooligan *casual*, celui-ci neutralisant son apparence et son comportement dans des stades désormais très surveillés. Pour devenir méconnaissable en regard du supporter ultra et du hooligan traditionnel, pour qui, montrer ses couleurs, son appartenance et se faire reconnaître dans cette identité spécifique demeure une priorité. Le hooligan nouveau préfère l'ombre et l'attente, ainsi que la survenue de la situation qu'il jugera la plus opportune pour faire éclater la violence. En cas de contrôle, il ne recherche pas la provocation et donne l'apparence de « Monsieur Tout le monde ». Ainsi, « le hooligan fort en gueule est devenu au fil du temps un anonyme. Pour passer inaperçu et échapper à la répression, l'homme a adopté l'apparence et l'attitude d'un supporter ordinaire. Le *casual* fait son apparition ou, devrions-nous dire, évite de paraître. »[39]

Que l'on ne s'y trompe pas, la mouvance *casual* marque bel et bien une sorte de révolution au sein du hooliganisme. Changement considérable que les formules choc de l'un de ses adeptes, en l'occurrence le narrateur-héros du roman *Football factory*, résument sans détour: « Dans tous les clubs, les meilleurs connaissent le truc, ils laissent les petits cons gueuler et s'agiter, et sauter dans tous les sens sous les caméras de télé. [...] Je dis petits cons, parce que l'idée, c'est de passer inaperçu. [...] Tu fais ce que tu as à faire

---

38. Dominique Bodin, *Le hooliganisme, op. cit.*, p. 43.
39. Patrick Laclémence, *op. cit.*, p. 118.

avant d'être repéré. [...] Trouver l'ennemi, et l'incruster dans le macadam. On n'a pas besoin d'une fanfare pour ça.»[40] Changement-gigogne devrait-on dire, dans la mesure où il n'est pas exempt non plus d'une course à la distinction entre supporters extrêmes, les hooligans *casual*, ainsi que l'explique le journaliste Philippe Broussard, ayant également à cœur de «se différencier des fans classiques généralement mal fagotés» et de créer une certaine «élite des gradins»[41].

On retiendra alors que différentes appropriations pratiques du terrain par les supporters violents existent, de même qu'il est possible d'identifier différentes logiques d'action qui, là aussi, peuvent être utilisées par les acteurs de la violence. Et ceci par rapport à des buts à atteindre, mais aussi par rapport à un faisceau de circonstances. Dans ces termes, les supporters les plus violents peuvent donc chercher à contourner, à s'éloigner, à passer à travers les mailles du dispositif de sécurité, ou encore à choisir la confrontation pour continuer à agir. Nous précisons encore que ces différentes pratiques peuvent aussi se révéler imbriquées et se combiner les unes aux autres.

CONCLUSION

Si l'adepte de la violence dure peut d'abord être décrit comme celui qui, ayant choisi l'ostentation, se bat dans les stades, cet individu devient aujourd'hui de plus en plus anonyme et de moins en moins localisable. Le hooligan dur passe donc du statut de «gredin des gradins»[42] à celui que nous aimons à qualifier de «combattant du néant». Pour d'autres individus, potentiellement moins violents, le stade fortifié reste malgré tout le lieu d'expression d'une violence plus indirecte et passablement médiatisée.

Il existe donc une dialectique, ou de chassé-croisé, entre perturbateurs et acteurs de la sécurité au cœur duquel chacun cherche à exploiter les erreurs de l'autre et à le surprendre. S'ensuit une diversification et une sophistication du risque, mais aussi du dispositif de sécurité qui tend à repousser la violence vers des territoires et vers des temporalités de moins en moins concernés par le

---

40. John King, *Football factory*, traduction française, Paris: Éd. de l'Olivier, 2004, p. 41 [édition originale en anglais, 1996].
41. Philippe Broussard, *op. cit.*, p. 48.
42. *Ibid.*, p. 3.

football. En corollaire, les coûts de la sécurité prennent l'ascenseur et sont en partie répercutés sur des personnes peu ou pas concernées par la rencontre. Ajoutons toutefois que nous décrivons ici une tendance d'évolution générale, laquelle ne doit pas faire oublier les spécificités locales et nationales. En effet, les hooligans anglais n'ont à l'évidence pas le même comportement que les ultras grecs. Ce schéma évolutif relève alors d'un *modèle* qui ne s'applique ainsi pas partout et pour toutes les formes décrites.

En d'autres termes, le processus «TDR» (ou territorialisation-déterritorialisation-reterritorialisation) développé par Claude Raffestin nous semble constituer un outil théorique pertinent pour décrire l'évolution des actes de violence. Le dispositif de sécurité, malgré certaines limites, agit comme médiateur et déterritorialise la violence dure en l'excluant de plus en plus du stade moderne, ainsi qu'en l'encadrant largement à l'extérieur. Repoussé, le risque se reterritorialise ensuite de diverses manières, selon l'ingéniosité et la sensibilité des fauteurs de troubles. Le hooliganisme change donc de forme ainsi que de territoire, mais ne se trouve pas éradiqué pour autant. Loin s'en faut, pour gagner sans doute, selon les mots de November, Klauser et Ruegg, en «volatilité»[43]. Au niveau de la «géographicité» du risque[44], nous remarquons aussi une très forte interaction entre le risque et le territoire. Le risque organise, voire structure le territoire tandis que ce dernier, modifié et hiérarchisé par le dispositif de sécurité, transforme à son tour le risque qui se voit contraint alors de changer de forme pour continuer à se manifester.

---

43. Valérie November, Francisco Klauser, Jean Ruegg, *op. cit.*, p. 155.
44. Valérie November, *Les territoires…*, *op. cit.*, pp. 12-13.

LE *FANCOACHING*, UN TRAVAIL SOCIOPÉDAGOGIQUE DANS LE MILIEU DES SUPPORTERS

ENTRETIEN AVEC DAVID ZIMMERMANN
(PRÉSIDENT DE L'ASSOCIATION FAÎTIÈRE POUR LE TRAVAIL AVEC LES SUPPORTERS EN SUISSE)
RÉALISÉ PAR DOMINIQUE MALATESTA ET CHRISTOPHE JACCOUD

Prévenir les situations de violence à l'occasion des manifestations sportives est devenu une préoccupation essentielle dans l'ensemble des pays européens. Ceux-ci, à travers des dynamiques de cadrage et de contrôle, déploient en effet d'importantes mesures de sécurité dans le but de limiter les effets du supportérisme violent. Ainsi voit-on les forces de police mobiliser de considérables effectifs afin d'encadrer certains supporters et de maintenir l'ordre dans et autour des enceintes sportives. La justice, de plus, applique désormais des peines sévères à l'égard des supporters violents, du fait d'un arsenal juridique spécifique.

Ces remaniements substantiels des dispositifs de régulation de la violence périsportive correspondent donc à des engagements opérationnels de nature différente, encore que très fortement centrés sur une triade «pénal-répression-prévention situationnelle». Mais, parce que ces mesures ne suffisent pas à établir les conditions d'un véritable contrat sportif, parce le sport se présente régulièrement dans l'exposition de ses stridences, ou encore parce qu'elles n'offrent pas de réponses au fait qu'un certain nombre d'individus persistent à demeurer détachés des règles de dépendance imposées par le spectacle sportif, on peut observer la sollicitation régulière, depuis quelques années, d'un quatrième axe d'intervention qu'on peut globalement qualifier de *social*, ou encore de préventif sociopédagogique, dit *fancoaching*. Celui-ci consiste pour l'essentiel en des actions d'encadrement social et pédagogique des supporters, ciblées sur leur noyau dur, qui s'articulent autour de trois démarches principales :

En premier lieu, l'encadrement et l'accompagnement des supporters lors des matchs.

En second lieu, l'organisation d'activités avec les fans en relation avec le soutien apporté à l'équipe; le point de vue prévalant ici étant que le supportérisme peut être un vecteur d'intégration sociale, de réalisation de soi et d'accession à une identité positive, et ceci à travers l'encouragement à des conduites de projets.

En troisième lieu, le réapprentissage de normes et de règles collectives, de leurs fondements et de leur nécessité.

David Zimmermann, vous êtes un pionnier du *fancoaching* en Suisse, ainsi qu'un expert auprès des pouvoirs publics. À ces titres, comment pourriez-vous définir ce qu'est cette activité?
En termes généraux, je crois que l'on peut définir le *fancoaching* comme un ensemble de méthodes destinées à influencer positivement le comportement des supporters sportifs, ainsi que celui des institutions, des instances, des groupes et des personnes qui sont en contact avec les supporters. Et en particulier des acteurs comme les clubs, la police, les médias, les riverains et les habitants qui vivent à proximité immédiate des stades, ou encore les simples passants.

Si les objectifs généraux du *fancoaching* semblent clairs, qu'en est-il de ses différentes formes et des méthodes qui sont engagées?
On peut en effet distinguer quatre formes principales de *fancoaching* auxquelles correspondent évidemment des modes et des méthodes d'intervention qui sont contrastés. Le *fancoaching* exercé par la police et les services d'ordre; celui exercé par les clubs et autres institutions; le *coaching* socio-éducatif des supporters; et, enfin, le *fancoaching* exercé par les supporters eux-mêmes.

Pouvez-vous expliciter les caractéristiques de chacun d'entre eux? En commençant par le *fancoaching* exercé par la police et les services d'ordre?
Dans cette forme de *coaching*, les fonctionnaires de police en civil ou les employés des sociétés de sécurité entrent en contact avec le milieu des supporters. L'objectif principal de leur présence est de priver les supporters de leur anonymat.

Et quelle est alors l'idée sous-jacente de cette méthode?
L'idée qui oriente ce type de démarche est de dire que les supporters recourent à la violence et vandalisent surtout lorsqu'ils peuvent se prévaloir du couvert de l'anonymat. Dans ces termes, le *coaching* de la police et des services d'ordre représente surtout une

contribution à la prévention de la violence. Cette forme de *coaching* des supporters est très pratiquée en Suisse, en particulier dans l'environnement de tous les clubs professionnels de football et de hockey sur glace.

Que pouvez-vous dire du *fancoaching* par les clubs et autres institutions?
La méthode et le type d'engagement sont ici différents, puisqu'il s'agit de donner aux supporters la possibilité de transmettre au club leurs préoccupations ou, de cas en cas, leurs revendications, et ceci par l'intermédiaire de personnes employées précisément par le club. L'enjeu est donc ici d'assurer d'une certaine manière un canal de communication entre les supporters et leur club. Ces personnes-relais servent alors à faire remonter des supporters vers le club des soucis ou des désirs particuliers, ainsi qu'à fabriquer un dialogue permanent. On peut mentionner qu'en Suisse, tous les clubs professionnels de hockey sur glace, depuis 2001, et de football, depuis 2004, sont réglementairement tenus de désigner un délégué ou un responsable des supporters.
J'aimerais préciser que ce type de coaching peut s'étendre à d'autres institutions. C'est ainsi que, depuis 2005, les CFF[1], pratiquent également le *coaching*, quand les supporters, usagers du train, sont accompagnés par des personnes compétentes et spécifiquement formées à ce type d'encadrement.

Vous avez évoqué également le coaching socio-éducatif des supporters.
Il s'agit dans ce cas d'une forme de *coaching* plus «socio-éducative», dans la mesure où on peut dire qu'elle relève explicitement du registre de l'animation jeunesse «hors murs». Les méthodes du *coaching* socio-éducatif ont donc, et nettement plus que les autres, un arrière-plan *social*, *pédagogique* et d'*animation*.
Dans cette forme de *fancoaching*, nous considérons que les gradins situés derrière les buts, que ce soit dans le football ou dans le hockey sur glace, constituent en quelque sorte *l'espace social* dans lequel évolue le milieu des supporters. Comme dans tout espace social utilisé et occupé par un ou plusieurs groupes, il peut y naître des conflits d'intérêt. En particulier entre les institutions qui le mettent

---

1. Compagnie des Chemins de fer fédéraux.

à disposition, ici la ville et les collectivités publiques, ou alors, et de plus en plus, le club lui-même, et les personnes qui y séjournent. Le *coaching* socio-éducatif des supporters opère justement à l'intérieur de ce champ de tensions. Notre action a pour objectif de veiller à ce que ceux qui occupent ponctuellement cet espace social puissent y affirmer leur présence, mais néanmoins sans qu'il s'ensuive de conflits par trop graves entre les fournisseurs de l'espace et ses utilisateurs. D'autre part, le *coaching* socio-éducatif des supporters est du registre de l'animation dans le sens où il valorise les ressources, où il identifie et reconnaît les rituels, les comportements, ainsi que les usages spécifiques de telles subcultures. Notre rôle est ici d'aider les différents milieux supporters à entretenir leurs rituels et leurs coutumes, mais à ceci près qu'ils soient sociocompatibles, qu'ils ne soient pas en rupture avec la loi ou avec un certain nombre de règles de comportements de base.

Enfin, ce type de *coaching* présente évidemment un aspect *pédagogique*. Nous considérons toujours que notre travail doit donner aux supporters, à travers une vaste gamme d'activités et surtout conçues avec eux, l'occasion de développer leur personnalité et d'acquérir des compétences sociales. Autrement dit, et dans cette perspective, l'encadrement des supporters contribue à promouvoir ce que l'on peut considérer comme des *« life skills »*, c'est-à-dire des compétences clés.

Le projet de *coaching* de Zurich, auquel j'ai été associé et qui constitue le premier projet socioprofessionnel travaillant avec des supporters en Suisse, a été le premier à adopter cette approche globale en Suisse, pour la première fois. Depuis 2003, il existe un projet analogue à Bâle. Et puis les choses se sont développées ailleurs encore. À Lucerne, il y a eu pendant quelque temps la Fan-Initiative Luzern, ceci entre 2003 et 2004. On peut citer aussi une expérience qui se nomme Streetwork Subita, à Winterthour cette fois, qui est en place depuis un moment dans le monde des supporters. Il existe d'ailleurs peut-être d'autres activités de *coaching* socio-éducatif dans notre pays, mais je n'en ai pas connaissance.

Enfin, qu'en est-il du *fancoaching* par les supporters?

On le sait bien, les supporters d'un club ne constituent pas un milieu homogène, mais constituent plutôt un ensemble hétérogène composé de sous-groupes divers, aux intérêts parfois fort divergents. Il faut être au fait de cette réalité dans la mesure où elle peut engendrer des conflits entre les groupes eux-mêmes. Pour éviter cela, et ainsi qu'on le fait maintenant dans de nombreuses villes, les supporters se sont réunis dans le cadre d'initiatives spécifiques ou d'associations faîtières. De telles initiatives poursuivent alors deux objectifs: le premier objectif est de trouver des intérêts communs à ces groupes différents, et de les défendre à l'extérieur; le second objectif est d'une autre nature, il s'agit cette fois de chercher à autoréguler les conflits internes par l'adoption de règles de comportement et par le contrôle du respect de ces règles d'autre part. Un bon nombre de ces initiatives poursuivent explicitement des objectifs tels que la canalisation de la violence, du racisme ou du sexisme. On peut donc dire que les deux premières formes de *coaching*, le *coaching* par la police et par les clubs, dépendent directement d'une institution impliquée, alors que les deux autres sont formellement indépendantes.

Qu'entendez-vous par «impliquée»?
«Impliquée» signifie ici que l'institution en question a un mandat direct et défini dans le déroulement de la manifestation sportive. La police, par exemple, a pour mandat de veiller au calme et à l'ordre, le club organise la manifestation sportive. L'animation jeunesse «hors murs», en revanche, n'a pas de mandat en rapport direct avec le déroulement de la manifestation sportive. Les supporters font évidemment partie intégrante de la manifestation, mais ils n'ont pas de mandat direct et défini pour leurs activités.

Vous travaillez et vous êtes actif dans le milieu du supportérisme, dont la définition est floue et qui plus est émotionnellement chargée. Le grand public convoque immédiatement des images de violence aveugle, quand les spécialistes du domaine font état d'analyses plus différenciées. Autrement dit, il n'y a pas, à proprement parler, de définition univoque du supporter violent et du hooligan, ou alors un agrégat de caractéristiques, qui permettent d'associer le mot avec l'occurrence de comportements de violence manifestés dans les enceintes sportives. Quel est votre point de vue d'expert?
Il faut savoir, à ce propos, qu'il existe globalement deux représentations courantes du milieu des supporters. La première découle de la classification opérée par la police, fondée sur des préoccupations de sécurité. La seconde, elle, cherche à classifier le milieu des

supporters selon des critères qu'on peut désigner comme des critères sociologiques.

En quoi consiste alors cette classification du milieu des supporters telle qu'opérée par la police ?

Dans le travail de la police, les supporters sont catégorisés, et ceci à travers toute l'Europe, selon les risques qu'ils font courir au plan de la sécurité. À partir de ce point de vue sécuritaire, on peut dire que la classification comporte en fait trois degrés. Le premier degré, qui correspond à la lettre «A», caractérise la grande masse des supporters qui ne posent aucun problème lors des manifestations sportives. Le deuxième degré est désigné par la lettre «B», une lettre qui désigne les supporters qui peuvent se montrer violents, notamment sous l'influence de l'alcool. Il existe enfin un troisième degré, symbolisé par la lettre «C». Cette dernière dénomination signale les supporters considérés comme violents et décrits comme des supporters qui recherchent sciemment la confrontation avec les supporters de l'équipe adverse.

Qu'en est-il de la classification opérée par les sociologues et le milieu des sciences sociales ?

On peut dire que les milieux des sciences sociales s'inspirent très largement d'un modèle qui a été mis au point et formalisé par les sociologues allemands Heitmeyer et Peter[2]. Pour ces deux sociologues, il est possible de faire une distinction qui permette en fait d'identifier et de faire la différence entre trois grands types de supporters.

On peut distinguer d'abord un premier type de supporter, celui du «supporter centré sur le sport». Pour dire les choses simplement, il s'agit ici de la figure d'un amateur pour qui tout tourne autour du sport. C'est une personne qui assiste à tous les matchs de son club, qui s'identifie à son club, et on peut même dire que son bien-être personnel peut, comme l'écrivent les deux sociologues, être «étroitement lié aux résultats du club»[3]. Les supporters centrés sur le sport sont souvent considérés comme les «vrais» supporters.

---

2. Voir Wilhelm Heitmeyer, Jörg Ingo Peter, *Jugendliche Fussballfans. Soziale und politische Orientierung, Gesellschaftsformen, Gewalt*, Weinheim und München: Juventa-Verlag, 1988.
3. *Ibid.*, p. 59.

Les deux chercheurs distinguent ensuite ce qu'ils nomment le «supporter axé sur la consommation». Il s'agit là d'une personne qui ne va voir que les «grands matchs». D'ailleurs, le spectacle occasionné par un match peut être remplacé par d'autres divertissements, un concert par exemple. Ainsi donc, pour ce type de supporter-consommateur, le sport n'est pas un sujet d'intérêt permanent, mais un sujet d'intérêt parmi d'autres.

Enfin, Heitmeyer et Peter complètent leur classification avec un troisième et dernier type de supporter, qu'ils identifient comme le «supporter axé sur l'événement». Celui-ci assiste à tous les matchs de son club, mais, contrairement au supporter centré sur le sport, il manifeste le plus souvent une attitude critique-constructive envers le club et les prestations des joueurs. À ses yeux donc, c'est l'événement, l'événement du match, l'événement de la compétition et de ses enjeux, l'événement sous toutes ses formes qui occupe le premier plan, parmi lesquelles on trouve aussi la violence physique.

Ces distinctions, qu'elles soient opérées par les forces de l'ordre ou par les sociologues, sont évidemment intéressantes, dans la mesure où elles permettent de mettre en quelque sorte de l'ordre dans ces phénomènes. Néanmoins, et de votre point de vue, comment évaluez-vous leur pertinence?

Il est clair que, dans l'optique du *coaching* socio-éducatif qui est la mienne, il faut ajuster aussi bien la classification de la police que la classification sociologique des supporters.

Par exemple, l'approche policière argumente exclusivement dans la perspective de la sécurité. Or, si le *coaching* socio-éducatif ne doit évidemment pas perdre de vue cette perspective, il doit quand même considérer le milieu des supporters sous d'autres angles, pour pouvoir stimuler les ressources positives dont ces gens disposent. La principale critique que je fais à l'approche de Heitmeyer et Peter est que leur classification utilisant des concepts de manière indifférenciée aboutit à une «catégorisation» et à une sorte de «pré-jugement» des groupes de supporters. Le supporter axé sur l'événement est par trop réduit à sa soif événementielle, on oublie le fait qu'il s'intéresse vraiment au football (ou au hockey). On peut montrer aussi, quand on connaît bien le milieu des supporters, qu'on peut tout à fait être axé *en même temps* sur l'événement et le sport. En témoigne par exemple le mouvement des ultras ou des supporters actifs que nous connaissons dans les stades suisses depuis la fin des année 90. On a dans ce cas précis des supporters qui affichent aussi bien une soif événementielle – qu'ils assouvissent par un soutien émotionnel, des chorégraphies créatives et des chants – qu'un vif intérêt pour le sport. Chez les hooligans aussi, on constate un intérêt pour l'événement comme pour le sport.

Le grand problème, c'est qu'on dénie souvent aux deux groupes – ultras et hooligans – leur intérêt pour le sport, les réduisant ainsi à leur soif événementielle et les mettant, au bout du compte, «dans le même sac». Au risque de faire un amalgame dangereux et contre-productif entre deux cultures en principe différentes.

Le modèle de Heitmeyer et Peter sert aujourd'hui encore de base aux spécialistes, faute peut-être d'autres perspectives valables. Mais il ne faut pas oublier que ce modèle est déjà relativement ancien et qu'il ne correspond plus à la réalité à bien des égards. Le milieu des supporters comme les conditions dans lesquelles ils évoluent ont évidemment beaucoup changé.

Autre difficulté: on peut observer qu'on mélange très souvent les classifications policière et sociologique. Ainsi, les supporters «A» sont mis sur le même plan que les supporters centrés sur le sport, les supporters «B» et «C» sont associés aux supporters axés sur l'événement, ce qui n'est certainement pas pertinent. La conséquence est que l'amalgame entre les critères sécuritaires et les critères sociologiques finit par diluer les concepts. Il s'ensuit une stigmatisation des supporters, considérés comme un risque et comme une menace, plus ou moins importants ou plus ou moins faibles, et par là même on contribue à mettre en œuvre la construction d'une identité négative. Ce qui est mauvais et très dangereux, puisque, dans de telles situations, on sait que les supporters ont tendance à se comporter conformément à leur stigmatisation, devenue partie de leur identité, pour finir par réaliser en quelque sorte la prophétie qui les concerne.

Dans ces termes, comment pouvez-vous définir votre position?
Ma position de principe est d'abord qu'il faut être très attentif à développer une considération différenciée du milieu des supporters. Plus précisément, j'estime qu'il faut diffuser un nouveau modèle de connaissance et de compréhension, fortement inspiré par une théorie qui a ses racines en Allemagne, une théorie dite

«théorie de la scène juvénile»[4]. Il s'agit d'un modèle qui me semble très adéquat pour décrire le milieu des supporters de manière plus précise. Ce modèle se base sur mes expériences professionnelles et n'est pas encore approuvé au niveau scientifique. Le principe de ce modèle est donc le suivant: le milieu des supporters se focalise sur le sport. Le sport est en même temps un élément commun pour différents groupes de supporters rassemblés dans le stade. Dans le même temps, le sport revêt de nombreuses dimensions aux yeux de ces supporters. Et ces dimensions, qui sont au nombre de huit, sont en fait pondérées et vécues différemment selon les groupes existant au sein du milieu des supporters.

Il y a la «dimension événement». C'est elle qui attire les supporters axés précisément sur l'«événement». Ici, ce n'est pas le type d'événement qui est important, mais plutôt sa teneur. Ensuite, la «dimension fidélité». La présence dans les stades est très importante pour les supporters. Le «vrai» supporter accompagne son club partout, aussi bien dans les grands stades des grandes villes que dans les petites ligues et dans les localités peu attrayantes. Dans le langage des supporters, il y a également des termes qui désignent ceux qui vont à tous les matchs, et ceux qui assistent régulièrement aux matchs pendant un laps de temps, mais qui cessent de fréquenter le stade quand le club joue mal. Puis la «dimension consommation». Cette dimension est importante puisque c'est elle surtout qui attire les supporters axés sur la consommation, comme les ont décrits Heitmeyer et Peter. Cette dimension est évidemment très marquée quand les supporters n'assistent qu'aux grands événements sportifs.

La quatrième dimension est celle de la «violence». On ne peut pas nier que la violence a toujours été un phénomène collatéral du football et du hockey sur glace. On sait aussi que cette violence joue un rôle dans les rituels des supporters, et ce sous des formes variées, qui peuvent être verbales ou physiques. Il y a aussi la «dimension activité». Il faut savoir, à ce propos, que les ultras se désignent de plus en plus souvent sous le terme de «supporters actifs». De manière générale, l'activité, c'est-à-dire un engagement concret et régulier, semble être un critère important dans le milieu des supporters. Il leur est possible de rencontrer leur groupe de

---

4. Voir Roland Hitzler, Thomas Bucher, Arne Niederbacher, *Leben in Szenen. Formen jugendlicher Vergemeinschaftung heute*, Wiesbaden: Verlag für Sozialwissenschaften, 2005.

supporters uniquement pour les matchs bien sûr, mais il leur est également possible de pratiquer des activités sur des sujets en relation avec leur club ou avec leur passion en dehors des dates des matchs. Comme par exemple préparer le match et le déplacement, ou encore mettre en place des manifestations qui peuvent, par exemple, intéresser les supporters selon leurs goûts ou leurs intérêts.

La sixième dimension est celle de la «loyauté». Il existe, nous l'avons dit tout à l'heure, un certain nombre de groupes de supporters qui se distancient volontairement du management du club et qui manifestent une attitude critique à son égard. En général, cela survient quand les supporters pensent et ressentent qu'ils ne parviennent pas, ou plus, à s'identifier à cet organe, à ses stratégies et à ses décisions. En revanche, et c'est très important, il existe aussi un nombre considérable de groupes de supporters qui recherchent la proximité avec le management, avec le club et avec les joueurs. Et cela est positif et peut permettre d'établir des relations de confiance et déboucher sur des activités qui valorisent cette loyauté. La septième dimension est la «dimension intérêt pour le sport». Quand les supporters ne se comportent pas comme les clubs l'espèrent, les autorités du football ont en général tôt fait de contester leur intérêt pour le sport. On entend souvent cela, que les supporters ne sont en fait pas de «vrais» ou de «bons» supporters, mais des gens qui, du fait de leur présence, font un usage abusif de la tribune sportive puisqu'ils ne visent en fait que leur propre cause. Mais déduire que des supporters qui ne se conduisent pas selon les normes édictées par les clubs et les associations ne s'intéressent pas au sport est une affirmation fausse. Il est toutefois vrai que l'intérêt des supporters pour le sport varie. Quand c'est l'événementiel qui domine, par exemple, il est fondé de dire que le sport est interchangeable. On peut d'ailleurs montrer très facilement que les hooligans ne s'adonnent pas seulement à leurs activités dans le football, mais aussi dans le hockey sur glace. Autrement dit, l'intérêt pour un sport *en particulier* peut changer, mais l'intérêt pour le sport en général demeure une chose bien marquée. La huitième et dernière dimension essentielle est la «dimension créativité». Sur ce point, on peut voir des choses plus ou moins marquées d'ailleurs. Il existe par exemple des groupes de supporters qui suivent le match de manière plutôt passive, en revanche, il en existe d'autres qui mettent au point des activités créatives, par exemple les chorégraphies, ou alors qui renouvellent régulièrement leur répertoire de chants pour soutenir leur équipe.

Le milieu des supporters est donc bien un univers qui se caractérise par son hétérogénéité?
Oui. Et pour comprendre ce milieu, il est nécessaire de garder toutes ces dimensions à l'esprit, garder à l'esprit que chacune d'entre elles peut comporter des aspects problématiques, mais, qu'en même temps, chacune de ces dimensions peut être associée à des ressources dont il faut tirer parti dans le *coaching* socio-éducatif. Il ne faut pas perdre de vue non plus que, quoi qu'on en dise, le milieu des supporters est focalisé sur le sport. Et par le biais du sport on peut parvenir à toucher, à prendre contact avec des groupes qui, normalement, sont plutôt très réservés face au travail socio-éducatif. Une chance à ne pas manquer, encore faut-il savoir comment le faire.

Mais comment faire, justement? Vous avez décrit jusqu'ici les caractéristiques et les traits les plus saillants du milieu supporter. Allons plus avant, et explicitez pour nous les principes et les méthodes du *fancoaching*.
Je dirais que le noyau méthodologique du *fancoaching*, c'est-à-dire du travail avec les supporters, repose sur et s'inspire d'une approche spécifique que l'on nomme l'«approche acceptante». Cette approche acceptante a été élaborée par Franz Josef Krafeld dans les années 90. Krafeld y applique le principe de l'animation jeunesse «hors murs», c'est-à-dire ces techniques et ces méthodes qui consistent, par exemple, à aller trouver les jeunes dans leur quartier, dans leur environnement de vie le plus familier. Cette démarche s'applique aux jeunes, y compris aux jeunes les «moins agréables». Comme l'écrit d'ailleurs très explicitement Krafeld, «l'animation jeunesse acceptante place volontairement au premier plan le travail relationnel avec des personnes qui défendent des thèses parfois terribles et se laissent souvent entraîner à des actes encore plus terribles»[5]. La construction de la relation est une base essentielle pour aborder les problèmes que les jeunes rencontrent et pour ensuite «stimuler leur disposition à s'attaquer aux problèmes qu'ils posent aux autres»[6].

---

5. Voir Franz Josef Krafeld, *Grundlagen und Methoden aufsuchender Jugendarbeit. Eine Einführung*, Wiesbaden: Verlag für Sozialwissenschaften, 2004, p. 67.
6. *Ibid.*, p. 68.

On voit donc bien qu'avec ce type d'intervention, on va au-devant des jeunes pour réaliser avec eux un processus, dont Krafeld dit qu'il va dans le sens d'un «effort personnel vers davantage de justice dans une culture de conflit civile et humaine».
L'approche acceptante est également une «approche orientée vers la justice», à laquelle Krafeld est très attaché.

Quelle est, plus précisément, l'origine de cette approche?
On peut répondre en disant que l'approche acceptante a été appliquée en Allemagne d'abord, vers le début des années 90, dans le cadre du *AgAG-Programm* («*Aktionsprogramm gegen Aggression und Gewalt*»), c'est-à-dire dans le cadre d'un programme d'action contre les agressions et la violence, programme qui a été soutenu, à l'origine, par un certain nombre de personnalités conduites par le chercheur Lothar Böhnisch. Il faut dire que ce programme d'action répondait en quelque sorte à la série d'incidents impliquant des jeunes d'extrême droite, qui avaient culminé avec les attentats perpétrés contre des foyers pour demandeurs d'asile dans les villes allemandes de Mölln, de Rostock et d'Hoyerswerda notamment. Donc, à l'époque, et en relation avec ces troubles, des voix s'étaient fait entendre pour demander des mesures complétant les interventions policières et purement répressives. C'est donc ça, l'origine de l'AgAG-Programm qui disposait, au début de son existence, de 10 millions de marks par an. Par la suite, l'animation jeunesse a commencé à s'occuper de la clientèle orientée et engagée politiquement à l'extrême droite.

Comment cette approche a-t-elle été perçue à ses débuts?
Il faut dire à ce propos que cette approche acceptante a essuyé d'abord de sévères critiques, et les principaux points contestés[7] étaient les suivants: on trouvait d'abord que la séparation opérée entre la personne même du jeune – qui est acceptée – et son opinion et ses actions politiques – qui ne sont pas acceptées – créait en quelque sorte un dilemme insoluble. D'autre part, en se focalisant trop sur les jeunes, sur les problèmes qu'ils rencontrent, on finissait par diluer en quelque sorte leur opinion politique extrémiste.

---

7. Voir à ce propos Michalea Köttig, *Lebensgeschichten rechtsextrem orientierter Mädchen und junger Frauen. Biographische Verläufe im Kontext der Familien- und Gruppendynamik*, Giessen: Psychosozial-Verlag, 2004, pp. 37 ss.

Böhnisch et ses collègues en étaient d'ailleurs tout à fait conscients et l'ont dit dans une étude: «L'erreur que commettent fréquemment les animateurs réside dans le fait qu'ils se voient par trop comme les avocats des jeunes. Il en résulte une acceptation parfois irréfléchie de la personne, la notion d'acceptation étant, selon les circonstances, insuffisamment comprise et interprétée. Accepter une personne ne signifie pas tolérer forcément tous les comportements possibles et imaginables.»[8]

Il y a donc bel et bien une manière d'équilibre tout à fait spécifique à trouver quand on suit l'approche acceptante, puisque, d'un côté, elle constitue pour ainsi dire la seule possibilité de réaliser avec les jeunes un processus destiné à les amener à réfléchir sur la dignité humaine et la justice, et, d'un autre côté, elle concerne des jeunes qui défendent des idées totalement inacceptables. En tous les cas, il est certain que c'est une approche qui présuppose une réflexivité constante, une introspection à la fois bonne et ouverte, ainsi qu'une supervision professionnelle absolument nécessaire. Pour illustrer mon propos, je vais vous rapporter une anecdote qui m'a été racontée par le sociologue allemand Gunther Pilz, anecdote qui montre combien le risque de perte de distance est élevé dans l'approche acceptante, si l'on ne prend pas de grandes précautions. Un jour, le responsable d'un projet de *coaching* des supporters a demandé à son collaborateur comment le match du week-end s'était déroulé. Le collaborateur lui a simplement répondu: «On a gagné.» Le lendemain, le responsable a lu dans le journal que l'équipe avait perdu le match. Voulant en savoir plus, il a appris alors que les deux groupes de supporters en étaient venus aux mains et que c'étaient les clients du collaborateur qui avaient «gagné»!

Vous avez évoqué l'importance, dans votre travail, de faire advenir des ressources et des compétences chez les supporters, et ceci à travers des projets ou des dynamiques qui relèvent de l'animation socioculturelle. Pouvez-vous en dire davantage?
Si on accepte de dire que la culture des supporters se décline par rapport à huit dimensions et que, sur chacune de ces dimensions, se trouvent des ressources particulières et du savoir-faire, eh bien il est certain que l'une des tâches principales du *fancoaching* est

---

8. Dans Lothar Böhnisch, Karsten Fritz, Thomas Seifert, *Das Aktionsprogramm gegen Aggression und Gewalt AgAG, Die wissenschafliche Begleitung. Ergebnisse und Perspektiven*, Münster: Votum Verlag, 1997, p. 177.

précisément de découvrir les ressources personnelles des supporters, de les promouvoir et de créer des conditions cadre afin que les supporters puissent développer leurs capacités. Ceci, bien sûr, tout en respectant les besoins et les souhaits des supporters.

Vous avez des exemples ?
Le tifo en est un, le tifo est l'exemple typique de ce que peut être l'animation socioculturelle dans le milieu des supporters. Le tifo, c'est donc cette animation particulière dans les gradins, qui consiste en quelque sorte à les personnaliser à l'aide de bâches colorées et marquées, ou encore à l'aide de divers drapeaux. Ou bien on donne à chaque supporter une feuille de papier de couleur. Soulevées en même temps par tous les supporters, les feuilles révèlent une image ou une écriture. Le tifo provient de la culture des supporters italiens et français, et qu'on trouve désormais en Suisse. Au début de notre travail de *fancoaching*, à Zurich, nous avons constaté qu'un groupe de supporters voulait faire un tifo, mais surtout qu'il avait toutes les idées et toutes les ressources pour le réaliser. Le club, de son côté, se montrait sceptique envers ce projet. Autre problème : le groupe qui voulait réaliser le tifo, qui était un groupe un peu minoritaire et pas très bien intégré dans le milieu des supporters, n'était pas vraiment sûr que ce projet allait être accepté.

Qu'avez-vous entrepris alors ?
Nous avons commencé un travail intensif avec ce groupe, et ceci en empruntant une stratégie comportant trois phases.
Dans la première phase, nous avons misé sur la communication. Il s'agissait d'abord d'évaluer les idées des supporters impliqués dans ce groupe. Est-ce un projet réaliste ou plutôt utopique ? Le but était, au vu des diverses méfiances, de présenter un concept solide qui arrive à persuader tout le monde. Une fois que le concept a été établi, nous sommes allés voir les dirigeants du club. J'insiste pour dire, ou redire, que nous n'avons eu ici qu'un rôle de médiation, de médiateur, et non celui de négociateur. Donc, dans cette perspective, il était important que ce soient les supporters eux-mêmes qui défendent le concept vis-à-vis du club. Un principe important de travail dans ce genre d'action est celui de « ne pas faire à la place de la clientèle, mais plutôt avec la clientèle ». À partir du moment où le projet a été accepté par le club et les autres supporters, nous sommes entrés dans la deuxième phase, c'est-à-dire que nous nous sommes

mis à la réalisation du tifo. Il nous semblait important de poursuivre une politique des petits pas, c'est-à-dire de ne pas commencer par le tifo planifié initialement mais plutôt par des petits tifos, afin d'éviter un échec, vu que les supporters n'en avaient jamais réalisé auparavant. Tout ceci a donc permis aux supporters de s'entraîner et, aux autres, de s'habituer à cette nouvelle forme d'animation. Le premier grand tifo a été réalisé après trois mois, quand les supporters se sentirent assez sûrs pour attaquer le grand projet.

Enfin, nous avons visé une véritable autonomisation des tifos. Le principe à suivre était donc *de ne pas faire à la place de la clientèle*. Par conséquent, c'est aussi les supporters qui doivent négocier avec le club pour leurs tifos. Nous avons donc préparé le terrain pour ce dialogue entre supporters et club. Par la suite, les supporters sont allés eux-mêmes vers le club pour présenter et défendre leurs projets de tifos.

Quels ont été alors les effets préventifs de cette animation socioculturelle?
Il me semble pouvoir en distinguer assez nettement au moins trois. Le premier relève d'une amélioration de l'estime de soi. Les supporters ont fait des tifos dont ils pouvaient être fiers. Avant, ils avaient beaucoup de doutes par rapport aux tifos et n'étaient pas convaincus de posséder le savoir-faire nécessaire. De plus, ils n'étaient pas très encouragés par le club et les autres supporters. Avec la politique des petits pas, je crois que nous avons su améliorer l'estime de soi des supporters. Le deuxième effet préventif tient à la nature même de ces tifos, qui sont en fait l'objet d'une compétition, d'une véritable concurrence entre les supporters. Donc, en faisant ça, ils se mettent, en quelque sorte, dans une logique de violence et de confrontation qui ne relève pas d'une vraie violence, mais d'une violence ritualisée et euphémisée plutôt. Autrement dit, si l'on a «gagné» au niveau des tifos, on n'a plus tellement besoin de se taper les uns sur les autres.

Le troisième effet relève de l'intégration. Au début, le groupe de supporters qui a pris l'initiative était plutôt marginalisé, mal considéré, pas pris très au sérieux. Et puis, grâce à ce projet de tifo, ce groupe a fini par trouver sa place, par s'intégrer, par être reconnu. Ainsi, et comme on le voit, ne pas respecter leurs besoins et leurs idées aurait signifié les désinsérer et les marginaliser davantage encore.

Ce travail éducatif auprès des supporters, tel que vous l'explicitez, montre donc une grande vigilance à mettre en œuvre de nouvelles protections sportives, et ceci en réinscrivant en quelque sorte les sujet-supporters dans des collectifs certes turbulents, mais néanmoins vertueux. Mais qu'en est-il de ce travail éducatif en dehors des interactions sportives à proprement parler ?

Vous me questionnez ici sur un autre élément très important du *fancoaching*, qui concerne la question de l'accompagnement de ces personnes. J'aimerais dire d'abord que, bien évidemment, les supporters sont à considérer comme des êtres humains ordinaires, avec leurs problèmes et leurs soucis. Dans cette perspective, le *fancoaching* doit également se charger d'accompagner les supporters dans leur vie quotidienne. Ceci demande un travail intense de relation et nous avons pu observer que, quand cette relation est suffisamment stable, les supporters commencent à demander conseil aux *fancoaches*, et ceci par rapport aux mille problèmes de la vie.

Et quels sont alors ces problèmes du quotidien ?
Ils concernent me semble-t-il un certain nombre de thèmes que l'on retrouve finalement assez souvent. Je veux parler des problèmes avec le club, des problèmes juridiques, des problèmes d'argent, des problèmes d'identité, des problèmes de famille, des problèmes dans la vie professionnelle, enfin, des problèmes en lien direct avec les difficultés liées à l'obtention d'un emploi. C'est donc sur ce matériau complexe que va intervenir le *fancoach*, et il va s'engager pour fournir un accompagnement personnalisé du supporter, en vue de l'aider à résoudre l'un ou l'autre de ses problèmes de vie, de ses problèmes de tous les jours. Dans le cas où il n'a pas les compétences, ou bien lorsqu'il pense qu'il existe un réseau professionnel plus compétent, eh bien le *fancoach* pourra orienter le supporter vers des institutions spécialisées.

Vous insistez volontiers sur les vertus de l'information comme moyen privilégié de désamorcer les problèmes, de sortir des stéréotypes, de dépasser les malentendus.
Je pense effectivement que beaucoup de problèmes naissent d'un manque d'information, ou alors d'une mauvaise information, et qu'une bonne information est un moyen adéquat pour éviter des problèmes. J'aimerais vous donner un exemple qui confirme que,

quand on informe beaucoup et bien, on peut alors éviter bien des problèmes et des préjugés. L'exemple concerne donc un match qui s'est déroulé dans le cadre d'une compétition européenne qui a vu s'affronter l'équipe des Grasshoppers Zurich et l'équipe grecque du PAOK Thessalonique.

Avant le match, la peur de la violence était sensible chez les supporters, et ceci en partie à cause d'un arrière-fond de xénophobie et de racisme, et en partie aussi en raison des us et coutumes différents du pays. Il faut savoir que les magazines populaires suisses avaient largement évoqué la fréquence des débordements en Grèce, une information que le milieu des supporters avait «confirmée» en disant qu'il était particulièrement dangereux de se rendre dans ce pays. Ces craintes étaient également alimentées par l'image très répandue que les Grecs sont des «Méditerranéens au sang chaud» et par la langue et l'écriture de ce pays dont l'étrangeté font que, en cas de situation critique, il ne serait même pas possible de se faire comprendre pour solliciter de l'aide.

De leur côté, les dirigeants et les employés du club zurichois qui étaient en contact avec les supporters n'avaient pas fait grand-chose pour les tranquilliser. Dans deux cas que j'ai observés, on peut même dire qu'ils avaient attisé l'insécurité et les préjugés. Une lettre officielle adressée aux supporters pour les guider dans le voyage organisé par le club disait notamment: «Nous savons par ailleurs que les Grecs ont un tempérament méditerranéen et qu'ils peuvent vraiment s'échauffer sous le coup de l'émotion. Veuillez éviter toute confrontation inutile.»

Un employé du club s'était également exprimé de manière négative sur les pratiques en cours dans l'Église orthodoxe, mettant en avant leur «étrangeté», tels les baisers donnés aux icônes, ou encore la longueur des messes, allant jusqu'à les comparer avec l'extrémisme d'un Oussama Ben Laden. Enfin, l'attitude du club, soulignant en permanence que des mesures de sécurité particulières seraient prises pour ce match, n'a pas particulièrement contribué à détendre l'atmosphère.

Pour en rajouter encore, les médias et surtout la presse à sensation ont tenu, à l'approche du match, un véritable journal de campagne. Le *Blick* a titré par exemple: «Au stade de Grab, c'est l'enfer qui attend le GC», faisant un jeu de mots avec le nom du stade, «*Toumba*», qui peut se traduire en allemand par «*Grab*», qui signifie «tombe». En réalité, le stade s'appelle «Toumpa», du nom d'une

banlieue d'Istanbul d'où sont originaires les fondateurs du PAOK[9] !
Les médias ont également rapporté que le voyagiste grec avait fortement déconseillé aux supporters de porter leurs écharpes et leurs t-shirts du GC en public. En réalité, et après enquête, il s'est avéré qu'aucun voyagiste grec n'a été partie prenante. Et puis cette même presse a encore amplement couvert les débordements qui accompagnent les matchs entre le PAOK et l'Olympiakos Pirée, autre club grec fameux, en ne disant évidemment rien du fait que ces confrontations sont très particulières, qu'elles ont un peu valeur de derby, et qu'il y a entre ces deux équipes des contentieux qu'il faut expliquer si l'on veut comprendre convenablement les choses.

Ces exemples ne sont ici que quelques illustrations qui permettent de montrer quand même combien la xénophobie, le racisme, la violence et, paradoxalement, la peur de la violence sont en fait attisés tout autour du match. Et en particulier à cause de problèmes d'information défaillante, soit qu'elle manque et qu'elle contribue à l'ignorance, soit au contraire qu'elle est trop présente mais incorrecte. Ceci est à prendre très au sérieux car on sait bien que, une fois dites ou écrites, les choses ne peuvent être retirées. Et puis, il est clair que, pour la presse à sensation, les avis de catastrophe sont plus attrayants que les informations telles que «Atmosphère pacifique lors du match PAOK-GC!».

Que peut faire alors le collaborateur d'une équipe de *fancoaching* dans une telle situation?

Des contacts! Encore et toujours des contacts avec le club, avec les supporters, avec le club adverse, etc. J'ai entrepris à cet effet toute une série de démarches précisément centrées sur l'information, dans le but général de relativiser les incertitudes des supporters et de leur donner de l'assurance. Cela a commencé d'abord avec le club de Thessalonique, profitant ici du fait qu'un supporter avait déjà séjourné plusieurs semaines en Grèce. Ce supporter m'a donc aidé à préparer un bon train de mesures, centré sur les points suivants: entretenir des contacts permanents avec Thessalonique, pour réunir des informations aussi bien sur la ville que sur le milieu des supporters de cette ville; transmettre directement ces informations aux supporters; préparer un guide sur la ville de Thessalonique avec des informations sur

---

9. On peut relever que, trois ans plus tard, le nom de «Toumpa» a une nouvelle fois été interprété aussi mal que dans l'article du *Blick*. Sur un forum hooligan cette fois.

le club, sur ses supporters, sur les possibilités de sorties, avec un plan de la ville, avec les numéros de téléphone de l'ambassade, d'un médecin, de l'hôpital, etc. Ce manuel comportait aussi des règles de comportement et un petit dictionnaire des mots usuels.

J'ai cherché également à promouvoir le caractère festif de l'événement par la diffusion d'une chanson de rock suisse, qui a été jouée dans le stade de Thessalonique, grâce à l'approbation amicale des responsables du PAOK. Enfin, nous avions prévu d'organiser une rencontre de football entre supporters zurichois et grecs, mais malheureusement cette initiative n'a pas pu être réalisée. J'ajoute que tout ce qui a été fait ici a été réalisé dans une logique de réciprocité absolue, puisque, à l'occasion du match retour, les supporters du PAOK ont à leur tour reçu un guide sur Zurich en grec, et que des chansons grecques ont été diffusées au stade du Hardturm.

Si tout s'est finalement bien passé, quels enseignements faut-il en tirer?

Je crois qu'il faut retenir surtout que les supporters qui ont fait le voyage de Thessalonique en ont gardé un bon souvenir, loin de l'aventure dangereuse que d'aucuns leur promettaient. J'en retiens aussi qu'il est capital de sensibiliser à la thématique les institutions d'adultes qui sont impliquées dans un tel événement et je pense ici aux clubs, aux associations, à la police, aux médias, et bien évidemment aussi aux joueurs. Ce qui me conforte dans l'idée qu'il est nécessaire que des spécialistes du domaine de l'intervention sociale participent à la formation et au perfectionnement des fonctionnaires des clubs et associations, des services de sécurité, de la police ainsi que des journalistes.

Vous l'avez dit vous-même, les supporters, qu'ils soient violents ou non, sont aussi et surtout des amateurs de football. Comment, professionnellement, et dans quelle mesure utilisez-vous le sport comme levier ou vecteur d'intervention?

Étant donné que l'on travaille dans un milieu sportif et que le sport est incontestablement l'un des principaux centres d'intérêt de notre clientèle, il est certain que l'on va utiliser cette passion pour mettre en œuvre des offres d'intervention, de soutien et d'animation en lien précisément avec le sport. À cet égard, il existe un outil très intéressant, et je veux parler ici du réseau FARE (comme «Football Against Racism in Europe»), qui relie des supporters et des personnes qui fournissent un travail de *coaching* à travers le monde. Pour vous montrer comme ça marche, je peux vous donner l'exemple suivant. À l'occasion d'une réunion du réseau, un animateur jeunesse de la ville de Sheffield, en Angleterre, m'a prié de demander à des équipes de supporters de Suisse si elles voulaient jouer contre une équipe de supporters de Sheffield qui prévoyait de faire une tournée en Europe. L'animateur de Sheffield était d'origine pakistanaise, mais je ne me suis pas posé de questions quant à l'origine des membres de l'équipe de supporters. Ce n'est que plus tard que j'ai appris que l'équipe de supporters était composée d'immigrés pakistanais. À cette occasion, et en profitant des ressources du réseau, je me suis alors rendu compte que j'avais organisé «en toute innocence» un match de football interculturel pour les supporters du GC!

Dans l'ensemble, on peut donc qualifier ce match de football de rencontre interculturelle «involontaire» réussie. Le fait que l'interculturalité n'a pas été montée en épingle s'est révélé positif dans ce cas, mais il ne faut naturellement pas en faire un principe, et les jeunes ont droit à des informations complètes. Mais l'interculturalité n'est pas la seule thématique qui peut être abordée par le biais du sport. Il ne faut jamais oublier que le sport joue un rôle principal dans la vie de ces jeunes gens et qu'on peut travailler avec cet amour du sport.

Une autre dimension du *fancoaching* est constituée par le travail de médiation et d'intervention *in situ*?
Absolument. Il ne faut pas oublier que, à l'intérieur d'un stade, il y a différents groupes qui ont des intérêts et des buts qui sont eux-mêmes différents. Il y a d'un côté le «propriétaire de l'espace» (le club) avec ses instances et ses «alliés» (service d'ordre, police, etc.) et de l'autre côté les «usagers de l'espace», c'est-à-dire les supporters qui, du fait de l'hétérogénéité de ce milieu, ne poursuivent évidemment pas toujours les mêmes buts. Il va donc de soi qu'il y a un grand potentiel de conflit là-dedans. En conséquence, une des tâches de base d'un fancoaching est de faire la médiation entre les différents groupes.

Quel est le but précis de ce travail de médiation?
Le but de la médiation consiste pour l'essentiel en deux choses. Premièrement, améliorer la cohabitation entre ces différents groupes et,

deuxièmement, promouvoir le dialogue. Au titre d'exemple, nous avons instauré quelque chose qui s'appelle le «parlement des gradins». Plus précisément, nous avons invité tous les groupes de supporters à une table ronde pour y discuter collectivement des problèmes actuels et pour essayer de trouver des solutions communes. En tous les cas, nous avons pu constater que cette façon de faire semble convenir aux supporters, en particulier pour régler les conflits qu'ils ont avec le club ou avec le service d'ordre. Plus encore, nous avons l'impression que les supporters de Zurich sont très sensibles à cette manière de faire, et sans doute plus que les représentants du club lui-même. Il est vrai qu'il ne faut pas oublier qu'entrer dans un processus de médiation veut aussi dire – au moins pour le club ou le service d'ordre – abandonner une partie de son pouvoir. Ce pouvoir qui, en beaucoup de cas, est une puissante source de conflit dans la relation entre le club et ses supporters.

Nous avons pu observer, en revanche, que des acteurs comme le club et le service d'ordre sont beaucoup plus sensibles à des modes de médiation plus immédiats, plus directs, comme l'intervention en cas de conflit. Il s'agit là de résoudre un conflit sur le lieu même où il apparaît, sans bien sûr parvenir à éliminer les sources du conflit.

Du fait que, depuis quelques années, injonction est faite que le temps de l'interaction sportive soit disciplinée par l'État et par les acteurs et pouvoirs sportifs ; du fait aussi qu'une partie de ces supporters affichent une sensibilité d'extrême droite, vous impliquez-vous dans des actions qui visent à désengager ces jeunes de collectifs qui défendent des idées peu conformes aux principes de la démocratie ?

Nous cherchons effectivement à désengager ces jeunes de ces groupes. Il faut toutefois savoir reconnaître qu'être membre d'un groupe d'extrême droite ou d'un groupe engagé dans la violence exige le plus souvent une grande loyauté envers le groupe, d'autant plus que ledit groupe est souvent une sorte de «famille de remplacement»[10]. Il en résulte qu'une émancipation ou un désengagement ne peuvent être pris au sérieux par les «membres de la famille» avant qu'une autre famille ne soit fondée. En d'autres termes, et comme nous l'observons bien souvent, la clé du désen-

---

10. Sur ce thème, on se référera à Martina Gassebner, «Gruppen, Szenen, Parteien», in Klaus Wahl (Hg.), *Skinheads, Neonazis, Mitläufer. Täterstudien und Prävention*, Opladen : Leske & Budrich, 2003, pp. 174-197.

gagement se trouve bien souvent, pour les supporters masculins, entre les mains d'une petite amie ou d'une «partenaire sérieuse». Dans les faits, nous savons que la loyauté envers le groupe prime au départ sur la loyauté envers la petite amie, une loyauté qui peut d'ailleurs être contrainte, puisqu'elle est parfois obtenue par la menace ou par le recours à la violence[11].

Naturellement, on ne peut se contenter d'espérer que tous les jeunes du milieu finiront par avoir une petite amie pour laquelle ils quitteront le milieu. En outre, il est tout à fait hors de question qu'une compagne soit instrumentalisée par les travailleurs sociaux, c'est-à-dire utilisée comme une «aide au désengagement». Il s'agit donc bien plus, pour les travailleurs sociaux, de veiller à la bonne relation entre le client, qui cherche à sortir du milieu, et sa partenaire, et de faire en quelque sorte office de maillon entre les deux. Et puis il faut faire attention également à ce que le processus ne s'inverse pas, c'est-à-dire que, plutôt que le jeune homme quitte le milieu, ce soit la jeune femme qui entre à son tour dans le milieu. On a d'ailleurs beaucoup d'observations à ce propos[12].

Ces envies de quitter le milieu du supportérisme extrême sont-elles fréquentes et comment s'expriment-elles?

Il est certain que les travailleurs sociaux qui parviennent à établir une bonne relation avec les jeunes du milieu supporter entendent tôt ou tard des remarques signalant des envies de décrocher. Ces idées, qui peuvent être exprimées de différentes manières et qui sont souvent assez volatiles, prennent souvent la forme d'expressions telles que: «Il y a des fois où j'en ai marre de tout ça.» Réfléchies ou spontanées, ces expressions signalent clairement qu'un processus est en cours chez l'adolescent ou le jeune adulte. Il s'agit alors d'être vigilant et de prendre ces déclarations au sérieux. Dans un premier temps, il faut chercher à savoir, par des questions prudentes, ce qui se cache derrière ces déclarations, si elles manifestent vraiment une envie de quitter le milieu ou si elles révèlent tout autre chose.

Il est très important aussi de ne pas réduire à néant les envies de décrocher par ce qu'on pourrait appeler un «syndrome d'assistance précipité» et une pression correspondante. Il faut au contraire

---

11. Voir Martina Gassebner, *op. cit.*
12. D'après les indications d'Ulla Stöffler (ex-collaboratrice d'un projet bâlois de *fan coaching* destiné aux supporters orientés à droite de Bâle), les femmes entrent souvent dans le milieu via leur partenaire.

signaler clairement à l'adolescent ou au jeune adulte qu'il est le seul à pouvoir déterminer le rythme de son désengagement et qu'on le soutiendra s'il le souhaite. Il faut noter quand même que les jeunes de ce milieu sont un peu à l'image du milieu lui-même, autrement dit qu'ils sont tout de même très «renfermés» et passablement sceptiques envers toutes les personnes venant de l'extérieur. Un excès de zèle après des idées exprimées à la légère ne ferait qu'accroître ce scepticisme. En tous les cas, et je me réfère à mes propres expériences, je peux dire que, pour le membre d'un milieu, quel qu'il soit, le quitter et se faire aider sont incontestablement des processus de longue haleine [13].

Pour être prêt à soutenir un processus de désengagement, j'ai d'ailleurs élaboré des lignes directrices. Cet instrument peut être utilisé aussi bien dans le cas d'un milieu politiquement radicalisé que dans celui d'un milieu violent. Il part de l'idée que la violence est une dépendance, que l'extrémisme de droite est une dépendance et une famille de remplacement, et cet outil s'inspire largement dans le domaine des conduites addictives et des dépendances [14].

---

13. À preuve les deux rapports de Kent Lindahl, Janne Mattson, *Exit. Mein Weg aus der Neonazi-Szene*, München: Deutscher Taschenbuch Verlag, 2001, et d'Ingo Hasselbach et Winfried Bonengel, *Die Abrechnung. Ein Neonazi steigt aus*, Berlin: Aufbau Taschenbuch Verlag, 2001.

14. Sur ce point, cf. David Zimmermann, *La xénophobie et le racisme chez les supporters de football et de hockey sur glace*, Berne: Département fédéral de l'intérieur, 2005.

LES AUTEUR·E·S

Basile Barbey est géographe et collaborateur scientifique au sein du groupe de recherche ESpRI (Étude de la spatialité des risques) de l'École polytechnique fédérale de Lausanne. Il est également praticien dans le domaine de la sécurité événementielle au titre de membre de l'équipe de sécurité du Stade de Genève.

Dominique Bodin est docteur en sociologie, titulaire d'une Habilitation à diriger des recherches et maître de conférences en Sciences et techniques des activités physiques et sportives à l'Université de Rennes-2. Il est également membre du Laboratoire de recherches en sciences humaines et sociales (Larès) de l'Université Rennes-2.

Thomas Busset, historien, est collaborateur scientifique au Centre international d'étude du sport (CIES) de l'Université de Neuchâtel.

Jean-Philippe Dubey, docteur en droit de l'Université de Fribourg, est conseiller auprès du Tribunal arbitral du sport (TAS) à Lausanne.

Bertrand Fincoeur, criminologue, est assistant auprès du Service de criminologie de l'Université de Liège. Depuis 2007, il dirige également le projet Fan Coaching de la Ville de Liège.

Thomas Gander, travailleur social, est collaborateur scientifique au Centre international d'étude du sport (CIES) de l'Université de Neuchâtel dans le cadre d'une recherche portant sur les liens entre le supportérisme et l'extrémisme de droite. Il est aujourd'hui engagé auprès du Fanprojekt Basel.

Nicolas Hourcade, sociologue, est professeur agrégé de sciences sociales à l'École centrale de Lyon. Ses recherches portent sur les supporters de football, particulièrement les «ultras». Il a publié à ce sujet plusieurs articles dans des revues et ouvrages ainsi que dans le magazine *So Foot*.

Christophe Jaccoud, sociologue, est docteur ès sciences de l'École polytechnique fédérale de Lausanne et collaborateur scientifique au Centre international d'étude du sport (CIES) de l'Université de Neuchâtel. Il enseigne également la sociologie du sport dans cette institution.

Dominique Malatesta, sociologue, est docteure ès sciences de l'École polytechnique fédérale de Lausanne et collaboratrice scientifique au Centre international d'étude du sport (CIES) de l'Université de Neuchâtel. Elle est également professeure de sociologie à la Haute école de travail social et de la santé (HES-SO-EESP) de Lausanne.

Diamantis Mastrogiannakis est doctorant à l'Université Paris-Sud XI, au Laboratoire «Sport, Politique et Transformations sociales». Il est également attaché temporaire d'enseignement et de recherche à l'Université Lille II, Laboratoire «Sport Identité et Culture».

Pascal Pfister, anthropologue, collaborateur scientifique au Centre international d'étude du sport (CIES) de l'Université de Neuchâtel dans le cadre d'une recherche portant sur les liens entre le supportérisme et l'extrémisme de droite. Il travaille aujourd'hui au sein d'une organisation syndicale.

Gunter A. Pilz, sociologue, est professeur à l'Université de Hanovre. Auteur de nombreux articles et ouvrages sur le supportérisme. À ce titre, il a été appelé à diriger et à accompagner divers projets de prévention de la violence, notamment lors de la Coupe du Monde de 2006. Membre des commissions «Sécurité et prévention» et «Intégration» de la Fédération allemande de football, il préside également, au sein de celle-ci, un groupe d'experts chargé des questions du racisme et de la discrimination.

Raffaele Poli, géographe, est collaborateur scientifique au Centre international d'étude du sport (CIES) et assistant à l'Institut de géographie de l'Université de Neuchâtel. Il prépare une thèse sur les transferts de joueurs de football africains.

Luc Robène est docteur en sociologie, titulaire d'une Habilitation à diriger des recherches et maître de conférences en Sciences et techniques des activités physiques et sportives à l'Université de Rennes-2. Il est également membre du Laboratoire de recherches en sciences humaines et sociales (Larès) de l'Université Rennes-2.

Gaelle Sempé est docteure en Sciences et techniques des activités physiques et sportives et attachée temporaire d'enseignement et de recherche à l'Université Rennes-2. Elle est membre du Laboratoire de recherches en sciences humaines et sociales (Larès) de l'Université Rennes-2.

Anastassia Tsoukala est docteure en droit, titulaire d'une Habilitation à diriger des recherches et maître de conférences à l'Université Paris-Sud XI. Elle est également chercheure au Groupe d'étude pour l'Europe de la culture et de la solidarité (GEPECS) de l'Université Paris V.

Dariuš Zifonun est docteur en sociologie. Il travaille en tant que collaborateur scientifique auprès du Kulturwissenschaftliches Institut Essen (KWI). Il a mené une vaste étude sur le racisme dans les ligues inférieures du championnat de football en Allemagne.

David Zimmermann est licencié en psychologie de l'Université de Fribourg. Président de l'association faîtière pour le travail avec les supporters en Suisse et consultant régulier pour les grandes compétitions internationales de football, il est également chargé du *fancoaching* pour l'Euro 2008 au sein des pouvoirs publics.

TABLE DES MATIÈRES

PREMIÈRE PARTIE – DANS LES STADES

Thomas Busset, Christophe Jaccoud
Violence et extrémisme dans le football:
perspectives européennes 5

Dominique Bodin, Luc Robène, Gaelle Sempé
Le football à l'épreuve du racisme et de l'extrémisme:
un état des lieux en Europe 29

Sébastien Louis
La politique dans le mouvement ultra en Italie 67

Nicolas Hourcade
Supporters extrêmes,
violences et expressions politiques en France 87

Thomas Busset, Thomas Gander, Pascal Pfister, Raffaele Poli
Supportérisme et extrémisme de droite en Suisse 107

Bertrand Fincoeur
Football et sécurité en Belgique: formes et transformations .. 127

Dariuš Zifonun
Signification culturelle du discours sur le hooliganisme
et racisme ordinaire dans le milieu du football 145

Gunter A. Pilz
Football et conflits ethniques
à l'exemple des ligues juniors de Basse-Saxe 169

SECONDE PARTIE – LES RÉPONSES

Anastassia Tsoukala
Dispositif de sécurité contre le hooliganisme
et droits des supporters en Europe 189

**Christophe Jaccoud, Dominique Malatesta,
Jean-Philippe Dubey**
Le football entre sport, État et marché.
Les morphologies du contrôle du risque sportif
à l'orée de l'Euro 08 209

Diamantis Mastrogiannakis
La sécurité dans les stades grecs: luttes et enjeux 241

Basile Barbey
Hooliganisme, territoire et sécurité:
analyse spatiale d'un risque complexe 253

**Entretien avec David Zimermmann,
réalisé par Dominique Malatesta et Christophe Jaccoud**
Le *fancoaching*,
un travail sociopédagogique dans le milieu des supporters ... 273

Les auteur·e·s 299

AUX ÉDITIONS ANTIPODES
CATALOGUE COMPLET SUR WWW.ANTIPODES.CH

EXISTENCES ET SOCIÉTÉ

Agnese Fidecaro, Stéphanie Lachat (éds), *Profession: créatrice. La place des femmes dans le champ artistique*, 2007.

Thomas Busset, Christophe Jaccoud, Jean-Philippe Dubey et Dominique Malatesta (dir.), *Le football à l'épreuve de la violence et de l'extrémisme*, 2008.

Christophe Jaccoud, Laurent Tissot et Yves Pedrazzini (dir.), *Sports en Suisse, Traditions, transitions et transformations*, 2000.

Christophe Jaccoud et Thomas Busset (dir.), *Sports en formes. Acteurs, contextes et dynamiques d'institutionnalisation*, 2001.

Laurence Marti, Françoise Messant et Marianne Modak, *Vies de mécaniciens*, 2005.

Jérôme Meizoz, *Le Gueux philosophe (Jean-Jacques Rousseau)*, 2003.

Jean-Pierre Tabin, Arnaud Frauenfelder, Carola Togni, Véréna Keller, *Temps d'assistance. Le gouvernement des pauvres en Suisse romande depuis la fin du XIXe siècle*, 2008.

Marilène Vuille, *Accouchement et douleur. Une étude sociologique*, 1998.

REGARDS ANTHROPOLOGIQUES

Marc-Antoine Berthod, *Doutes, croyances et divination. Une anthropologie de l'inspiration des devins et de la voyance*, 2007.

LITTÉRATURE, CULTURE, SOCIÉTÉ

Jean Kaempfer, Sonya Florey et Jérôme Meizoz, *Formes de l'engagement littéraire (XVe-XXIe siècles)*, 2006.

Séverine Rey, *Des saints nés des rêves. Fabrication de la sainteté et commémoration des néomartyrs à Lesvos (Grèce)*, 2008.

LE LIVRE POLITIQUE - CRAPUL

Oscar Mazzoleni, Philippe Gottraux et Cécile Péchu, *L'Union démocratique du centre: un parti, son action, ses soutiens*, 2007.

HISTOIRE MODERNE

Karine Crousaz, *Erasme et le pouvoir de l'imprimerie*, 2005.

Miriam Nicoli, *Apporter les Lumières au «plus grand nombre». Médecine et Physique dans le* Journal de Lausanne *(1786-1792)*, 2006.

HISTOIRE.CH

Gérald et Silvia Arlettaz, *La Suisse et les étrangers*, 2004.

Gérard Benz, *Les Alpes, la Suisse et le chemin de fer*, 2007.

Thomas David, Bouda Etemad, Janick Marina Schaufelbuehl, *La Suisse et l'esclavage des Noirs*, 2005.

Claude Hauser, *L'aventure du Jura. Cultures politiques et identité régionale au XXe siècle*, 2004.

Gianni Haver et Pierre-Emmanuel Jaques, *Le spectacle cinématographique en Suisse (1895-1945)*, 2003.

Laurence Marti, *L'invention de l'horloger. De l'histoire au mythe de Daniel JeanRichard*, 2003.

MÉDIAS ET HISTOIRE
Alain Boillat, *Du bonimenteur à la voix-over. Voix-attraction, voix-narration au cinéma*, 2007.

Laurent Guido (dir.), *Les peurs de Hollywood*, 2006.

Gianni Haver (dir.), *Le cinéma au pas. Les productions des pays autoritaires et leur impact en Suisse*, 2004.

Gianni Haver (dir.), *La Suisse, les Alliés et le Cinéma. Propagande et représentation (1939-1945)*, 2001.

Gianni Haver et Patrick J. Gyger (dir.), *De beaux lendemains ? Histoire, société et politique dans la science-fiction*, 2002.

Philippe Kaenel et François Vallotton, *Les images en guerre (1914-1945). De la Suisse à l'Europe*, 2008.

Rémy Pithon (dir.), *Cinéma suisse muet. Lumières et ombres*, 2002.

GRHIC
Alain Clavien et François Vallotton, *« Devant le verre d'eau. » Regards croisés sur la conférence comme vecteur de la vie intellectuelle (1880-1950)*, 2007.

Alain Clavien et Nelly Valsangiacomo, *Les intellectuels antifascistes dans la Suisse de l'entre-deux-guerres*, 2006.

HISTOIRE
Valérie Boillat, Bernard Degen, Elisabeth Joris, Stefan Keller, Albert Tanner et Rolf Zimmermann (dir.), Marianne Enckell et al. (trad.), *La valeur du travail. Histoire et histoires des syndicats suisses*, 2006.

Sandra Bott, Sébastien Guex et Bouda Etemad, *Les relations économiques entre la Suisse et l'Afrique du Sud durant l'apartheid (1945-1990)*, 2005.

Mauro Cerutti, Jean-François Fayet et Michel Porret, *Penser l'archive. Histoires d'archives, archives d'histoire*, 2006.

Marco Cicchini et Michel Porret (dir.), *Les sphères du pénal avec Michel Foucault*, 2007.

Julie de Dardel, *Révolution sexuelle et Mouvement de Libération des Femmes à Genève (1970-1977)*, 2007.

Gérard Delaloye, *La Suisse à contre-poil. Miettes historiques*, 2006.

Sébastien Farré, *La Suisse et l'Espagne de Franco. De la guerre civile à la mort du dictateur (1936-1975)*, 2006.

Hans Ulrich Jost, *A tire d'ailes. Contributions de Hans Ulrich Jost à une histoire critique de la Suisse*, 2005.

Malik Mazbouri, *L'émergence de la place financière suisse (1890-1913). Itinéraire d'un grand banquier*, 2005.

Anne-Françoise Praz, *De l'enfant utile à l'enfant précieux. Filles et garçons dans les cantons de Vaud et Fribourg (1860-1930)*, 2005.

HISTOIRE ET SOCIÉTÉ CONTEMPORAINES
Les Annuelles 10/07, *Itinéraires de femmes et rapports de genre dans la Suisse de la Belle Epoque*, 2006.

Les Annuelles 11/08, *Prométhée déchaîné : technologies, culture et société helvétique à la Belle Epoque*, 2008.

Sabine Christe, Nora Natchkova, Manon Schick, Céline Schoeni, *Au foyer de l'inégalité. La division sexuelle du travail en Suisse pendant la crise des années 30 et la Deuxième Guerre mondiale*, 2005.

Hans Ulrich Jost, Monique Ceni, Matthieu Leimgruber, *Relations internationales et Affaires étrangères suisses après la Seconde Guerre mondiale*, 2006.

Hans Ulrich Jost et Stéfanie Prezioso (éds), *Relations internationales, échanges culturels et réseaux intellectuels*, 2002.

Julien Wicky, *« On ne monte pas sur les barricades pour réclamer le frigidaire pour tous ». Histoire sociale et politique du Parti socialiste vaudois (1945-1971)*, 2007.

CONTRE-PIED
ATTAC, *Finances publiques : lutte des caisses, lutte des classes ?*, 2008

Jérôme Meizoz, *Confrontations (1994-2004)*, 2005.

NOUVELLES QUESTIONS FÉMINISTES
Vol. 24/3, 2005, *Les logiques patriarcales du militantisme.*

Vol. 25/1, 2006, *Sexisme et racisme: le cas français.*

Vol. 25/2, 2006, *Santé!*

Vol. 25/3, 2006, *Sexisme, racisme, et postcolonialisme.*

Vol. 26/1, 2007, *Migrations: genre et frontières – frontières de genre.*

Vol. 26/2, 2007, *Perspectives féministes en sciences économiques.*

Vol. 26/3, 2007, *Parité linguistique.*

Vol. 27/1, 2008, *A qui appartiennent nos corps ? Féminisme et luttes intersexes.*

Vol. 27/2, 2008, *L'ambivalence du travail: entre exploitation et émancipation.*

Impression
La Vallée – Aoste
Avril 2008